Der auf der Kanalinsel Jersey geborene Engländer Alec Le Sueur arbeitete nach seinem Studium des Hotelmanagements bereits in einem Fünf-Sterne-Hotel in Paris, als ihn die Abenteuerlust ergriff und er kurzerhand einen Zwei-Jahres-Vertrag für das Holiday Inn Lhasa unterschrieb. Nach drei Verlängerungen und insgesamt fünf Jahren in Tibet kehrte er mit seiner Kollegin und zukünftigen Frau Conny nach Europa zurück. Die beiden leben mit ihren zwei Kindern heute auf Jersey, wo sich Alec als Marketingleiter für Europa um den Tourismus auf seiner Heimatinsel kümmert.

Bibliografische Information Der Deutschen Bibliothek

Die Deutsche Bibliothek verzeichnet diese Publikation in der Deutschen Nationalbibliografie; detaillierte bibliografische Daten sind im Internet über http://dnb.ddb.de abrufbar.

NATIONAL GEOGRAPHIC ADVENTURE PRESS
Reisen · Menschen · Abenteuer
Die Taschenbuch-Reihe von
National Geographic und Frederking & Thaler

1. Auflage Januar 2006

Titel der Originalausgabe: The Hotel on the Roof of the World
erschienen bei Summersdale Publishers Ltd, Großbritannien

Aus dem Englischen von Ilse Rothfuss
Text und Fotos: Alec Le Sueur
Lektorat: Angela Wagner, München
Umschlaggestaltung: Dorkenwald Grafik-Design, München
Herstellung: Caroline Sieveking, München
Druck und Bindung: Clausen & Bosse, Leck
Printed in Germany

ISBN 3-89405-265-1
www.frederking-thaler.de

Das Papier wurde aus chlorfrei gebleichtem Zellstoff hergestellt.

ALEC LE SUEUR

DAS HOTEL AUF DEM DACH DER WELT

Meine Jahre in Lhasa

NATIONAL GEOGRAPHIC
FREDERKING & THALER

Für Conny und die Lhasa-Freaks

Inhalt

Kapitel 1
IST DAS IHR ERNST? SIE WOLLEN WIRKLICH IN LHASA ARBEITEN?

Der Flug SZ 504 mit 83 Passagieren an Bord sank durch den grauen Nieselregen über dem Kai Tak Airport von Hongkong. Es war der Morgen des 31. August 1988. Die übliche Nahsicht auf die unzähligen Fernsehantennen der schmutzigen Wolkenkratzer von Kowloon war von einem dichten Nebel getrübt. Der Kontrollturm funkte um 9.14 Uhr morgens seine letzte Botschaft an Flug 504:

»Alles klar zur Landung.«

Die Rollbahn von Kai Tak, ein schmaler, dem Meer abgerungener Landstreifen, der sich durch das schmutzige Wasser des Hongkonger Hafens zieht, versank im Nieselregen. Der Pilot Zhou Feng Li und die fünf Crew-Mitglieder, die sich in der Kabine der chinesischen Maschine drängten, waren unbesorgt. Der Kai Tak Airport hatte eine ausgezeichnete Sicherheitsquote. Der letzte Unfall war 1967 passiert. Was sollte da schon schief gehen?

Aber der Flug SZ 504 machte die Sicherheitsstatistik des Kai Tak Airport zunichte, als die Maschine über die Landebahn schlitterte, in den schlammigen Hafen stürzte und beim Aufprall auseinander brach. Die Rettungsmannschaften waren fast sofort am Unfallort, aber tragischerweise kamen sieben Menschen ums Leben: ein Passagier und die sechs Crew-Mitglieder, die sorglos in der Kabine herumgestanden hatten, ohne angeschnallt zu sein.

Ich saß am selben Tag in der Abflughalle des Kai Tak Airport und wartete auf meinen eigenen Jungfernflug mit der chinesischen Fluglinie CAAC auf meiner ersten Reise nach China und Tibet.

Während das Rollfeld nach Wrackteilen der CAAC Trident abgesucht wurde und mein Flug sich um sieben Stunden verzögerte, hatte ich Gelegenheit, meinen Entschluss zu überdenken: Ich wollte in eine Stadt, in der ich noch nie gewesen war, mit einer Fluglinie, die wohl ihre Tücken besaß, und in meiner Tasche steckte ein Zwei-Jahres-Vertrag für eines der abgelegensten Gebiete der Welt.

Es war kaum einen Monat her, dass ich von Europa nach Hongkong gereist war, mit meinem kurzen Lebenslauf, den ich so breit wie möglich ausgewalzt hatte, und meinem besten englischen Anzug im Koffer. Ich wollte mich nach einem Job in den Luxushotels des Orients umsehen, wo bekanntlich die besten Häuser der Welt zu finden sind. Hätte ich meine Hausaufgaben richtig gemacht, dann wäre mir klar gewesen, dass man nicht in einem dicken, schweren Wollanzug in der größten Sommerhitze nach Hongkong reist, aber ich war zum ersten Mal in den Tropen und hatte noch viel zu lernen. Triefend vor Schweiß in der feuchtschwülen Hitze Hongkongs, in der mir mein klatschnasser Anzug am Körper klebte, als sei er aus Neopren, betrat ich die Büros des Holiday Inn zu meinem letzten Vorstellungsgespräch auf dieser Reise.

Es verlief von Anfang an katastrophal. Ich war nur hier, weil der hilfsbereite Herr im »Peninsula Hotel Hongkong« mir bei unserer Unterredung geraten hatte, mich bei seinem Freund im Holiday Inn vorzustellen, was ich nur halbherzig befolgte. Die Hotelbranche ist schrecklich snobistisch. Aus irgendeinem Grund herrscht die Meinung vor, dass jeder, der in einem Fünf-Sterne-Hotel arbeitet, automatisch zu den Top-Hoteliers zählt, die mit den Reichen und Berühmten verkehren. Und da ich die Asienreise in erster Linie machte, um in meiner Hotelkarriere voranzukommen, war auch ich von diesem Snobismus angesteckt und hatte wenig Interesse, im Holiday Inn zu arbeiten.

Die Klimaanlage in dem Büro arbeitete auf Hochtouren, so dass mir die Kälte bis in die Knochen drang, und ich schlotterte jämmerlich in meinen triefnassen Anzug. Meine Gesprächspartnerin sah freundlicherweise darüber hinweg, wofür ich ihr sehr dankbar war, aber wir wussten beide, dass unsere Zusammenkunft zu nichts führte. Wir plauderten eine Weile, obwohl ich an nichts anderes denken konnte, als so schnell wie möglich aus dieser Tiefkühltruhe herauszukommen. Selbst die brütende Hitze draußen wäre mir lieber gewesen, als hier in meinem eigenen Schweiß zum Eisklotz zu erstarren.

Schließlich erhob ich mich. »Danke, dass Sie gekommen sind. Bitte rufen Sie uns nicht an, wir werden uns bei Ihnen melden«, hieß es, und wir verabschiedeten uns mit einem strahlenden Lächeln und der aufrichtigen Höflichkeit, wie sie unter Hoteliers üblich ist. Im Hinausgehen erwähnte ich beiläufig, dass ich gern nach Lhasa gehen würde, denn ich hatte draußen vor dem Büro einen Prospekt des Lhasa Hotels gesehen.

»Ist das Ihr Ernst? Sie möchten wirklich in Lhasa arbeiten?«, fragte meine Gesprächspartnerin fassungslos. Die Tür wurde wieder geschlossen, und ehe ich mich umdrehen konnte, telefonierte sie bereits mit dem Vizepräsidenten des Unternehmens.

Ich musste mich noch am selben Tag bei ihm vorstellen, da ich am nächsten Morgen nach Paris zurückkehren würde. Mit einem flauen Gefühl im Magen, weil ich nicht wusste, worauf ich mich da eingelassen hatte, betrat ich sein Büro, ein elegantes Appartement, das mit riesigen chinesischen Schriftrollen an den Wänden dekoriert war. Auf einigen dieser Rollen waren nur wenige Schriftzüge nachlässig mit einem großen Pinsel auf das Papier geworfen. Ich fand, dass es nicht viel anders aussah als das Gekritzel eines Kindes, dem man einen Topf schwarzer Plakatfarbe in die Hand gedrückt hatte. Mein Gastgeber, der mein Interesse an der Kalligrafie zu schätzen wusste, wies mich auf die roten Kästchen auf den Schriftrollen hin, die besagten, dass wir die Werke großer chinesischer

Meister vor uns hatten. Er las mir die Namen nach der chinesischen Schrift vor, und ich nickte begeistert, voll Bewunderung für diese Meisterwerke, während ich mich fragte, wie viel man für solche Produktionen verlangen konnte, und ob meine kleinen Nichten vielleicht die Chance hätten, Millionärinnen zu werden, noch bevor sie zehn wurden.

Der Vizepräsident wirbelte versonnen auf seinem Stuhl herum; ein komfortabler schwarzer Ledersessel, auf dem er jeden Tag Entscheidungen fällte, die das riesige chinesische Multi-Millionen-Dollar-Imperium des Holiday Inn betrafen. Das war der Mann, der über meine weitere berufliche Zukunft entscheiden würde. Die breiten Schultern, das große, kantige Gesicht mit dem grauen Haarschopf und die Brille mit den dünnen Metallbügeln verstärkten noch sein strenges, gelehrtes Aussehen. Mit einem Nicken forderte er mich auf, Platz zu nehmen, und musterte mich von Kopf bis Fuß. Sein durchdringender Blick und das ironische Lächeln um seine Lippen machten mich nervös, und weil ich nicht wusste, wo ich hinschauen sollte, ließ ich meine Augen von seinem Gesicht zu den Schriftrollen an der Wand und dem spektakulären Ausblick auf Hongkong schweifen, den man von seinem Fenster genoss.

Rote und silberne Taxen krochen auf den verstopften Straßen unter uns entlang, in einer Welt, die meilenweit entfernt war. Es ist ein komisches Gefühl, die Welt von oben zu sehen. Irgendwie ist das eine Perspektive, die nicht für Menschenaugen bestimmt ist, ein privater Bereich, so wie Restaurantküchen oder die Badezimmer königlicher Hoheiten.

Tief unten glänzten schwitzende Köpfe im Sonnenlicht. Abfälle und heruntergefallene Wäsche bedeckten jeden Sims und jedes Vordach unter dem Wolkenkratzer. Das Tageslicht ließ schonungslos die rostigen Halterungen der Neonreklamen hervortreten, die bis in diese Höhe hinaufreichten. Hässliche Klimaanlagen ragten aus den

Außenwänden hervor und spien kleine Wassertröpfchen auf die ahnungslosen Fußgänger in der Tiefe hinunter.

Der Gedanke an die Aircondition brachte mich wieder in die Gegenwart zurück. Mir war entschieden unbehaglich. Mein Anzug war noch immer nicht getrocknet und die grauen Augen des Vizepräsidenten, die hinter den dicken Gläsern seiner Gleitsichtbrille noch größer wirkten, starrten mich weiterhin an, entrissen mir meine geheimsten Gedanken. Nach mehreren Minuten Stillschweigen wippte er in seinem Stuhl zurück und sagte mit tiefer, langsamer, gebieterischer Stimme: »So, junger Mann, Sie werden also der Verkaufs- und Marketingleiter des Holiday Inn Lhasa sein. Das heißt, dass Sie sechs Monate pro Jahr bei den Yaks in Tibet verbringen und die restlichen sechs Monate vögeln Sie sich in Hongkong halb tot. Wie gefällt Ihnen das?«

Erschrocken über seine eigenen Worte sprang er vom Stuhl auf und bat mich verlegen, für mich zu behalten, was er gerade gesagt hatte. Als er sich wieder gefasst hatte, lehnte er sich in seinem Drehsessel zurück und gab mir ein paar Ratschläge, wie man in China überlebt. Er hatte dort viele Jahre lang gearbeitet, und man sagte ihm nach, dass er das System so gut kannte wie sonst keiner.

»Seien Sie vorsichtig«, sagte er, »das ist nicht wie in der westlichen Welt.« Er schwieg einen Augenblick. »Wenn Sie ein einheimisches Mädchen sehen, dann denken Sie an das Sprichwort: Man kann ein Hemd nicht anprobieren, ehe man es gekauft hat.«

Ich nickte zustimmend, obwohl ich nicht genau wusste, worauf er hinauswollte.

»Sie werden scharf beobachtet«, fuhr er fort. »Das dürfen Sie nie vergessen. Sie können nicht mal einen Wind lassen, ohne dass die Leute es erfahren. Seien Sie vorsichtig.«

Mit diesen letzten Worten im Kopf und immer noch darüber nachgrübelnd, warum in aller Welt ich bei einheimischen Mädchen

Hemden kaufen sollte, kehrte ich nach Paris zurück, um meine Kündigung einzureichen.

»Und wohin gehen Sie, Alec? Ins George V? Oder ins Ritz? Oder nach London zurück?«

»Nein, zum Holiday Inn.«

»Holiday Inn?«, rief mein Vorgesetzter. »Welches?«

»Lhasa.«

»Lhasa?«, wiederholte er und starrte mich verständnislos an.

»Ja, Lhasa. Tibet«, antwortete ich.

Er brachte nur flüsternd hervor: »In Tibet? In Tibet? In Tibet?«

Der Nieselregen und Nebel über dem Kai Tak Airport hatte sich gelichtet und ich beobachtete mit einer morbiden Faszination, wie die Monteure die Flugzeugnase aus dem Wasser hievten. Ich habe sonst keine Angst vor dem Fliegen, aber ich muss zugeben, dass ich ziemlich nervös war, als wir einen Tag später mit dem CAAC-Flug SZ 4401 starteten – direkt über den Wrackteilen der SZ 504.

Aber selbst die CAAC würde es nicht schaffen, zwei Flugzeug-Crashs an einem Tag hinzulegen, tröstete ich mich, schloss die Augen und ließ meine Gedanken in die Zukunft schweifen und was sie mir bringen würde.

Tibet? Was hatte ich mir da nur eingebrockt? Warum hatte ich meinen angenehmen Job in einem Pariser Luxushotel aufgegeben? Wo würde ich jetzt landen, anstatt wie bisher auf den Champs Elysées zur Arbeit zu gehen? Warum war ich nicht zu meiner Familie auf die Kanalinseln zurückgekehrt, wo ich jetzt in Sicherheit wäre, von meinen wunderbaren Eltern umsorgt und geliebt?

Aber ich wusste, dass meine Entscheidung richtig war, auch wenn ich jetzt in Heimweh versank. Ich war 25, Single und bereit für eine neue Herausforderung. Paris war langweilig und nichtssagend geworden. Es war Zeit, irgendwo etwas anderes auszuprobieren.

Tibet. Bilder von einem magischen Land; hoch aufragende Festungen, unwirtliche Berggipfel, alte Paläste im wirbelnden Nebel. Ja, das war es, was ich mir erhoffte. Ich hatte das Land noch nie gesehen, aber ich brannte darauf, nach Lhasa zu kommen. Manche Leute zieht es aus religiösen oder politischen Gründen dorthin, aber ich war nicht auf der Suche nach mir selber und hatte auch nicht den Ehrgeiz, das Land zu befreien. Ich war einfach nur auf Abenteuer aus.

Es gab damals keine Direktflüge nach Lhasa. Alle Maschinen mussten in Chengdu zwischenlanden, so dass man die Nacht dort verbringen musste: der verdrecktesten Stadt von Sichuan, in der nie die Sonne scheint.

Chengdu ist die *Cchchchrrrrrrgggggkkkhhhhpt*-Hauptstadt von China. Das ist ein Wort, das man nicht im Lexikon findet. Zum Scrabbeln taugt es also nicht, aber es beschreibt sehr anschaulich das erste Geräusch, das man nach der Landung in Chengdu wahrnimmt. Es handelt sich um einen chinesischen Nationalsport und Sie können es auch ausprobieren, wenn Sie einmal dort sind. Es kommt von tief unten in der Kehle, oder noch besser, von den Zehen herauf, dann reißt man ganz hinten an den Stimmbändern, bringt irgendwie die Nasengänge ins Spiel, zieht das Ganze hoch und spuckt es zielsicher (und möglichst laut) auf den Teppich. Wenn kein Teppich vorhanden ist, so wie meistens im Flughafen von Chengdu, kann man in einen der überquellenden Spucknäpfe zielen, die für die Bequemlichkeit der Reisenden in den Wartesälen aufgestellt sind.

Na, wie finden Sie das? Aber warten Sie, bis wir zu einem anderen Volkssport kommen, der »Es geht auch ohne Taschentuch« heißt und darin besteht, einhändig aus vollen Nasenlöchern Rotz auf das Pflaster zu klatschen. Als ich einwandte, dass das keine sehr appetitliche Weise sei, die Nase zu schnäuzen, erhielt ich meine erste Lektion in chinesischer Etikette. Ich wurde belehrt, dass die westliche Methode, in ein Taschentuch zu schnäuzen und dann das Papier samt Inhalt in die Tasche zu stecken, noch viel widerlicher sei. Ich muss zugeben, das ist ein Argument. Ein sehr gutes sogar. Wie ist es möglich, dass die westliche Zivilisation derartige Sitten entwickelt hat? Zum Glück ist das der einzige Wisch-und-weg-Müll, den wir in die Tasche stecken. Es hätte noch schlimmer kommen können. Viel schlimmer.

Das Abenteuer hatte begonnen. Paris war weit weg.

Mr. Li, der mich am Flughafen abgeholt hatte, zählte mir alle großen Sehenswürdigkeiten von Chengdu auf und fragte mich, ob ich nicht Lust hätte, eine Woche hier zu bleiben, bevor ich nach Lhasa weiterflog. Was wollte ich überhaupt in Lhasa? An so einem schrecklichen Ort?

Mr. Li aus der chinesischen Provinz Hebei war unser Mann in Chengdu. Er sprach fließend Englisch und Französisch, hatte einen Universitätsabschluss in Mathematik und die Fähigkeit, auch unter schwierigsten Umständen dafür zu sorgen, dass alles klappte. Er war hoffnungslos überqualifiziert für seinen Job, schätzte sich aber glücklich, für das Holiday Inn Lhasa arbeiten zu können, ohne dass er dort wohnen musste. Seine einzige Sorge war, dass er immer noch in Tibet registriert war, und er lebte mit der Angst, eines Tages hinbeordert zu werden. »Ich will da nicht hin«, sagte er immer wieder. Wenn ich ihm in irgendeiner Weise behilflich sein könne, seine Papiere zurückzuerhalten, wäre er mir zutiefst dankbar.

Trotz Lis Begeisterung für Chengdu war die einzige Attraktion, soweit ich es beurteilen konnte, die Autowaschanlage auf dem Weg vom Flughafen in die Stadt. Es war eine relativ neue Errungenschaft in China. Nach ungefähr zwei Dritteln der Strecke vom Flughafen in die Stadt mussten alle Autos von der Straße abbiegen und in die fünfspurige Autowaschanlage fahren. Jede Spur war mit sechs Service-Leuten besetzt, die den Wagen nachlässig mit einem scharfen Wasserstrahl abspritzten und mit kratzigen Bürsten ein paar Mal über den Lack ratschten. Die Taxis von Chengdu sind nicht die stabilsten der Welt, so dass man bestenfalls klatschnass wird und schlimmstenfalls 100 Meter weiter unten an der Straße stehen bleibt, weil der Motor absäuft. Unser Taxi musste angeschoben werden, um wieder in Gang zu kommen, und obwohl ich die genauen Worte nicht verstand, die der Taxifahrer von sich gab, konnte ich mir mühelos zusammenreimen, was er von dem neuen Service hielt. Die Kosten für diese obligatorische Autowäsche betrugen einen Dollar. Von dem fröhlichen Mr. Li erfuhr ich, das sei eine neue Politik, um die Stadt Chengdu sauber zu halten. Das leuchtete mir ein, bis Li hinzufügte, es sei die einzige Autowaschanlage von Chengdu, und aus jeder anderen Richtung könnten die Autos so schmutzig in die Stadt hineinfahren, wie sie wollten.

Als wir im Jin-Jiang-Hotel eincheckten, traf ich zwei Kanadier, die von Kopf bis Fuß in glänzende Regenmäntel eingepackt waren.

»Auch nach Tibet?«, fragte einer der beiden.

»Na dann viel Glück!«, fügte der andere hinzu.

Greg und Dave waren eine Zwei-Mann-Seilschaft auf dem Weg zum Everest, aber anstatt im Basislager zu trainieren, wo sie längst sein sollten, ertränkten sie ihre Sorgen in der Bar des Jin-Jiang-Hotels. Sie hatten eine beträchtliche Summe an die chinesische Bergsteigervereinigung bezahlt, mit dem Erfolg, dass ihnen jetzt der Weg zum Everest durch einen endlosen Papierkrieg versperrt war. Greg zeigte mir immer wieder die teuer erkaufte Genehmigung, die sie zur Besteigung des Everest berechtigte. Nur leider hatte der Verband übersehen, dass die beiden Kanadier auch eine Genehmigung brauchten, um nach Tibet zu kommen.

Das Argument, der Berg sei nun einmal in Tibet und folglich könnten sie ihn nur besteigen, wenn sie nach Tibet einreisen durften, hatte den Mann am Flughafen nicht überzeugt. Und da er die Uniform trug, hatte er natürlich das letzte Wort.

Beim gemeinsamen Abendessen drückte ich ihnen mein Mitgefühl aus. Ich dachte, es würde die beiden vielleicht aufmuntern, wenn wir die legendäre Sichuan-Küche probierten, die für ihre Gewürze und ihre Schärfe bekannt ist. Mr. Li, der uns Gesellschaft leistete, versicherte uns, dass er das beste Lokal der Stadt kenne: eines der Restaurants an der großen, offenen Kloake, die er wohl irrtümlich als den Hauptfluss von Chengdu identifiziert hatte. Ich wusste, dass Sichuan-Essen pikant ist, aber der Koch hatte eindeutig andere Vorstellungen von Schärfe als ich. Li schlang seine Schale mit großer Begeisterung hinunter. Greg und Dave dagegen waren nach ihrem ersten Löffel Suppe schweißüberströmt und mir ging es auch nicht besser. Am Ende blieb uns nichts anderes übrig, als rohen Kohl zu knabbern, die einzige Beilage, die nicht mit der grässlichen Sauce in Berührung gekommen war.

Mein Mund brannte wie Feuer, als ich Li auf seinem Abendspaziergang zur Statue des Großen Vorsitzenden hinaufbegleitete. Mao stand im Zwielicht, seinen Arm zum kommunistischen Gruß erhoben. Fliegende Händler säumten die Straße und verscherbelten Bilder an kaufwillige Touristen. Der Kapitalismus in voller Blüte vor den Augen des großen kommunistischen Idols.

Eine Nacht in Chengdu ist immer eine zu viel und ich war froh, als ich am nächsten Morgen um vier Uhr vom Telefon geweckt wurde. »Ihr Taxi«, flötete Mr. Li erstaunlich gut gelaunt zu dieser frühen Stunde ins Telefon. »Es bringt Sie zum Flughafen.«

Manche Leute in China geraten in Panik, wenn sie mit der CAAC fliegen oder Militär auf der Straße sehen, sie denken an Belagerungszustand, Panzer ... aber wenn Sie mich fragen, gibt es dort nichts Furchterregenderes als die chinesischen Taxifahrer ...

Diese Spezies kaut die ganze Nacht Knoblauchgras und übt sich in stinkenden Grunzern.

Setzen Sie sich niemals – unter keinen Umständen – hinten in den Wagen. Erstens, weil es den Taxifahrer zutiefst erbittert (und Sie möchten ihn so entspannt wie möglich haben), und zweitens, weil er die meiste Zeit mit fast 140 Sachen durch enge Gassen brettert, den Kopf weit nach nach hinten verdreht, um Ihnen etwas Unverständliches zuzugrunzen und Knoblauchduft in Ihre Richtung zu blasen.

Werfen Sie sich lieber sofort auf den Beifahrersitz. Und sparen Sie sich die Mühe, im Dunkeln nach dem Sicherheitsgurt zu fummeln – es gibt keinen. Jetzt bleibt ihnen nur noch, mit einigem Bangen der Todesfahrt des Taxifahrers zum Flughafen ins Auge zu sehen.

Die eine Hand auf der Hupe, die andere in Drei-Uhr-Stellung am Lenkrad, damit er mit minimalem Kraftaufwand und Augenmerk das Steuer nach links oder rechts herumreißen konnte, schoss unser Fahrer aus dem Parkplatz des Jin-Jiang-Hotels hinaus, so dass die frühmorgendlichen Straßenkehrer nach allen Seiten aus dem Weg spritzten.

Grau gekleidete Radfahrer auf scheinwerferlosen schwarzen Fahrrädern tauchten wie aus dem Nichts aus der grauen Nebelkulisse auf. Wir schwenkten nach links, um dem unausweichlichen Zusammenstoß zu entgehen, fanden uns aber im nächsten Moment vor einem frontal heranrasenden Wagen wieder; wir schwenkten nach rechts und ein Mann mit einem halben Schwein hinten auf seinem Fahrrad starrte uns kaum einen Meter von der Windschutzscheibe entfernt mit aufgerissenen Augen an; ein entgegenkommender Lastwagen schwenkte nach rechts, wir schwenkten nach links auf die Bordsteinkante, der Mann mit dem halben Schwein verschwand hinter uns im Nebel, ein Motorrad ohne Scheinwerfer tauchte auf und raste auf der falschen Straßenseite frontal auf uns zu ... und so ging es weiter, bis wir den rettenden Flughafen erreichten. Normalerweise braucht man 35 Minuten bis zum Flughafen, aber wenn Sie mit einem dieser Todesfahrer unterwegs sind, können Sie es in weniger als 16 schaffen.

Am Flughafen angekommen, müssen Sie sich in das Gewühl von Hunderten, manchmal Tausenden von Passagieren stürzen, die in einem kleinen Raum zusammengepfercht sind und alle lauthals herumbrüllen, wobei sie jedem, den sie zu fassen bekommen, ihre Bordkarten und Tickets unter die Nase halten. Da Chengdu fast immer im Nebel liegt, können die Flüge tagelang verschoben werden – mit dem Ergebnis, dass Ihr Flieger, wenn er endlich startet, mit den Passagieren vom Vortag besetzt ist, so dass Sie mit langer Nase zurückbleiben und Ihr Glück am nächsten Tag versuchen müssen.

Der einzige Ruhepol in diesem Chaos sind die Flughafenangestellten, die stillvergnügt in ihren Uniformen hinter den Schaltern sitzen und an Teebechern nippen, völlig unberührt von dem Geschrei und Tohuwabohu um sie herum.

Hier lernen Sie Ihre ersten paar Worte Chinesisch. Etwas wie *mañana* existiert im Vokabular dieser Leute nicht. Hier heißt es einfach *mei-you*, was »nein«, (»gibt es nicht«), bedeutet. Es ist ein fantastisches Wort, das mit zunehmender Regelmäßigkeit wiederkehrt, je mehr Fragen Sie stellen. Es bedeutet, dass Sie alles vergessen können, wonach Sie fragen, dass es nie etwas dergleichen gegeben hat und auch niemals geben wird, und am besten fragen Sie erst gar nicht.

Womit wir bei dem zweiten Wort angelangt wären, das Ihnen begegnet: *putchidao*. Das bedeutet: Ich weiß nicht. Wenn Sie also Ihre erste negative Antwort in Form von *mei-you* erhalten haben und höflich nachfragen, wo Sie eine bessere Antwort auf Ihre Frage bekommen können, wird man Sie mit *putchidao* abspeisen.

An diesem Punkt dürfen Sie auf keinen Fall die Nerven verlieren. Ich habe mich oft über andere ausländische Passagiere amüsiert, die von einem Fuß auf den anderen treten, die Fäuste auf die Theke knallen, puterrot anlaufen und fast platzen vor Wut. Das alles ist reine Energieverschwendung, denn das Ergebnis bleibt immer dasselbe – ein ungerührtes *mei-you* vom Flughafenpersonal.

Ich muss zugeben, dass ich selber einmal so tief gesunken bin, und schäme mich noch heute, wenn ich daran denke, dass ich die fundamentalsten Regeln vergessen und mich auf eine Stufe mit den ahnungslosen Ausländern gestellt habe, die ihren Blutdruck in gefährliche Höhen treiben.

Ich kehrte nach einer langen Pause zurück ins Gebäude. Sofort hörte ich wieder *chrrrrrgggkkkhpt* überall um mich herum, drängelnde Menschenmassen, die sich die übliche Flughafenschlacht lieferten, die stießen und schubsten, ihre Bordkarten vom Vortag in der Hand. Nach 45 Minuten in dem Gewühle hatte ich mich endlich zum Check-in-Schalter durchgequetscht und konnte mein Gepäck auf die Waage hieven.

»*Mei-you.*«

Ich kam nicht weiter, weil mein Gepäck Übergewicht hatte. Ein uniformierter Angestellter mit ausdrucksloser Miene winkte mich zu dem Schalter für übergewichtiges Gepäck hinüber.

»*Mei-you.*«

Ich konnte nicht für das zusätzliche Gewicht bezahlen, weil die Person, die den Schlüssel für die Schublade mit den Quittungen hatte, noch nicht zur Arbeit erschienen war.

»*Putchidao.*«

Niemand wusste, wann der Mann auftauchen würde, und alle fielen wieder in ihr Gähnen zurück, schlürften ihren Tee und lasen Zeitung. Also wieder zurück zum Check-in-Schalter.

Der Angestellte nahm mein Ticket, aber »*mei-you*«. Ich hatte keine offizielle Quittung, also kam ich nicht weiter.

Wieder zum Schalter für übergewichtiges Gepäck. Der Mann, der den Schlüssel für die Quittungsschublade hatte, war inzwischen gekommen! Aber »*mei-you*«, er konnte mir nicht helfen, weil ich mein Ticket nicht hatte.

Wieder zum Check-in-Schalter.

»*Mei-you.*«

Ich konnte mein Ticket erst zurückbekommen, wenn ich ihm die Quittung für das zusätzliche Gepäck vorwies. Mein Flug ging in 15 Minuten, so dass ich völlig die Beherrschung verlor. Und wehe, wenn ein sonst so geduldiger Mensch erst einmal in Wut gerät ...

Der wogende, lärmende Mob um mich herum wich auseinander. Einen Augenblick verstummte das Geschrei, alle Köpfe fuhren zu diesem verrückten, schreienden Ausländer herum. Aber die Leute hier hatten das schon so oft gesehen, dass sie nach ein paar Sekunden jedes Interesse verloren und mit ihrem sinnlosen Drängeln und Schubsen weitermachten. Das Personal blieb unerschütterlich wie eh und je, sie schauten nicht einmal von ihrer Theke auf.

In solchen Momenten fragt man sich, ob es nicht einfacher war, in den Zeiten der alten Entdecker zu reisen, die den Himalaya mit großen Maultier,- Kamel- und Yakkarawanen überquerten, mit Trägern, die Proviant und Ausrüstung für Monate über trügerische Bergpässe schleppten, während die Reserven an Brennstoff und Essen dahinschwanden.

Wenn in China lebende Ausländer zusammentreffen, kommt als Erstes das Thema »CAAC« aufs Tapet. Jeder hat seine Lieblings-CAAC-Story. Als Nächstes wird man gefragt: »Haben Sie schon von dem Typ gehört, der im Palace Hotel in Peking im Lift stecken geblieben ist?«

Über Jahre hinweg war diese Geschichte jedem ausländischen Hotelier in China von Tianjin bis Tibet geläufig. Ein ausländischer Hotelangestellter war erwischt worden, als er mit einem einheimischen Mädchen im Lift des besten Hotels von Peking »ein Hemd anprobierte«. Das allein war schon Skandal genug, aber der pikanteste Teil der Geschichte war die Art und Weise, wie das unglückliche Paar entdeckt wurde. Ich hatte immer gedacht, die Aufzugtür sei irgendwann aufgegangen, aber weit gefehlt. Stattdessen wurde die ganze Szene auf dem Hotel-Monitor vom versammelten Sicherheitspersonal verfolgt. Verlässlichen Quellen zufolge wurde ein hoher Preis auf das Video ausgesetzt, aber die Kassette verschwand auf mysteriöse Weise. Was das unglückliche Pärchen anging, so wurde er mit dem nächsten Flug nach Hause geschickt, und von ihr hat man nie wieder etwas gehört.

Wenn das Eis durch die Lift-Story und die vielen anderen Variationen desselben Themas gebrochen ist, kehrt das Gespräch unweigerlich zu den CAAC-Erlebnissen zurück. Jeder hat seine eigene Story – gefährliche Landemanöver, abgefallene Flugzeugteile, Beinahe-Crashs, Klappstühle im Flur bei Überbuchung, und so geht es weiter, bis das Tsing-Tao-Bier ausgeht.

Die CAAC wurde von leidgeprüften Chinareisenden in »Chinese Airways Always Cancel« umgetauft oder in die etwas krudere Version »Chinese Airways Always Crash«.

Ich nenne die Fluglinie lieber bei ihrem offiziellen Namen CAAC – wie »Kack« ausgesprochen –, denn treffender lässt sich der Service nicht beschreiben.

Inzwischen bin ich so oft mit CAAC geflogen, dass ich Ehrenmitglied ihres Vielflieger-Programms sein könnte. Wenn sie eines hätten. Aber an jenem ersten Tag hatte ich keine Ahnung, was mich erwartete.

»Beziehungen«, wisperte Mr. Li, seien das Zauberwort, um durch die Menge am Check-in-Schalter zu kommen. Die Chinesen nennen es *guanxi*, und ohne Guanxi geht gar nichts in China. Ich schaute zu, wie Mr. Li in der Menschenmenge hin und her flitzte und den uniformierten CAAC-Wächter einseifte, um ihm eine Bordkarte zu entlocken. Dann stellte er meinen Koffer zu den Samsonites einer japanischen Reisegruppe, so dass ich kein übergewichtiges Gepäck mehr zu bezahlen hatte.

Ich war überrascht, dass Mr. Li kein Geld für seine Hilfe annehmen wollte. »Bitte fragen Sie nach meinen Papieren«, rief er mir nach, während er in der Menge untertauchte. Ich wollte ihm danken, aber er war bereits im Gewühl verschwunden.

Nach der Aufregung am Check-in-Schalter und dem Abschied von dem hilfreichen Mr. Li munterte mich ein Schild auf, das über einem der leeren Schalter hing: CHINA SOUTHWEST AIRLINES, NON-NORMAL FLIGHT SERVICE.

Mit diesem rätselhaften Hinweis im Kopf machte ich mich auf den Weg zur Sicherheitskontrolle.

Kurz vor dem begehbaren Metalldetektor fiel mir plötzlich ein, dass ich vergessen hatte, mein großes Taschenmesser aus der Hosentasche zu nehmen. Es war zu spät, um zurückzugehen und mein eingechecktes Gepäck zu suchen, also leerte ich mit einem flauen Gefühl im Magen die Metallgegenstände aus meinen Taschen in den bereitstehenden Korb. Das Mädchen, das dort seines Amtes waltete, übte sein Englisch. »*Money*«, sagte sie, während sie meine Münzen auf die andere Seite hinüberschob. »*Walkman. Knife.*«

Freundlich lächelnd reichte sie alles über die Theke.

Es gab keine Ankündigungen auf Englisch in der Abflughalle und oft bleiben Touristen ruhig dort sitzen, obwohl ihr Flug schon vor mehreren Stunden gestartet ist. Ich war zum Glück vorgewarnt und hängte mich an einen Chinesen, der eine Bordkarte von derselben Farbe hatte wie ich, in der Hoffnung, dass dies der Flug nach Lhasa war. Ich konnte ihn nicht verlieren, denn er hatte eine große Tüte Knoblauchgras bei sich, die er als Handgepack mit ins Flugzeug nahm.

Nach langem Ausharren im dichten Qualm des Wartesaals plärrte eine unverständliche Ankündigung in Chinesisch aus den Lautsprechern. Es gibt keine Lautstärkeregler an der Lautsprecheranlage, nur Störungsregler, und diese hier war im höchsten Grad gestört. Zum Glück schienen mein Freund mit dem Knoblauchgras und ungefähr 150 andere Leute die Botschaft zu verstehen, da sie sofort auf die Füße sprangen und in breiter Front den engen Gang hinunterliefen, um sich in die wartenden Busse auf der Rollbahn zu quetschen.

Das Flugzeug war ein noch größerer Schock als der Flughafen: eine alte Boeing 707, die älter aussah als ich. Das Erste, was man beim Einsteigen wahrnimmt, ist der durchdringende Gestank nach verfaultem Kohl und ein paar ungepflegte Halbstarke in schlampigen Uniformen. Das ist die Crew, die in einer kleinen Teeküche steht, durch die man zu den Passagiersitzen gelangt.

Wenn man sich von dem Kohlgestank erholt hat, geht man durch den »Erste-Klasse«-Bereich zu den Economy-Plätzen. Nur leider sind einem die 150 Leute zuvorgekommen, die sich im Laufschritt auf die besten Plätze gestürzt haben. Die Sitze sind zwar nummeriert, aber das wird nicht sonderlich ernst genommen, und es gibt oft mehrere Bordkarten mit derselben Platznummer. Der größte Ansturm gilt den Schließfächern über den Sitzen.

Es scheint keine offizielle Regelung über die Anzahl der Handgepäckstücke zu geben, die mit an Bord eines CAAC-Flugs genommen werden dürfen. Folglich ist die einzige Beschränkung eine physische: Wie viel kann ein Passagier tragen? Zierliche Chinesinnen hieven riesige Kofferungetüme durch den Gang. Freundlich lächelnde tibetische Großfamilien kämpfen sich tapfer mit prall gefüllten Säcken auf den gebeugten Rücken die Treppe hinauf. Nichts kann ihre Lebensgeister dämpfen, während sie sich durch die Gänge schieben und für die nächste Etappe wappnen: die Säcke in die Schließfächer über den Sitzen quetschen. Hier ist etwas Vorsicht geboten, denn aus der Rückwand der Schließfächer ragen Teile der Dämmschicht und nackte Drähte hervor, die einem in die Quere kommen. Die Stewardessen schreien und kommandieren die Leute herum, aber niemand hört auf sie, weil alle damit beschäftigt sind, 20-Kilo-Säcke in 10-Kilo-Fächer zu quetschen. Unweigerlich bleiben einige der Schließfächer offen, so dass die Säcke über unschuldigen Passagieren herunterhängen. Das restliche Gepäck wird auf leeren Sitzen aufgetürmt. Ich saß einmal neben einem Korb mit einem halben gefrorenen Schwein, das bald nach dem Start auftaute und Blut auf den Teppich tropfte. Niemand außer mir schien sich daran zu stören.

Die Deckenfliesen hängen leicht herunter und wenn das Flugzeug auf der Rollbahn beschleunigt, kann man mit sich selber wetten, wie viele Sauerstoffmasken herunterfallen und zur Erheiterung der Passagiere beitragen werden. Manchmal hat man nur einen halben Sicherheitsgurt, an dem man sich ängstlich festklammert, während man der armen Stewardess zuschaut, die hastig ihre Sicherheitsvorführung abspult, bevor sie umgeworfen wird, wenn das Flugzeug abhebt.

Zur Beruhigung der Nerven empfiehlt es sich, nach der CAAC-Zeitschrift zu fragen. Es ist die unterhaltsamste Lektüre, die man in einem Flugzeug finden kann, das sei zur Ehrenrettung der CAAC gesagt. Als ich mein erstes Heft durchblätterte, lachte ich, bis mir die Tränen über die Wangen liefen, und die Stewardess kam herüber und musste mich zur Ordnung rufen. Es ist eine eindrucksvolle

Hochglanzbroschüre. Der Hochglanz ist so gut, dass er in Hongkong fabriziert sein könnte, aber das Englisch kann nur von einem Chinesen stammen, der noch nie ein Wort Englisch geredet hat. Das Ergebnis ist die beste Publikation in der Geschichte der Luftfahrt.

Zum Beispiel der köstliche Artikel mit dem Titel: »*Youth, Glistening in the Blue Sky*« (Jugend, die im Blauen Himmel glitzert), der den CAAC-Stewardessen gewidmet ist:

> Die Southwest-Airlines-Stewardess muss vier Stufen durchmachen: Härte, Müdheit, Schmutz, Gefühle. Außer der Qualität allgemeiner Stewardess.

Was man im Weiteren über die vier Stufen liest, flößt nicht gerade Vertrauen in die »Southwest Airlines« ein, und der verängstigte Passagier, der sich an seinem halben Gurt festklammert, während die Maschine über die Rollbahn kurvt, tut gut daran, die Passage über die »Härte« zu überspringen:

> Härte ist sicherlich auf der Fluglinie Chengdu – Lhasa zu beobachten, das Flugzeug bringt den Passagieren Probleme mit Bumms, verursacht durch Luftströmung, wegen gefährlicher Topografie und wechselhaftem Klima. Die Stewardess muss in die Passagiere schauen, sie haben selbe Probleme wie selbe Passagiere. Stewardess Ge Ling hatte eine Narbe auf ihrem Kopf, wegen plötzlichem Bumms.

Aber die Stewardessen sind nicht nur verletzungsgefährdet, sie müssen auch die Passagiere bei Laune halten:

> Von Müdheit wird die Stewardess oft angefallen. Tausend Kilometer fliegend, wartet sie die Passagiere mehr als 15-mal in der Passagierkabine mit nur 30 Meter lang, sie fliegen viermal am Tag wie üblich.

Und wenn die Stewardess erschöpft ist, nachdem sie alle Passagiere gewartet hat, muss sie noch die schwierigste Aufgabe von allen bewältigen:

> Missachtung von Schmutz ist eine hervorstechende Eigenschaft der Southwest Airlines-Stewardess. Ein Passagier hatte Stuhlgang-Inkontinenz, und die Stewardessen Zhu Jiang Yin und Tan-Gouping halfen diesem Passagier ohne Zögern. Der Passagier war tief bewegt voller Tränen.

Also, keine Sorge, falls Sie unter »Stuhlgang-Inkontinenz« leiden sollten – Sie werden bei der »Jugend, die im Blauen Himmel glitzert« in guten Händen sein.

Eine spätere Ausgabe der Fluglinien-Broschüre bestätigte auch einen anderen Verdacht, den ich gegenüber CAAC hegte. Ich hatte immer gefrotzelt, dass kurz vor dem Start ein Mann mit einem Schraubenzieher um das Flugzeug herumgeht, um nachzuprüfen, ob noch alles festsitzt. Niemand wollte mir glauben, aber dieses Heft lieferte mir den Beweis: ein Hochglanzfarbfoto von dem Schraubenziehermann und seinem Gehilfen mit der Unterschrift: »Zuverlässig und sorgfältig.«

Auf meiner ersten Reise verfolgte ich mit Argusaugen die Arbeit des »Schraubenziehermanns« und fragte mich, ob die schweren Triebwerke wirklich fest genug zusammengeschraubt waren. Sie ratterten verdächtig auf der Rollbahn, wurden aber bald von dem dichten Nebel verschlungen, als die 707 sich himmelwärts quälte.

20 Minuten nach dem Start tauchten wir aus den Wolken auf, die das Sichuan-Becken füllten. Die Dämmerung brach über der Kumulusschicht an, ein rosa Schimmer legte sich über das Wolkenmeer. China war weit unten, und vor mir lag das tibetische Plateau.

Vor etwa 50 Millionen Jahren prallten an dieser Stelle die Kontinentalplatten aufeinander und warfen das Himalaya-Gebirge auf.

Tibet lag am Rand des asiatischen Kontinents, während der indische Kontinent mit voller Kraft auf Kollisionskurs segelte und die Sonnenstrände Tibets mehrere Kilometer in den Himmel hinaufkatapultierte. Die durchschnittliche Höhe des tibetischen Plateaus beträgt über 5000 Meter, und mehr als 50 seiner Gipfel sind höher als 7000 Meter. In Tibet sind Maulwurfshügel höher als der Montblanc. Das heißt, sie wären es, wenn in es in Tibet Maulwürfe gäbe.

Es ist ein bewegender Moment, wenn Tibet im Morgengrauen vor dem Flugzeugfenster auftaucht. Die scharfe geografische Trennlinie zwischen China und Tibet sagt etwas darüber aus, wohin man kommt. Man ist von dem Bewusstsein erfüllt, dass dies kein Flug wie jeder andere ist (als ob man das nicht längst gemerkt hätte!), sondern dass man an einen besonderen Ort entführt wird, zu etwas Magischem, hoch über und jenseits der Wolken.

Das Plateau ist stark zerklüftet, tiefe, gewundene Schluchten ziehen sich zwischen hohen Bergketten hindurch. Selbst in der heutigen Zeit ist das Gebiet unsicher: Ausgestoßene und Verbannte führen ein karges Leben am Rand der Straße, die von den Truppen und Gefangenen der chinesischen Volksarmee (PLA) in den Fünfzigerjahren gebaut wurde. Wegen des unwirtlichen Terrains forderte der Bau der Straße zahllose Menschenleben. Umso trauriger, dass sie heute nur noch selten benutzt wird, denn in jeder Monsunzeit werden große Straßenabschnitte durch Erdrutsche in die Tiefe gerissen. Das chinesische Militär behält weiterhin die Kontrolle über die Straße und es wird gemunkelt, dass es große Truppenstützpunkte auf der Strecke gibt, die in die Hänge hineingebaut sind.

Bevor die Straße gebaut wurde, machten Räuber und Banditen die Täler unsicher und beherrschten die abgelegenen Pässe. Der französische Entdecker Louis Liotard verlor sein Leben in einem Hinterhalt auf einer dieser Bergketten. 1940 schrieb sein Landsmann André Gibaut über den entlegensten chinesischen Vorposten am Rand des Plateaus: »Diese Grenzstadt ist voller Räuber … es ist ein gewohnter Anblick, morgens auf Erstochene zu stoßen, die aller ihrer Kleider beraubt wurden …«

Vielleicht ist die CAAC doch nicht so schlecht.

Dünne Rodungsstreifen ziehen sich jetzt die Hänge hinauf, nachdem immer mehr Bäume für den chinesischen Holzmarkt gefällt werden. Das einstige Eldorado der Botaniker, die dort zu Beginn des 20. Jahrhunderts Samen aufspürten, aus denen viele der noch heute in den Botanischen Gärten Europas vorhandenen Pflanzen entstanden sind, wird in Schwindel erregendem Tempo nach Osten fortgekarrt, den baufälligen PLA-Highway hinunter.

Während die 707 sich weiter über das Plateau kämpft, gehen die tiefen Schluchten in sanft gewellte Hügel über, die sich zu schneebedeckten Gipfeln hinaufziehen. Neue Straßen führen zu den fernsten Hängen hinauf, bis unter die zerklüfteten Schneegipfel und nackten Felswände. Die Täler sind mit Gletschern bedeckt und in den ovalen Mulden zwischen den Bergen liegen funkelnde türkisblaue Seen. Man kann sich kaum vorstellen, wie die Menschen dort unten überleben können, aber immer wieder taucht eine kleine Ansammlung von tibetischen Häusern auf.

Zu diesem Zeitpunkt, wenn man in Gedanken weit weg auf den Schneegipfeln weilt, pflegt man allmählich einzudösen, gerade rechtzeitig, um von den Stewardessen geweckt zu werden, die jetzt mit dem obligatorischen Geschenk auftauchen, einem der Highlights der CAAC-Flüge. Ich besitze inzwischen eine ganze Sammlung davon: Krawattennadeln, Gürtel, Tischtücher, Taschen, Fächer, Plastikgeldbeutel, Schlüsselanhänger, Pollenextrakt und – mein Lieblingsgeschenk – die CAAC-Postkarten-Kollektion. Auf der einen Seite dieser Karten sind malerische CAAC-Szenen abgebildet: Flugzeuge, die in den Sonnenuntergang hineinfliegen, Stewardessen, die »im Blauen Himmel glitzern«, etc. Auf der Rückseite der

Karten findet man dagegen hilfreiche Reisetipps, die einen garantiert vollends aufwecken:

»WELCHE EINRICHTUNGEN UND DIENSTLEISTUNGEN KÖNNEN IN EINEM ZIVILFLUGZEUG BEREITGESTELLT WERDEN?
Der Waschraum an Bord befinden sich Vorder- (Mitte) und Rückseite der Passagierkabine. Bitte vergessen Sie nicht, die Tür zu pließen, wenn Sie sie benützen.
Auf der linken und rechten Seite gibt es zwei Notausgänge. Bitte nur im Notfall benützen.
Während dem Flug serviert Ihnen unsere Crew kalte und heiße Getränke, Süßigkeiten, Zeitungen und Zeitschriften sowie köstliches Essen nur zu den Mahlzeiten.
Die Kabine sitzt unter erhöhtem Druck, bitte nicht die Fensterscheibe klopfen oder schneiden, wegen Ihrer Sicherheit. Beim Starten, Landen oder Rumsen der Maschine bitte den Sicherheitsgurt anlegen.«

»WARUM MÜSSEN PASSAGIERE AN BORD DES ZIVILFLUGZEUGS IHREN SICHERHEITSGURT ANLEGEN?
Bevor das Zivilflugzeug startet und landet, bittet die Stewardess die Passagiere, ihren Sicherheitsgurt anzulegen. Warum?
Zivilflugzeuge sind, obwohl sie in der Luft fliegen, von der Art des Startens und Landens abhängig. Während dieses Verlaufs kann die Flugzeugcrew von einigen Faktoren beschränkt sein, dann ist es schwer, Unfälle zu vermeiden, zum Beispiel Hindernisse auf der Rollbahn und Ausfall von Maschinen etc. Aus diesen Gründen muss die Flugzeugcrew Notmaßnahmen ergreifen und den Flug stoppen. Wenn Sie dann nicht Ihren Sicherheitsgurt angelegt haben, werden Sie verletzt durch die starke Trägheit und Widerstand des Flugzeugs.

Um den Luftwiderstand zu verringern, fliegt das Flugzeug gewöhnlich über der Atmosphäre. Wenn die Maschine durch Nebel und Wolken fliegt, können heftige Rumse eintreten, wegen starker Luftströmung. Und in diesem Fall, wenn Sie Ihren Sicherheitsgurt nicht anlegen, werden Sie verletzt. Wegen Unkenntnis von Sicherheit haben viele Passagiere Blutzoll genommen.
Bitte legen Sie also Ihren Sicherheitsgurt richtig an um ihr Leben sicher, wenn Flugzeuge starten, landen oder rumsen.«

Während die Passagiere sich den Kopf zerbrechen, was sie mit ihren Geschenken anfangen und wie sie sich verhalten sollen, falls es dazu kommt, dass »Unfälle schwer zu vermeiden« sind, teilen die Stewardessen das *delicious food* aus, das »köstliche Essen nur zu den Mahlzeiten«, wie es auf den CAAC-Postkarten angekündigt ist.

Wer immer das geschrieben hat, muss entweder mit einem rabenschwarzen Humor gesegnet sein oder es stimmt etwas nicht mit seinen Geschmacksknospen. Ich nehme an, das Letztere ist der Fall.

Das Essen kommt immer in einem Pappkarton mit einer aufgedruckten Straßenkarte, auf der man Flugzeuge in allen Richtungen über China fliegen sieht – auch an Orte, wo es gar keine Flughäfen gibt. Der Karton enthält ein grünliches Ei, eine Reihe trockener Gebäckteilchen mit undefinierbarem Inhalt und einen Beutel vakuumverpackte Mixed Pickles, die als *CSWA fly food* ausgewiesen sind.

Die gut gemeinte Empfehlung in der CAAC-Zeitschrift, dass die Passagiere ihren Magen nicht überlasten sollen, ist völlig überflüssig.

»ESSEN SIE NICHT ZU VIEL MIT DEM FLUGZEUG
Bitte essen Sie nicht zu viel, wenn Sie mit dem Zivilflugzeug fliegen. An Bord gibt es wenig Blutversorgung für Magen,

> dann wird Sekretion von Magensaft verringert und Magenperistalsik verlangsamt, was ungünstig für Verdauung ist. Andererseits wird viel Luft in Ihren Magen kommen, wenn Sie zu viel an Bord essen. Und wegen dem niedrigeren Druck in der Luft werden Passagiere, die zu viel essen, von Übelkeit, Erbrechen, Magenerweiterung und Schmerzen befallen etc. Es ist besser, wenn die Passagiere eine Stunde vor dem Flug Nahrung nehmen, und nur unterernährt. Und nehmen Sie kein Essen, das viel Luft erzeugt.«

Wer zu viel von diesem »köstlichen Essen« zu sich nimmt, sollte den nächsten CAAC-Reisetipp beherzigen:

> »In den letzten Jahren waren einige unpässliche und verletzte Passagiere kritiklich krank oder sind an Bord der Flugzeuge oder im Wartesaal des Flughafens verstorben. Deshalb müssen unpässliche und verletzte Passagiere bedenken, dass der Flughafen. Deshalb müssen unpässliche und verletzte Passagiere bedenken, dass das Flugzeug geeignet für sie ist.«

Ich will nicht verschweigen, dass es seit meinen ersten CAAC-Flügen enorme Verbesserungen gegeben hat. Der Karton ist jetzt versiegelt und mit einem Datumsstempel versehen, so dass man nachprüfen kann, ob es sein erster CAAC-Flug ist. Das verhindert Überraschungen, wie sie eine Gruppe von Touristen erlebte, die nach einem kurzen Besuch in der Provinz Gansu in Lhasa eintraf. Auf dem Weg in die Stadt Lanzhou, ein Zwei-Stunden-Flug von Chengdu, wurden ihnen die besagten Kartons serviert. Die meisten ließen ihren Karton unberührt, nur einer probierte einen Bissen von dem muffigen Brötchen und warf es in die Schachtel zurück. Drei Tage später, auf dem Rückflug nach Chengdu, wurde ihnen wieder das »köstliche Essen nur zu den Mahlzeiten« serviert. Plötzlich rief einer der Reisenden aus: »He, was soll das? Da hat jemand mein Brötchen angebissen!«

Zum Glück sind die Tage der überalterten Boeing 707 bei den CAAC-Flügen gezählt, da die Fluglinie sich endlich dazu durchgerungen hat, die Maschinen aus der Luft zu nehmen, bevor sie herunterfallen. Jahrelang haben sich die chinesischen Behörden damit herausgeredet, dass nur Maschinen mit drei oder mehr Triebwerken nach Lhasa fliegen könnten, da andere Flugzeugtypen in einer Höhe von 3600 Metern Landeprobleme hätten. Diese scheinbar so gewissenhaften Sicherheitsbestimmungen kamen der CAAC sehr entgegen. Zufällig war nämlich die CAAC die einzige Fluglinie in der Region, die Maschinen mit drei oder mehr Triebwerken einsetzte – ihre guten alten Boeing 707.

Um die Chinesen zu überzeugen, dass auch eine Maschine mit weniger als drei Triebwerken sicher auf dem Lhasa Airport landen konnte, flog die Boeing Corporation eine 757 ein – mit dem amerikanischen Botschafter von China an Bord. Die Chinesen verlangten, dass der todesmutige Mann, der in seinem *Victory-Desert-Storm*-Sweatshirt antrat, eine Reihe von Start- und Landetests in einer einmotorigen Maschine über sich ergehen lassen musste, ehe sie ihre Multi-Millionen-Dollar-Order für die 757 platzierten. Die Boeing-Piloten gaben eine brillante Vorstellung und die alten 707 werden jetzt ausrangiert. Das hat den CAAC-Flügen einiges von ihrer Unterhaltsamkeit genommen, aber der Service hat noch denselben Charme. Die makellose Innenausstattung der neuen Maschinen bleibt sicher nicht lange in diesem Zustand, und bald werden wieder die vertrauten CAAC-Gerüche in den Gängen hängen.

Auf meinem ersten Flug nach Lhasa schaffte ich es, fast die ganzen zwei Stunden zu verschlafen. Ich war erschöpft nach der Reise von

Europa in den Fernen Osten, der Übernachtung in Hongkong, Chengdu und dann dem Start am frühen Morgen. Sogar die Stewardessen schliefen jetzt.

Irgendwann erwachte ich plötzlich mitten aus einem Traum, in dem ich nichts als kahle Felsen und chinesische Soldaten um mich herum gesehen hatte. Als ich allmählich in die Wirklichkeit zurückfand, spähte ich aus dem Fenster, um unsere Position abzuschätzen. Tief unten zogen sich meerblaue Flüsse wie Adern durch den weißen Sand des Tsangpo-Flussbetts. Bergketten liefen in Wellen auf die Gipfel des Himalaya zu. Im Süden, irgendwo jenseits des winzigen Flecks, der den Yumbulagang-Tempel darstellte, lag das Hochgebirgs-Königreich Bhutan. Mir schwirrte der Kopf vor Fragen. Ob das der Mount Everest sein konnte? Oder vielleicht der dort drüben? Von oben sehen sie irgendwie alle gleich aus. Wo ist Nepal? Wo sind die Grenzen zwischen China und Indien, hinter denen sich ihre Soldaten über die vereisten Stellungen hinweg belauern?

Während mir all diese Fragen durch den Kopf gingen und ich auf die zerklüftete Bergwelt hinunterschaute, die sich weit in die Ferne erstreckte, setzte die Maschine ruckelnd zum Landeanflug an. Der Passagier neben mir rührte sich im Schlaf. Er riss den Mund zu einem breiten Gähnen auf und die Eierschalenstückchen, die beim Essen in die Falten seiner blauen Mao-Jacke gefallen waren, purzelten jetzt auf den Boden hinunter. Sie würden bald in den Teppich getreten werden, wenn die trampelnden Horden den Gang entlangstürmten. Vor vielen hundert Jahren hatten die Mongolen die hochentwickelten Zivilisationen Asiens verwüstet, und jetzt musste der Teppich der Boeing 707 daran glauben.

Schwarze Haarbüschel standen in einem unnatürlichen Winkel von dem Hinterkopf des Chinesen ab, wo sie in den zwei Stunden, die er geschlafen hatte, platt gedrückt worden waren. Er gähnte endlos und riss den Mund so weit auf, dass praktisch sein ganzes, ansonsten wenig markantes Gesicht verschlungen wurde. Stattdessen gewährte er mir ungeahnte Einblicke in die chinesische Dentalkunst. Aus der reichhaltigen Sammlung von Mixed-Pickles-Resten, die in diversen Stadien des Verfalls zwischen seinen Backenzähnen hingen, schloss ich, dass Zahnseide in China entweder wenig verbreitet oder einfach nicht erhältlich war. Ich konnte nur hoffen, dass sich in meinen 20 Kilogramm Gepäck ein ausreichender Vorrat fand.

Endlich kam er aus dem Gähnen heraus und richtete seinen Blick auf mich, und als er sah, dass er neben einem Ausländer saß, grinste er über das ganze Gesicht, ein Anblick, der mich an das Lächeln der Cheshire-Katze in Alice im Wunderland erinnerte.

»Hallo«, sagte ich.

»Lhasa!«, antwortete er und zeigte aus dem Fenster.

Mir wurde klar, dass die Verständigung schwierig sein würde, aber zumindest schienen die Chinesen ein freundliches Volk zu sein. Nach den zahllosen westlichen Zeitungsartikeln über China und Tibet, die ich gelesen hatte, war ich geneigt, den Chinesen mit Misstrauen zu begegnen. Umso angenehmer war ich überrascht, als ich feststellte, dass die Chinesen, solange sie nicht hinter einem Schalter stehen, im Allgemeinen ein liebenswertes Volk sind.

»Lhasa!«, strahlte der Chinese wieder und zeigte eifrig auf den Boden des Flugzeugs. Ich spähte aus dem Fenster. Immer noch nichts.

Kapitel 2
LANDUNG IN TIBET

Der endlose, fast unmerkliche Abstieg über dem Tsangpo-Tal ist beim ersten Mal ziemlich nervenaufreibend. Ich spürte, dass das Flugzeug herunterging, aber unten war nichts von einer Stadt oder einem Flughafen oder einem Rollfeld zu sehen. Die Maschine schien weder zu kreisen noch sich in irgendeiner Richtung zu drehen, sondern sank nur immer tiefer und tiefer am Morgenhimmel. Die Berggipfel, die mich von ferne so entzückt hatten, rückten jetzt bedrohlich nahe an die Fenster heran. Manche von ihnen lagen sogar über dem Flugzeug.

Ein skeptischer Geist kann die wenigen Minuten des Abstiegs zu Stunden ausdehnen. »War der Pilot wirklich der uniformierte Halbstarke, der vorher auf den Treppenstufen seinen Tee geschlürft hat? Hat der Kerl schon jemals in einem Flugzeug gesessen? Und der Mann mit dem Schraubenzieher – hat er seinen Job gut gemacht? Warum sieht man nichts vom Flughafen?«

Mein Herz klopfte, als das Flugzeug sich rasch dem Flussbett und den Dünen näherte. Unten waren immer noch keine Anzeichen von Zivilisation zu sehen; nur die immer näher kommende Erde. Wie als Antwort auf die vielen Stoßgebete an Bord blitzte im Augenblick des Aufsetzens ein Streifen grauer Rollbahn in den Fenstern auf und die Maschine bretterte über das längste Rollfeld Asiens. Vier Kilometer Beton – chinesische Präzisionsarbeit.

Der Moment des Aufsetzens und die sichere Landung entgeht den meisten ausländischen Passagieren, die fassungslos auf die vielen lächelnden Tibeter starren, die in diesem kritischen Moment unbekümmert in den Gängen stehen und ihr Gepäck aus den

Schließfächern über den Sitzen herunterhieven. Die Stewardessen scheint das nicht zu stören. Ich saß einmal mit einer Amerikanerin im Flugzeug nach Lhasa, die aus vollem Hals »GEHEN SIE AN IHRE PLÄTZE! ALLES HINSETZEN!« brüllte. Alle Köpfe fuhren zu dieser hochgradig erregten Dame herum, die wild mit den Händen fuchtelte, um die Tibeter in ihre Sitze zurückzuscheuchen. Diese wechselten betretene Blicke miteinander, dann schauten sie wieder auf die wild gewordene Frau und kamen zu dem Schluss, dass es weniger Ärger geben würde, wenn sie sich einfach auf die Armlehnen ihrer Sitze hockten und warteten, bis das Flugzeug gelandet war, ehe sie wieder an ihre Schließfächer gingen.

Nach der Landung quetschten sich die Stewardessen durch die Gänge, um Feuer- und andere Waffen an ihre jeweiligen Besitzer zurückzugeben. Mehrere chinesische Soldaten bekamen Revolver ausgehändigt und drei große Tibeter mit langen, ins Haar geflochtenen Troddeln nahmen Dolche in Empfang. Da die Waffen etwas größer waren als das Schweizer Armeemesser, das man mir gelassen hatte, waren sie für die Dauer der Reise in braunen CAAC-Umschlägen aufbewahrt worden. Die Umschläge waren viel zu klein für die Waffen, die sie enthielten, und die Dolche rutschten mehrmals aus ihren Scheiden, sausten durch die Luft und bohrten sich in den Teppich der Boeing.

Die Empfänger der Dolche grinsten erfreut, als sie ihre Waffen zurückerhielten, und mir wurde bewusst, dass ich zum ersten Mal Khampas vor mir sah. Ich hatte viel über diese Furcht erregenden Gestalten gelesen: die Krieger der östlichen Kham-Provinz.

Es waren die Khampas, die 1904 zu den Waffen gerufen wurden, um gegen den Einmarsch der Briten in Tibet zu kämpfen, und auch 1959 stellten sie die treibende Kraft im Aufstand gegen die Chinesen dar. In neuerer Zeit wurden die Khampas vom CIA in einem Guerilla-Krieg gegen die Chinesen vom benachbarten Nepal aus unterstützt. Die nepalesische Regierung musste die Khampas schließlich hinauswerfen. Manchmal hört man, es sei unter dem Druck von Peking geschehen, aber die gängigere Version der Geschichte ist, dass die Nepalesen es satt hatten, ihre Dörfer von den Khampa-Banditen mit ihren amerikanischen MGs terrorisieren zu lassen.

Wie auch immer, die drei Khampas sahen jedenfalls Furcht erregend genug aus. Die Menge im Gang wich sofort auseinander, als sie ebenfalls ihren Platz beanspruchten. Das Flugzeug war immer noch nicht zum Halten gekommen, aber alle außer den verwirrten Touristen kämpften verbissen um einen Platz im Gang, von dem sie sofort zum Ausgang stürzen konnten.

Sobald die Tür aufging, stürmten die Tibeter und Chinesen nach vorne und walzten alles platt, was ihnen im Weg war. Schwere Bündel mit stinkendem Knoblauchgras wurden von den Schließfächern auf die Plätze heruntergeworfen. Die wenigen einheimischen Passagiere, die sitzen geblieben waren, nahmen es lachend und schulterzuckend zur Kenntnis, den Mund noch mit den letzten Bissen aus der Lunchbox voll gestopft. Was davon noch übrig war (und natürlich die wunderbaren CAAC-Geschenke), wurde in die bereits überquellenden Gepäckstücke gestopft, während die Leute sich durch die Gänge quetschten. Am Eingang entstand ein Tumult, da jeweils nur eine Person mit ihrem Gepäck durch die Tür passte, auch wenn alle hartnäckig das Gegenteil zu beweisen versuchten.

Sobald sie auf der Rollbahn waren, eilten sie zum Flughafengebäude, ihre Bündel hinter sich herschleifend. Die Khampas, die größer waren als die anderen Tibeter und hoch über den Chinesen aufragten, hielten sich abseits von der Meute. Sie gingen nicht, sondern stolzierten und ließen ihre Dolche im Sonnenlicht blitzen. Die Touristenherde folgte ihnen zögernd und murrend, weil kein Bus bereitstand, während sie untereinander darüber diskutierten, was jetzt zu tun sei, da es keinerlei Hinweis gab, wohin sie sich wenden sollten, abgesehen von der Staubwolke, die Tibeter und Chinesen zurückließen, während sie in der Ferne verschwanden.

Das Flughafengebäude war weit weg, der Flugzeuglärm verebbte und ich konnte in aller Ruhe die Szenerie um mich herum aufnehmen. Der Himmel war von einem sagenhaften Blau, wie ich es bisher nur auf Kitschpostkarten gesehen hatte. Flaumige Wölkchen hingen in der Luft über den Berggipfeln, während die ersten Sonnenstrahlen in den Talgrund fielen und leichter Nebel über die Vorberge trieb. Gebirgsketten säumten im Norden und Süden das Tal.

Im ersten Augenblick war ich enttäuscht, dass kein Schnee zu sehen war. Ich hatte gedacht, dass die Landebahn aus dem Eis zwischen den Gletschern freigehackt werden müsse, aber alles sah weich und grün aus. Mir war zu diesem Zeitpunkt nicht bewusst, dass ich Tibet auf dem Höhepunkt seines kurzen Sommers erlebte. Zwei Monate später war weit und breit nichts Grünes mehr zu sehen – außer dem Neonschild des Holiday Inn.

Während ich über das Rollfeld ging, teilten sich die Wolken im Westen des Tals und enthüllten, was ich mir erhofft hatte: zwei prächtige, schneebedeckte Gipfel. Der südlichere war ein senkrechter Felszylinder mit einer Schneekuppe, der wie eine Hochzeitstorte aussah. Vom Sockel der Hochzeitstorte zog sich ein großer Bergkeil nach Norden, ein perfekt rechtwinkliger Hang, der zu einem verschneiten Grat hinaufführte, wo er abrupt endete und in eine senkrechte Felswand abfiel. Mit dem faszinierenden Gedanken im Kopf, dass es möglich sein müsse, diesen Gipfel zu besteigen, ohne wirklich klettern zu müssen, wandte ich mich der dringenderen Aufgabe zu, meinen Wagen und Fahrer zu finden.

»Sie werden wahrscheinlich am Flughafen abgeholt«, hatte Li mir in Chengdu gesagt.

Plötzlich merkte ich, dass etwas nicht stimmte. Ich war nur 20 Schritte über die Rollbahn gegangen, als ich stehen bleiben und heftig atmen musste. Ich schnappte nach Luft wie ein Fisch auf dem Trockenen. Im ersten Moment war es eine Wohltat gewesen, nach dem Kohlgestank im Flugzeug und dem Smog in Chengdu die tibetische Luft einzuatmen, aber das gute Gefühl hielt nicht lange an. Auf 3500 Metern enthält die Luft fast 30 Prozent weniger Sauerstoff als auf Meereshöhe, und das spürte ich natürlich. Nachdem ich einen Augenblick stehen geblieben war, um wieder zu Atem zu kommen, folgte ich den Khampas in Richtung Flughafengebäude.

Ein junger Mann, der über einen Graben entlang der Rollbahn stieg, kam auf mich zu und schwenkte ein weißes Tuch. »Holiday Inn?«, fragte er lächelnd. Ich nickte und lächelte zurück.

»Ah, ich bin Tashi«, sagte er und rollte eifrig das Tuch auseinander, das sich als ein schöner Seidenschal entpuppte. Unentwegt lächelnd legte er mir den Schal über den Kopf, verbeugte sich leicht und sagte dazu die Worte *tashi delai*.

»Freut mich, Sie kennen zu lernen, Tashi Delai«, sagte ich. »Ich bin Alec Le Sueur.«

»Nein, nein, ich bin nicht Tashi Delai. Ich bin Tashi. Tashi Delai.«

»Und wer ist dann Tashi Delai?«

»Niemand ist Tashi Delai.«

Wir drehten uns im Kreis.

»*Tashi Delai* ist tibetischer Gruß«, erklärte er. »Mein Name ist Tashi. Nur Tashi. Nicht *tashi delai* – das ist tibetischer Gruß.«

»Ah, ich verstehe«, sagte ich, obwohl ich überhaupt nichts verstand. Ich versuchte es noch einmal: »*Tashi delai*.«

»Ja, *tashi delai*.«

Wir lachten auf dem ganzen Weg über die schlammige Rollbahn und wiederholten *tashi delai* ad nauseam. Wer immer Tashi auch sein mochte, für mich stand fest, dass wir Freunde werden würden.

Auf dem Gras jenseits des Wassergrabens kamen wir zum allgemeinen Ankunftsbereich. Es war der Treffpunkt, an dem die spärlichen Touristen von ihren jeweiligen Führern abgeholt wurden. Keiner der Führer kannte die Namen der Tourenteilnehmer, die sie abholen mussten, und so hielten sie Schilder in die Höhe, auf der ihre Gruppennummer stand. Die Nummern waren am Flughafen hastig auf ein Stück Papier gekritzelt worden – meistens die Rückseite einer Zigarettenschachtel. Leider wussten die ankommenden Touristen nichts davon, dass sie von den Behörden zu einer Nummer abgestempelt worden waren, und deshalb dauerte es immer einige Zeit, bis die Gruppe auf ihren richtigen Führer traf.

Als ich die Auswahl von rostigen Bussen und Peking-Jeeps sah, die den Parkplatz füllten, war ich erleichtert, dass Tashi mich zu einem ziemlich neuen Toyota Landcruiser führte. An der Seite des Wagens prangte ein plump gezeichneter Yak und darunter die verblichene Aufschrift: *Lasa Hotel*. Tashi las sie laut vor und lachte. »Lasa Hotel« war der alte Name des Hotels gewesen, bevor es vom Holiday Inn übernommen worden war.

Der Fahrer des Wagens, ein Mr. Dorje, begrüßte mich mit dem gleichen unerschütterlichen Lächeln und genauso vielen *tashi delai* wie Tashi. Dorje machte keinen Versuch, Englisch zu sprechen – warum sollte er auch? –, sondern fing sofort zu gestikulieren an: Er ließ ein Flugzeug landen, kämpfte mit schwerem Gepäck, packte ein Lenkrad und zeigte dann auf etwas, das weit weg war. Ich hatte Probleme mit diesem letzten Teil, aber als Tashi nachhalf, indem er das Wort »Hotel« sagte, während Dorje in die Ferne zeigte, begriff ich, dass mein Gepäck später eintreffen würde.

Ich fragte Tashi, wie lange es bis zum Hotel dauern würde. Das war ein Fehler. Das Lächeln verschwand von Tashis Gesicht, seine Augenbrauen zogen sich zusammen und er legte die Stirn in tiefe Falten. Er überlegte eine Weile angestrengt, dann zuckte er bedauernd die Schultern und lächelte wieder. Ich konnte mir ausrechnen, dass die Unterhaltung während der Autofahrt ziemlich beschränkt sein würde. Ich musste so schnell wie möglich Tibetisch lernen.

Die Stadt liegt jenseits der Hügel im Norden, fast in gerader Linie vom Flughafen, aber die Straße muss einen Umweg machen und dem Tsangpo folgen, dann seinem Nebenfluss, dem Kyi Chu, der sich auf seinem langen Lauf von der aufgehenden Sonne entfernt und immer mehr verebbt. Die Chinesen behaupten, die Topografie der Region sei dafür verantwortlich, dass der Flughafen von Lhasa bei dem winzigen Dorf Gonggar fast 100 Kilometer von der Stadt entfernt gebaut wurde. Ich dagegen hege den Verdacht, dass irgendein PLA-Offizier auf das falsche Tal zeigte, als er den Befehl gab, mit den Bauarbeiten zu beginnen.

Dorje schwenkte auf die Hauptstraße ab, eine schmale, wellige Teerspur, die bestmögliche Straßenqualität in Tibet, wie ich noch herausfinden sollte. Ein Meer von grünen Gerstenfeldern – Gerste ist ein Grundnahrungsmittel in Tibet – schimmerte und wogte im Wind. Das Korn war fast reif und die Ernte stand kurz bevor. Auf der anderen Straßenseite lagen die unbebauten Vorberge, auf denen nur Schafe grasten. Hoch oben in den Bergen konnten wir gerade noch die schwarzen Silhouetten von Yaks ausmachen.

Ich wurde oft von Touristen gefragt, was eigentlich Yaks sind. Die einfachste Antwort lautet: zottige Hochgebirgskühe. Obwohl ich zugeben muss, dass das keine narrensichere Definition ist. Ich lieferte diese Beschreibung einmal einem sehr unangenehmen Paar, das ich zu meinem Unglück am Flughafen abholen musste. Ich hatte eigentlich auf Goldie Hawn gewartet, aber die gute alte CAAC hatte ohne jede Vorwarnung die Flüge geändert, und so musste ich stattdessen ein Ehepaar zum Hotel fahren, dem man hätte verbieten sollen, weiter als bis zu ihrer Haustür zu reisen.

Als wir nach Lhasa hineinfuhren, lief eine Herde Schafe über die Straße. »Oh, sieh nur, sind das Yaks?«, rief die Dame aufgeregt. Ich musste sie enttäuschen, indem ich sie aufklärte, dass diese Tiere hier in Tibet Schafe genannt wurden und dass Yaks viel größere Geschöpfe mit langen, spitzen Hörnern und zottigem schwarzen Fell wären. Vielleicht hatte ich es schlecht erklärt?

Auf meiner ersten Fahrt vom Flughafen zum Hotel übernahm Tashi die Erklärungen. »Gonggar Dzong«, bedeutete er mir. Dzong bedeutet Festung, aber an der Stelle, auf die Tashi deutete, war nichts zu sehen. Ein paar Felsbrocken waren über einen Hang verstreut, das war alles. Genauer gesagt war es der Ort, an dem Gonggar Dzong einmal gestanden hatte, bevor es im Verlauf der Kämpfe in die Luft gesprengt wurde, die 1959 die Flucht des Dalai Lama ins Exil begleiteten.

Der chinesische Propagandaapparat versucht mit allen Mitteln zu beweisen, dass Tibet seit jeher zu China gehörte, was immer auch gewisse »separatistische Elemente« in Tibet sagen mögen. Dabei spürt man vom ersten Moment an, wenn man dieses Land betritt, dass es eine scharfe Trennlinie zwischen beiden Völkern gibt: andere Kultur, andere Religion, andere Sprache, andere Rasse. Allerdings zeigte sich schon bald nach meiner Ankunft die einzige Gemeinsamkeit, auf die sich der chinesische Anspruch stützen könnte: Zweifellos sind die tibetischen Taxifahrer genetisch eng mit denen in Chengdu verwandt.

Dorje übte sich in einer interessanten Fahrtechnik, die darin bestand, den Wagen so oft und so lange wie möglich vom Boden abheben zu lassen. »Schrecklich!«, rief Tashi aus, sobald wir emporflogen, während er von einem Ohr zum anderen grinste und sich gegen den unvermeidlichen Aufprall wappnete, wenn der Landcruiser wieder auf dem Asphalt auftraf. Es war kein Wunder, dass unser Wagen praktisch keine Federung mehr besaß.

Dorje hatte einen Vorteil, von dem seine Taxikollegen in Chengdu nur träumen konnten: klare Sicht. In der reinen, dünnen tibetischen Luft wird der Blick nicht durch Smog oder Luftverschmutzung behindert. Berge, die zehn Kilometer entfernt sind, zeichnen sich scharf am Horizont ab. Außer ein paar Armeelastern sind die Straßen frei von Verkehr und die einzige Grenze, die Dorjes Fahrstil gesetzt wurde, war die Frage, wie fest er aufs Gaspedal treten konnte, ohne dass der Wagen durch die Erschütterungen völlig auseinander flog.

Gerade noch sichtbar tauchten vor den vibrierenden Scheiben kleine rechteckige, mit Leder bespannte Holzboote auf, die zur Überquerung des Flusses ansetzten. Tashi sah mich hinausspähen und rief »Yakhautboote« über das Brüllen des Motors hinweg. Anscheinend findet jeder Teil des Yaks Verwendung. Um die Boote wasserdicht zu machen, werden die Häute über ein Holzgerippe gespannt, mit Wolle aus Yakhaar zusammengenäht und dann mit Yakbutter versiegelt.

Von Zeit zu Zeit rasten wir durch ein Dorf, das von winkenden tibetischen Kindern gesäumt war. Die Dörfer sahen so wunderschön und einladend aus, aber Dorje machte keine Anstalten, langsamer zu fahren. Kleine Ansammlungen von ein- und zweistöckigen Gebäuden mit ummauerten Höfen drängten sich in den Vorbergen zusammen, um möglichst viel Sonne einzufangen. Die Häuser wirkten solide, dafür gebaut, der harten Umwelt zu trotzen. Die Wände waren bis auf Hüfthöhe aus Stein und dann bis unters Dach mit Lehmziegeln hochgezogen.

Die Fenster, die tief in die weiß getünchte Wand eingelassen, waren, hatten eigenartige schwarze Rahmen: Der untere Rand der tibetischen Fensterrahmen ist mehrere Zentimeter breiter als der obere. Eine Bauweise, die sich auch in anderen Gebäudeteilen wiederholt, denn die Wände neigen sich ebenfalls nach innen.

Blechdosen zierten die Fenstersimse, mit leuchtend orangefarbenen Ringelblumen gefüllt, die in voller Blüte standen und das karge Schwarzweiß der Häuser belebten. Von den flachen Dächern ragten Zweige hoch in die Luft, die mit farbenprächtigen Gebetsfahnen geschmückt waren. Die glückverheißenden Blau-, Weiß-, Rot, Grün- und Gelbtöne der Stoffe leuchteten mit dem tiefen Blau des tibetischen Himmels um die Wette. Jede Gebetsfahne ist mit einem Bildnis von *lungta* bedruckt, dem juwelenstrotzenden Drachenpferd, das die Gebete der Hausbewohner zu den Gottheiten hinaufträgt, wann immer die Fahne im Wind flattert.

In den größeren Dörfern gab es buschige Wäldchen, meist Weiden oder Pappeln, die in der sonst baumlosen Landschaft seltsam fehl am Platz wirkten. Holz ist ein kostbarer Rohstoff in den Hochlandgebieten Tibets und wird niemals verschwendet. Die wenigen Sträucher, die wild auf den Hängen wachsen, werden als Reisigholz geschlagen und in jedem Hof ist Feuerholz aufgestapelt, das in den Bergen gesammelt wurde.

Der Mangel an festem Brennstoff in Form von Holz ist kein großes Problem für die Tibeter, die einen fantastischen Holzersatz haben: Yakdung. Der Dung wird tagsüber von kleinen Kindern gesammelt, die auf den Hängen draußen die Schaf- oder Yakherden hüten. Gibt es einen besseren Zeitvertreib, wenn man draußen in den Hügeln herumstreift, als jeden Dungfladen aufzulesen, den man finden kann? Das klingt jedenfalls viel verlockender, als in einer muffigen Schulklasse eingesperrt zu sein.

Wenn die Kinder abends mit ihrem Dungkorb nach Hause kommen, mischt die Mutter oder eine ältere Schwester das Rohmaterial mit etwas Wasser und, falls vorhanden, Gerstenstroh. Aus diesem Gemisch werden appetitliche kleine Fladen, wie Schokosplitterkekse, geformt und an die weiß getünchte Wand geklatscht, um in der Sonne zu trocknen. Wenn sie trocken sind, werden die »Kekse«

in mehreren Reihen auf den Wänden aufgestapelt und das ganze Jahr über als Brennstoff verwendet. Sie brennen wie Zunder, hinterlassen aber leider einen penetranten Geruch, den man praktisch nicht mehr aus den Kleidern herausbekommt, wenn man sich in der Nähe eines Feuers aufgehalten hat.

Irgendwie hatte Tashi es geschafft einzuschlafen. Sein Kopf rollte auf der Nackenstütze des Vordersitzes hin und her und hüpfte in die Höhe, wenn wir abhoben. Dorje hielt seine Hände fest am Steuerrad, die Augen auf die Umrisse der Straße vor uns geheftet. Ich klammerte mich verzweifelt an den Haltegriff über der Tür, damit ich nicht über den Rücksitz segelte, wenn wir herumschwenkten, um einen Armeelaster zu überholen.

Ein paar Kilometer nachdem wir die chinesische Brücke zur Nordseite des Tsangpo überquert hatten, trat Dorje auf die Bremse und wir kamen mit quietschenden Reifen zum Halten. Er zeigte auf ein etwa 20 Meter entferntes Gebäude, das ganz allein zwischen uns und dem Fluss stand. Sonst war nichts zu sehen. Bei näherer Betrachtung zeigte sich, dass die Fassade des Gebäudes mit grellorange und -blauen Fliesen gekachelt war. Zwischen den Fliesen waren ein Männer- und ein Frauenkopf abgebildet. Mit einer Pantomime, die keiner Worte bedurfte, gab Dorje mir zu verstehen, dass dies hier die einzige Toilette zwischen dem Flughafen und Lhasa war.

Das ist die große Modernisierung Tibets, von der die Chinesen sprechen: geflieste Toiletten mitten in der Landschaft. Tashi schlief weiter. Dorje machte sich nicht die Mühe, den ganzen Weg bis zur öffentlichen Toilette zu gehen, und nachdem ich flüchtig inspiziert hatte, was die Chinesen für eine Verbesserung der tibetischen Lebensverhältnisse hielten, folgte ich Dorjes Beispiel. Ich fragte mich, was die amerikanischen Touristen hinter uns von der Modernisierung Tibets halten würden.

Der einzige weitere Halt auf dem Weg nach Lhasa war die obligatorische Foto-Session bei einer zwölf Meter hohen Statue des Sakyamuni Buddha. Jeder Tourist hält hier an und verschwendet ein Bild an den Buddha, der unweigerlich in tiefem Schatten liegt, bis die Autos vom Flughafen ihn erreichen.

»Potala«, sagte eine Stimme im Auto vorne.

Tashi war aufgewacht, als wir die Vorortsiedlungen des Lhasa-Tals durchquerten, gerade noch rechtzeitig, um mir das kleine Dreieck zu zeigen, das am anderen Ende des Tals über den Gebäuden aufragte. Selbst aus dieser Entfernung konnte ich den weiß getünchten Sockel und das Gold der Dächer des Potala-Palasts ausmachen – der ehemaligen Winterresidenz des Dalai Lama. Der erste Blick auf den Potala wird heute von einem weiteren Beispiel des chinesischen Fortschritts getrübt: einer Betonbaracke der Armee, die völlig die Sicht blockiert, wenn man sich Lhasa von Westen her nähert. Das meiste Land im Westen der Stadt gehört dem Militär. Die Straße vom Flughafen führt durch ein Meer von grünen Uniformen und die schlimmsten Auswüchse der chinesischen Architektur.

Unter dem hässlichen Beton stach ein Gebäude besonders hervor: ein ovales Gebilde aus stumpfgrünem Wellblech. Es war so scheußlich, dass einem der Atem stockte.

»Hotel«, sagte Tashi.

Mir brach der Schweiß aus allen Poren, weil ich dachte, dass er den grünen Wellblechhorror meinte, aber dann sah ich, dass er die Straße hinaufzeigte. Dorje schwenkte nach links und fuhr am Norbulingka, dem Sommerpalast, vorbei. Das war schon eher, was ich mir erhofft hatte – gehörte das Hotel vielleicht zum Palast? Wir fuhren weiter, an einigen heruntergekommenen Wohnblocks vorbei.

»Personal«, sagte Tashi und zeigte darauf.

Bevor ich ihn um eine Erklärung bitten konnte, kam das vertraute grüne Neonschild des Holiday Inn in Sicht.

Hinter einer Reihe von Fahnen standen drei cremefarbene Betonblocks, die mich an die deutschen Bunker aus dem Zweiten Weltkrieg erinnerten. Ich redete mir ein, dass es schön sei. Es musste einfach schön sein. Schließlich musste ich Werbung dafür machen.

In der Tür erwartete mich ein Chinese im Anzug, der lachend die Treppe herunterlief. Er schüttelte mir überschwänglich die Hand und überreichte mir einen weiteren Seidenschal. Harry war sein Name, der Empfangschef. Ein Chinese aus Singapur. »Nicht von hier«, fügte er schnell hinzu.

Der Anblick der Lobby ließ mich aufatmen nach dem Schock, den mir die Außenarchitektur der Betonbunker versetzt hatte. Eine riesige Fläche von spiegelndem Marmor bedeckte den Boden bis zu der kühlen, ebenfalls marmornen Empfangstheke. Holzbalken mit tibetischen Stilelementen wiesen den Blick nach oben zu einem riesigen Himalaya-Wandteppich. Ein Entresol-Bereich – die Hotelbar und Podest des Holiday-Inn-Lhasa-Streichquartetts – ragte über den Wandteppich und den Marmor hinaus.

Tashi und Dorje waren verschwunden. Die chinesischen Portiers lächelten, als Harry mich an ihnen vorbei zu einem kleinen Coffee Shop lotste. Jeder neue ausländische Angestellte wird dort zu einem obligatorischen Drink hinbeordert, ehe man ihm seine Unterkunft zeigt. Da man glaubt, dass ein hoher Flüssigkeitskonsum in den ersten paar Tagen das Risiko der Höhenkrankheit herabsetzt, wurde Tee bestellt, während Harry fortging, um den Hoteldirektor zu holen.

Der Coffee Shop war ziemlich primitiv eingerichtet. Das Mobiliar bestand aus Metalltischen und -stühlen, die besser in eine Dorffesthalle als in ein internationales Hotel gepasst hätten. Die grünen Fliesen auf dem Boden hatten die gleiche hässliche Farbe wie das Wellblechmonster weiter unten an der Straße. Das Einzige, was das Café rettete, war ein prachtvoller Baldachin mit blauen Drachen, der sich von der Kasse am einen Ende bis zu der Teemaschine am anderen Ende zog. Er war bei der Zeltfabrik von Lhasa in Auftrag gegeben worden, wo auch tibetische Familien Schmuckzelte für die Picknicksaison bestellen.

Eine Bedienung, die an der Teemaschine lehnte, entdeckte mich. Sie setzte sich langsam in Bewegung und steuerte in meine Richtung. Ich hoffte, dass sie den bestellten Tee bringen würde, aber sie kam mit leeren Händen. Als sie schließlich vor mir stand, sagte sie: »Essensbon«. Ich fragte nach, was sie meinte, aber sie konnte immer nur wiederholen: »Essensbon«.

Zum Glück kam Harry zurück, um mich vor dem Essensbon-Roboter zu retten, und holte jetzt selber den Tee.

Ein Koch tauchte aus der Küche auf, von Kopf bis Fuß in Weiß gekleidet.

»Der Chef«, wisperte Harry mir zu, um mir zu verstehen zu geben, dass es sich nicht um einen einfachen Koch handelte, sondern um die Nummer eins in der Küche. Ich zweifelte keinen Augenblick an dieser Tatsache, als die fragliche Person auf uns zugestürmt kam, klein und untersetzt, mit kurz geschorenen Haaren und einem wütenden Ausdruck im Gesicht.

Wer es zum »Executive Chef« gebracht hat, ist auf dem Gipfel seiner Karriere angelangt. Er hat sich durch alle Stufen hinaufgearbeitet: vom *Commis de Cuisine* zum *Chef de Partie*, und vom *Executive Sous Chef* zum Star der Küche, dem *Executive Chef* oder Küchendirektor. Es ist ein dorniger Weg, der eine Mischung aus kulinarischer Kreativität, großem Wissen über Zutaten und Ausrüstung, harter körperlicher Arbeit und vor allem einen unersättlichen Ehrgeiz erfordert, um alle Kollegen aus dem Feld zu räumen. An der Spitze der Pyramide, als Executive Chef, gibt es kein Weiterkommen, weshalb er sich die Zeit damit vertreiben muss, den Food & Beverage Manager aus der Küche zu verscheuchen, eifersüchtig darüber zu wachen, dass er auch mit »Chef« angesprochen wird, und seine Position als König in seinem Küchenreich zu festigen.

Meine erste Begegnung mit einem Executive Chef hatte ich in einem Fünf-Sterne-Hotel in London. Ich hatte gerade erst in der Küche angefangen und war damit beschäftigt, grüne Bohnen zu putzen, als der Executive Chef zu mir kam und mich fragte, ob alles in Ordnung sei. »Gut, danke, Mr. Dupont«, erwiderte ich.

Das löste zu meiner Verblüffung einen Wutanfall bei ihm aus, und er brüllte mir aus vollem Hals ins Gesicht: »Sie sagen gefälligst, ›Gut, danke, *Chef*‹ zu mir!«

Ich kann es mir nur damit erklären, dass das Gehirn eines Küchenchefs besonders klein sein muss, und da es bereits mit kulinarischen Begriffen voll gestopft ist, bleibt kein Platz mehr, um sich an den eigenen Namen zu erinnern. Wenn zwei Chefs zusammenkommen, freuen sie sich wie kleine Kinder, dass sie den gleichen Namen tragen, und begrüßen sich minutenlang mit »Hallo, Chef«, wobei sie sich halb totlachen.

»Guten Morgen, Chef«, sagte ich jetzt zu dem Mann in Weiß, der an unserem Tisch angekommen war.

»Das ist eine verdammte Schweinerei da drin. Sie haben schon wieder lebende Yaks gebracht. Wo ist der Food & Beverage Manager?«, war alles, was er hervorbrachte, ehe er wieder davonstürmte.

Die Kellnerinnen in der Ecke hörten plötzlich auf zu tratschen und richteten sich gerade auf. Die Kassiererin kürzte ihr Gähnen ab und nahm ihren Stift in die Hand.

Egal in welchem Hotel der Welt Sie arbeiten – es ist immer dasselbe, wenn der Hoteldirektor naht. Ohne es zu wissen, läuft er mit einer Aura herum, die einen Radius von ungefähr 20 Metern hat und in deren Umkreis jeder Angestellte wie verrückt arbeitet. Doch sobald der Direktor verschwunden ist, lässt jeder seinen Stift fallen und das Personal kehrt zu seinen gewohnten Beschäftigungen zurück.

»Hat er getrunken?«, bellte eine Stimme hinter mir. Der Hoteldirektor war eingetroffen und sorgte dafür, dass seine Anwesenheit bemerkt wurde.

»Sie müssen der junge Le Sueur sein. Mit dem Namen kommen Sie hier nicht durch, also lassen wir es bei Alec. Und jetzt müssen Sie trinken. Mindestens drei Liter am Tag. Drei morgen, drei am nächsten Tag. Ruhen Sie sich heute aus. Trinken Sie. Bis Montag.«

»Noch mehr Tee!«, herrschte er die Bedienungen an, als er auf dem Weg in die Küche an ihnen vorbeiging.

Es war eine kurze Einweisung gewesen, aber im Großen und Ganzen keine schlechte erste Begegnung mit meinem Boss. Schließlich war erst Freitagmorgen und ich hatte den Befehl erhalten, mich bis Montag auszuruhen. Ich konnte ja nicht ahnen, dass das die längste Freizeit sein würde, die mir in Tibet beschieden war. Niemand hatte mich vorgewarnt, dass in China zwölf Stunden am Tag gearbeitet wird, und das sechs und oft sogar sieben Tage in der Woche.

Harry führte mich in mein Zimmer hinauf. Südblock, zweiter Stock, Nummer 3205. Wir gingen über einen teppichbelegten Flur und stiegen über die hohen Teppichfalten, die von den Gepäckwagen aufgeworfen worden waren. Der Flur ging auf den Garten vor dem Coffee Shop hinaus, dessen Blickfang ein großer betonierter Teich mit einer Felsskulptur war. Die Felsskulptur bestand aus natürlichen Steinen, die in einfallsloser Weise zu einer simulierten Felsformation zusammengefügt worden waren. Das Ganze hatte keinerlei Funktion, soweit ich sehen konnte, aber zumindest nistete ein Bachstelzenpärchen in einer Lücke im Zement.

Der erste Eindruck, den ich von meinem Zimmer erhielt, war eine überwältigende Orgie von Braun. Das Sofa und die Vorhänge waren beige gestreift, der Teppich kastanienbraun, die Tapete khakigrau, der hässliche fünfarmige Leuchter eine Art Rostbraun und die Schränke waren in einem künstlichen Holzton lackiert. Warum man von Natur aus braunes Holz mit brauner Farbe überstreichen sollte, damit es wie Holz aussieht, geht über meinen Verstand. Das Einzige, was nicht in Braun gehalten war, waren die seltsamen grünen Flecken auf dem Teppich.

Der Blick von meinem Zimmer ging über ein Stück Ödland, das als Schuttplatz gedient hatte, während das Hotel gebaut worden war, und jenseits davon über eine hohe Mauer zu den heruntergekommenen Wohnblocks, die ich vom Auto aus gesehen hatte. Es waren Slums der schlimmsten Art: An den Fenstersimsen hingen Tierkadaver und wilde Hunde kläfften wütend aus den Treppenschächten heraus. Hinter den Wohnblocks ragten die einladenden Gipfel der Berge am Südufer des Kyi Chu auf.

Harry hatte mir gesagt, dass ich froh sein könne, ein Zimmer nach Süden zu haben.

»Im Winter werden Sie verstehen, warum«, kicherte er. »Auf jeden Fall ist es besser als in den Personalunterkünften dort drüben«, fügte er hinzu und zeigte aus dem Fenster auf die Slums hinüber.

Beim Mittagessen lernte ich die anderen ausländischen Manager kennen. Wir waren insgesamt zehn. Hauptsächlich Männer, hauptsächlich Kettenraucher. Alle hatten ihre eigenen Gründe, warum sie hier waren. Bei den einen war es das Geld, andere liefen vor etwas oder jemand davon, aber die Unglücklichsten von allen waren nach Lhasa gekommen, weil sie von einem exotischen Asienerlebnis geträumt hatten. Trotz aller Warnungen hatten diese Leute Palmen und Nachtleben erwartet, und der Schock war groß, als sie entdeckten, dass Lhasa inmitten kahler Berge im Niemandsland lag, mehr als vier Kilometer über dem Meeresspiegel. Die übliche Vertragszeit betrug zwei Jahre, aber unter diesen extremen Bedingungen war es eher selten, dass jemand die volle Zeit hinter sich brachte. Das Holiday Inn Lhasa war in der Hotelbranche als härtester Posten der Welt bekannt.

Ich fragte Harry, warum wir nicht im Everest-Saal bei den anderen Gästen aßen. Er schauderte. »Dort ist das Gruppenbuffet«, erklärte er, »man merkt, dass Sie es noch nicht gesehen haben. Wir essen immer im Coffee Shop.«

Der Direktor saß bereits am Kopfende der langen Tafel, die für zehn Personen gedeckt war. Jeder ausländische Angestellte hatte seinen Stammplatz am Tisch und verteidigte ihn eifersüchtig gegen Neuankömmlinge.

Leere Plätze, die entstanden, wenn jemand nach Hause zurückging, wurden nach Dienstalter an die anderen verteilt. Zufällig hatte mein Vorgänger auf dem Platz neben dem Direktor gesessen, und da niemand in diese Position nachrücken wollte, wurde sie mir zugeteilt. Auf meiner anderen Seite saß Mr. Liu, der Finanz-Controller aus Hongkong. Er war kein unterhaltsamer Gesprächspartner und hielt seine Augen während der ganzen Mahlzeit auf den Teller gerichtet, um jede Gabel voll Essen sorgfältig zu inspizieren, ehe er sie zum Mund führte.

Alle anderen platzten fast vor Mitteilungsbedürfnis. Es war hier Tradition, jedem Neuankömmling zu erzählen, dass das Hotel, so furchtbar es auch aussehen mochte, früher noch viel, viel schlimmer gewesen sei. Meine Ankunft fiel in die Zeit, als die letzten Mitarbeiter des ersten ausländischen Teams das Holiday Inn Lhasa nach und nach verließen. Vor mir saßen also die mutigen Pioniere, die die ersten zwei Jahre der Operation überlebt hatten.

Das Hotel war 1985 im Zuge der großen Modernisierung von den Chinesen gebaut worden, als eines der 40 Bauwerke, die von anderen chinesischen Provinzen zur Feier des 25. Jahrestags der Autonomie Tibets gestiftet worden waren. Die meisten dieser

Schenkungen waren völlig nutzlos und verschandeln bis heute die Skyline. Gegenüber dem Hotel steht das monströse »*Cultural Theatre*«, das gelegentlich für Parteikonferenzen oder als Truppenunterkunft genutzt wird. Weiter unten an der Straße kann man ein weiteres Geschenk bewundern: den leeren Betonbau des Busbahnhofs mit seiner Turmuhr, die ständig auf zehn nach zwei steht.

Das Hotel war ein Geschenk der Provinz Gansu, einer der ärmsten Regionen Chinas, die selber dringend Unterstützung brauchte. Die Chinesen proklamierten ständig »große Sprünge« in verschiedene Richtungen, in diesem Fall in der Hoffnung, dass der Sprung in den Tourismus der tibetischen Wirtschaft den dringend benötigten Boom bringen würde. Der fantasievolle Name »Lhasa Hotel« war eine Erfindung der kommunistischen Marketing-Strategen. Das neue Hotel in Shigatse wurde »Shigatse Hotel« genannt, das in Gyantse »Gyantse Hotel«, und so weiter in jeder tibetischen Stadt, die für den Tourismus erschlossen wurde. Der gravierendste Fehler bei diesem Projekt war allerdings die Tatsache, dass niemand wusste, wie das Hotel geführt werden sollte, wenn es erst einmal gebaut war.

Die Chinesen schlugen sich sechs Monate lang mit ihrem Hotel herum, bevor sie tapfer ihre Niederlage eingestanden und sich nach Hilfe von außen umblickten. Das erste Holiday-Inn-Team, das hier eintraf, fand das Hotel im Chaos vor. Alle Abteilungsleiter konnten ein Lied davon singen.

Der Leiter des Housekeeping-Bereichs erzählte, dass das Hotel bei seiner Ankunft wie in einem Schneefeld eingebettet lag. Als der Bus sich näherte, entpuppte sich der vermeintliche Schnee als ein Wald von Bettlaken, die auf dem Gras ausgebreitet worden waren. Das Lhasa Hotel besaß die modernste Wäscherei in Westchina, aber niemand konnte die Anlage bedienen. Alle Laken waren von Hand im Fluss gewaschen und zum Trocknen auf dem Hotelgelände ausgebreitet worden.

Derek, der Chefingenieur, schilderte seine erste Inspektion des Hotels, als er feststellte, dass Wasser aus dem Küchentrakt den Boilerraum überschwemmt hatte, so dass der Boiler kurz davor stand, mit dem ganzen Haus in die Luft zu fliegen.

Der Food & Beverage Manager, ein düsterer Österreicher namens Gunter, erzählte, wie er entdeckt hatte, dass die Fußbodenfliesen im Coffee Shop plötzlich grün leuchteten. Die Toiletten im Flur waren übergelaufen und hatten den Fußboden im Coffee Shop unter Wasser gesetzt, so dass seine ursprüngliche Farbe unter einer Substanz verschwunden war, die normalerweise nicht in einem Essbereich zu finden sein sollte.

Der Empfangschef Harry berichtete, was mit den 468 Gästezimmern passiert war. Über 350 wurden von den einheimischen Angestellten und ihren Freunden benutzt. Ein Koch schenkte einem Portier ein Steak. Der Portier gab ihm dafür einen Zimmerschlüssel. Ein einfaches Arrangement. Das Problem war nur, dass die Bäder mit WCs ausgestattet waren. Die einzige Spültoilette, die es bis dahin in Tibet gegeben hatte, war die englische, die im Sommerpalast des Dalai Lama installiert worden war, und folglich konnte das einheimische Personal nichts damit anfangen. Die Zimmer wurden benutzt, bis sie als zu schmutzig für den weiteren Gebrauch angesehen wurden, dann zog man in das nächste Zimmer. Für die zahlenden Gäste blieben von Tag zu Tag weniger Zimmer übrig.

Auch bei der Verwaltung der Schlüssel für die Gästezimmer herrschten andere Vorstellungen, als sie beim Holiday Inn Management üblich waren. Es gab nur zwei Schubladen für die 468 Schlüssel: eine für die belegten Zimmer, die andere für die unbelegten. Wenn ein Gast nach seinem Schlüssel fragte, musste der Portier die ganze Schublade durchsuchen. Wenn der Schlüssel in der richtigen Schublade war, dauerte dieser Vorgang ungefähr 20 Minuten, war der Schlüssel aber versehentlich in die falsche Schublade gerutscht, dauerte es oft Stunden, bis man seinen Schlüssel ausgehändigt bekam. Die längsten Schlangen bildeten sich an der Rezeption, wenn die Gruppen zur Mittagszeit ins Hotel zurückkamen, weil die Portiers dann in die Mittagspause gingen.

Das Auschecken wurde genauso ineffizient gehandhabt: Ein Gast kam zum Beispiel zur Kasse und fragte nach seiner Rechnung. »Zimmer nicht belegt«, antwortete ihm der Kassierer, und der Gast wurde trotz seiner ehrlichen Proteste zum Bus fortgewinkt, der ihn zum Flughafen brachte. Und wie oft wird ein Gast, der bezahlen will, sein Angebot wiederholen, wenn man ihm hartnäckig erklärt, dass es sich um einen Irrtum handelt?

Bei diesem Irrsinn war es kein Wunder, dass der große Plan, die Touristendollars ins Land zu locken, fehlschlug und das Lhasa Hotel sich für die Regierung zu einem bodenlosen Subventionsloch entwickelte. Auch die Touristen waren nicht übermäßig zufrieden. Der Direktor ging aus Angst um seine eigene Sicherheit gewöhnlich durch den Hintereingang zu seinem Zimmer, damit er nicht durch die Lobby spazieren und schreienden Gästen entgegentreten musste.

Der Küchenchef erzählte mir von der Schlacht, die sich jeden Morgen wiederholte, wenn Gäste im Everest-Saal zum Frühstück erschienen. Die Busse zum Flughafen gingen morgens um 5.30 Uhr und die Gäste kamen um fünf Uhr ins Restaurant – viel zu früh für das Personal, das erst gegen Vormittag zur Arbeit erschien. Die Gäste stellten sich also in der Küche an, um ihr Frühstück selber zu machen. Das klingt vielleicht ganz witzig, aber kaum einer dieser Tibetreisenden der ersten Stunde bezahlte weniger als 10.000 Dollar für den Trip seines Lebens. Die Prospekte hatten ihnen verschwiegen, dass man um sein Frühstück kämpfen musste.

Nach all diesen Geschichten am Mittagstisch war ich sicher, dass das Hotel sich inzwischen völlig gewandelt hatte. Was sie erzählten, war zwei Jahre her, und jetzt ging sicher alles glatt. Als ich eine dementsprechende Bemerkung machte, nickten die anderen zustimmend und lachten dann. Sogar Mr. Liu rang sich ein Lächeln ab, während er die nächste Gabel voll Essen inspizierte.

»Wir haben ihm noch nichts von den Staubsaugern erzählt«, sagte der Direktor zwischen zwei Zügen an seiner Zigarette. Er lehnte sich in seinem Stuhl zurück, voller Vorfreude auf seine Lieblingsstory. Diese Geschichte war im Holiday Inn Lhasa zum Klassiker geworden und durfte nur vom Direktor persönlich an Neulinge weitergegeben werden, eine Tradition, die bis heute weiterbesteht.

»Wir haben 30 gekauft. Sehr teuer. Aus Hongkong. Charlie musste sie selber mitbringen, als er aus dem Urlaub kam.« Er zeigte auf den Leiter des Housekeeping-Bereichs, der seine ruhmreiche Rolle in der Staubsaugergeschichte mit einem Nicken bestätigte.

»Nach einem Monat waren sie verschwunden. Die Mädchen kehrten die Flure wieder mit ihren Besen – chinesischen Besen, die mehr Dreck auf dem Boden hinterlassen als wegfegen. Eines Tages fragte ich nach, wo die Staubsauger abgeblieben seien, und ich wurde zu einem Schrank mit 30 kaputten Staubsaugern geführt. Die besten im ganzen Land! Es gab beine besseren in China!« Er schlug auf den Tisch, um seine Aussage zu bekräftigen.

Auf den Tisch hauen war eine seiner Lieblingsbeschäftigungen, wie ich bald feststellte – entweder aus Wut oder weil er sich königlich amüsierte.

»Bei jedem einzelnen war der Motor durchgebrannt. Und wissen Sie, warum?«

Ich wusste es, weil ich die Story in Hongkong in der Zeitung gelesen hatte, aber ich wollte nicht Schuld an einem weiteren Faustheb auf den Tisch sein und sagte, dass ich keine Ahnung hätte.

»Weil sie die Tüten nicht geleert haben. Sie dachten, der Staub verschwindet durch die kleine schwarze Zauberschnur, die sie in die Wand gesteckt haben!« Wieder ein Schlag auf den Tisch.

Die Zigarette des Direktors lag unberührt im Aschenbecher und qualmte einsam vor sich hin, als der Ansturm auf den Desserttisch begann. Mr. Liu, der mit zwei gelben Bananen auf seinem Teller zurückgekommen war, hatte den Run an unserem Tisch ausgelöst. Gelbe Bananen waren eine Seltenheit in Lhasa, wie mir der Direktor erklärte, als er ebenfalls mit seiner Beute zurückkam. »Obst!«, bellte er. »Ich hoffe, Sie haben in Hongkong genug davon gegessen.«

Ich hatte bereits Schwärme von Bananen an mir vorübersausen sehen, als eine Gruppe hoffnungsvoller Gäste auf der Suche nach frischen Früchten zum Dessertbuffet strebte.

»Niemand kommt nach Tibet, um Bananen zu essen«, verkündete Mr. Liu, der zum ersten Mal sein Schweigen brach. Umso besser, hätte ich am liebsten gesagt, denn es waren eh keine mehr übrig.

Der Direktor blieb sitzen und rauchte noch eine Zigarette, während die anderen Angestellten in ihre Büros zurückkehrten. Er kümmerte sich persönlich um das Wohlergehen jedes einzelnen Neuankömmlings.

»Machen Sie sich keine Gedanken, wenn Sie heute keinen Appetit haben – das ist normal in dieser Höhe. Nichts Bedenkliches. Trinken Sie einfach weiter. Viel schlimmer sind die Kopfschmerzen, die Sie kriegen können.« Er schüttelte den Kopf. »Grässlich, glauben Sie mir. Und manchmal kommt es zu Lungenödemen oder Gehirnödemen, was sehr unangenehm ist. Lassen Sie uns hoffen, dass Sie verschont bleiben! Ha! Sie hätten Mr. Liu sehen müssen, als er hier hochkam. Ich dachte, er würde es nicht überleben.«

Seine Augen leuchteten begeistert, als er sich in eine neue Geschichte stürzte: »Und einmal war ein Gast im Krankenhaus, ich sollte Ihnen das heute nicht erzählen, aber es war unglaublich, sie mussten ihm einen Schlauch in die Luftröhre schieben, sooo dick, durch ein Loch, das sie ihm in den Hals geschnitten haben, und Wasser aus seiner Lunge holen, mit einem ...«

Ich ließ seinen Wortschwall über mich ergehen und kämpfte mit den Resten meines Giant Yak Burgers. Die Kopfschmerzen waren bereits im Anzug, aber ich beruhigte mich mit dem Gedanken, dass sie wohl weniger vom Sauerstoffmangel herrührten als davon, dass ich zu wenig gegessen hatte. Ich kaute auf dem zähen, sehnigen Yak-Burger herum, in der Hoffnung, dass es irgendwie helfen würde.

Jeder Neuankömmling in Tibet fürchtet die Höhenkrankheit. Der abrupte Höhenanstieg auf 3600 Meter und die daraus resultierende Verminderung des Sauerstoffs in der Luft kann fatale Folgen haben. Es gibt ein harntreibendes Medikament, das im Westen auf Rezept verkauft wird und die Symptome der Höhenkrankheit lindert, aber das erfährt man erst, wenn man bereits in Lhasa eingetroffen ist, wo man das Medikament natürlich nicht bekommt.

Es lässt sich nie vorhersagen, wer von der Höhenkrankheit befallen wird, und es gibt kein Heilmittel, außer dass man sich auf Meereshöhe zurückfliegen lässt.

Ich wollte schnell etwas von Tibet sehen, falls ich früher mit der CAAC zurückfliegen würde, als mir lieb war, und fragte nach einem Taxi zum Barkhor – dem alten Basar im Herzen von Lhasa.

Kapitel 3
DER ERSTE SCHOCK

»Ein Taxi?«, wiederholte der Direktor und hieb auf den Tisch. »Das hier ist Lhasa!«

Das einzige Verkehrsmittel außer öffentlichen Bussen und Traktoren bestand aus einer Bande von mafiosoähnlichen Rikschafahrern, die auf klapprigen Dreirädern durch die Stadt strampelten. Die Rikschas waren alle vom sportlichen Kabriolett-Typ, mit einem Stoffbaldachin, der je nach Wetterlage zurückgeklappt oder über die Passagiere heruntergezogen wurde. Die Fahrer, die sich vorne abstrampeln mussten, verfügten über keinen derartigen Luxus und trotzten tapfer allen Witterungsunbilden. Zwei Fahrgäste konnten sich gerade über den Hinterrädern in den Karren quetschen, und wenn der Preis hoch genug war, akzeptierte der Fahrer auch drei Personen samt Gepäck. Es war ein Halsabschneidergeschäft, in dem viel Geld auf dem Spiel stand und ahnungslose Touristen abgezockt wurden, die zum ersten Mal im Land waren und noch nicht wussten, dass um alle Rikschapreise hart gefeilscht werden musste.

Der erste Rikschafahrer, mit dem ich in Berührung kam, stellte eine oskarreif gespielte Enttäuschung zur Schau, als ich ihm klarmachte, dass ich nicht bereit war, seinen ursprünglich genannten Preis zu bezahlen. Wir einigten uns schließlich auf eine Summe, die etwa dem Tageslohn eines Büroangestellten entsprach, und das für eine 20-minütige Fahrt durch die Stadt zum Basar. Der Fahrer war immer noch böse mit mir, grinste aber seinen Kollegen zu, als wir vom Hotel aufbrachen und den breiten Fahrradweg entlangfuhren.

Man kann den Chinesen nicht vorwerfen, dass sie keine guten Bedingungen für Radfahrer in Tibet geschaffen hätten. Ob man ihre

Taten daran messen will, sei dahingestellt, aber zweifellos haben die Chinesen seit der Besetzung Tibets die Fahrradinfrastruktur verbessert. Das Dumme ist nur, dass sich kein Mensch auch nur an die einfachsten Regeln hält.

Lastwagen und Armee-Jeeps parken auf den Radwegen, die Radfahrer fahren in der falschen Richtung und ganze Fußgängerhorden schlendern mitten auf dem Fahrradweg entlang, da sie sich lieber von einer Rikscha überfahren lassen, als in die offenen Kanalisationsschächte auf dem Bürgersteig zu stürzen und sich ein Bein zu brechen, was viel wahrscheinlicher wäre. Es gibt auch ein paar tiefe Löcher auf dem Radweg, aber im Allgemeinen nur auf der Gulliseite und ein geschickter Rikschafahrer weiß genau, wann er sein Fahrzeug herumreißen muss, um heil daran vorbeizukommen.

Da ist es schon schwieriger, dem Müllchaos auszuweichen – große, turmhoch mit stinkendem Abfall voll gestopfte Kübel, die in regelmäßigen Abständen am Wegrand deponiert werden. Die Kübel sind ständig von Hundemeuten und ein paar mageren Kühen belagert, so dass die Fahrspur unversehens von beweglichen Objekten blockiert wird.

Anders als die Yaks, die in den Sommermonaten auf die höher gelegenen Weiden getrieben werden, streunt das gewöhnliche Vieh durch die Straßen der Stadt und grast alles ab, was sich in Lhasa finden lässt. Und weil die Grünflächen im Stadtzentrum zusehends dahinschwinden, besteht das durchschnittliche Tagesmenü einer Straßenkuh aus den Zeitungen und Pappschachteln, die sie in den Abfallkübeln vorfinden.

Nachdem der Rikschafahrer den Kühen ausgewichen war und die Hunde angebrüllt hatte, die sich auf uns stürzten, tauchten wir unter einer Reihe von Gebetsfahnen am Südhang des Potala-Palastes auf. Was auf der Herfahrt von ferne wie ein kleines Dreieck ausgesehen hatte, ragte jetzt hoch über uns auf und beherrschte das ganze

Lhasa-Tal. Hohe Mauern schossen himmelwärts zu dem roten und ockergelben Palast empor, dessen goldene Dächer in der Sonne funkelten.

Der Potala-Palast – Wohnsitz des Dalai Lama. Hier war das Bild, von dem ich geträumt hatte, doch die Realität war weit eindrucksvoller. Bevor die Chinesen Tibet besetzt hatten, war dieses Gebäude der Sitz des Herrschers des Landes, des Parlaments, Schatzamtes, der Gerichtshöfe und des Hochsicherheitsgefängnisses gewesen. In diesen Mauern hatten Dalai Lamas studiert, über ihr Land gewacht und den Tod gefunden, Revolutionen waren ausgeheckt und Verräter vergiftet worden. Gold und kostbare Steine von unerhörter Schönheit schmückten die Gewölbe und in den Verliesen wurden grässliche Foltern praktiziert. Wir fuhren weiter. Der Potala-Palast war heute nicht für Pilger oder Besucher geöffnet.

Ein paar hundert Meter weiter in der Stadt, nachdem wir das verlockende Aroma von gebratenen Lammkebabs hinter uns gelassen hatten, hielt die Rikscha an einem weiten, offenen, gepflasterten Platz an. Früher war hier ein Gewirr von winzigen Gässchen gewesen, bis die Chinesen das Volk 1985 aus dieser Enge »befreiten« und die alten tibetischen Gebäude abrissen, um einen öffentlichen Platz daraus zu machen.

Ironischerweise sollte dieser Platz, der eigentlich zum Wohl des Volkes errichtet worden war, bald zum bevorzugten Schauplatz von Ausschreitungen und Anti-Regierungs-Demonstrationen werden. Am 27. September 1987 trat die erste Mönchsgruppe auf dem Platz in Erscheinung und demonstrierte für die Unabhängigkeit. Die Mönche wurden verhaftet und am 1. Oktober, dem chinesischen Nationalfeiertag, versammelte sich eine wütende Menge vor der Polizeistation auf dem Platz und verlangte ihre Freilassung. Was weiter geschah, ist unklar, aber man nimmt an, dass die chinesischen Soldaten die Nerven verloren und in die unbewaffnete Menge schossen, wobei mindestens sechs Tibeter getötet wurden. Und in dem Chaos, das daraufhin entstand, wurde irgendwann die Polizeistation niedergebrannt.

Die Chinesen hatten einige wichtige Lektionen aus ihrer ersten Erfahrung mit Volksaufständen im »Neuen Tibet« zu lernen. Leider haben sie die einfachste nicht gelernt, nämlich dass man neue Feuerlöscher beschaffen sollte, wenn die Polizeistation niedergebrannt ist. Das scheint sich bis heute nicht herumgesprochen zu haben, denn bei jedem neuen Aufruhr in Lhasa wird die Polizeistation auf dem Platz wieder in Brand gesteckt. Für einen tüchtigen Vertriebsmanager von Sprinkleranlagen böte sich hier eine Goldgrube.

Dem Platz selber ist nichts von den Unruhen anzumerken, die auf seinem Pflaster getobt haben. Sein verkommener Zustand rührt nicht von den Krawallen her, sondern von Schmutz und keinerlei Instandhaltung. Ein ungepflegter Park mit einem schlammigen, betonierten Teich und geborstenen Brunnen steht in der Mitte. Am westlichen Ende quält sich ein kümmerlicher Rosenstrauch an einem Metallbogen hoch, der in knalligen Farben gestrichen ist. Der Ort scheint bei Chinesen und Tibetern gleichermaßen als Fotomotiv beliebt zu sein und ein schwunghafter Handel tobt dort von einem Dutzend Fotografen, die sich auf die Kunden stürzen.

Am anderen Ende des Platzes, jenseits der Geländer, Rosen und Teiche, liegt der bescheidene Eingang des Jokhang-Tempels – das Zentrum der tibetisch-buddhistischen Welt.

Ich kam fast ein Jahr nach den Aufständen von 1987 nach Lhasa, und obwohl es im März 1988 noch weitere Schießereien im Barkhor gegeben hatte, war mir versichert worden, dass die Unruhen der Vergangenheit angehörten. Sogar der Tourismus zog wieder an, was mir nur recht sein konnte, denn es war jetzt mein Job, die Geschäfte des Hotels anzukurbeln. Voll Vertrauen, dass ich ebenfalls auf der Erfolgswelle reiten könnte, jetzt, wo die Touristengruppen wieder nach Tibet strömten, ging ich auf eine Frau zu, unverkennbar Amerikanerin, um sie nach dem Weg zum Basar zu fragen, von dem ich so viel gehört hatte.

Barbara, die an einer Tour des Smithsonian Institute teilnahm, war schon zweimal im Basar gewesen und jetzt auf dem Rückweg zu ihrem Bus. »Sie müssen im Uhrzeigersinn gehen«, sagte sie und zeigte auf eine Menschenschlange, die sich vor dem Tempel von rechts nach links bewegte. »Gehen Sie einfach hinterher.«

Barbara hatte eine Gruppe von tibetischen Khampa-Frauen im Schlepptau, die lauthals schacherten und feilschten. Es war ihr Lebensunterhalt, und sie wussten, wie man Kunden einfängt. Armbänder, Halsketten, Gebetsmühlen, Ringe, Broschen und nutzloser Plunder wurden aus den Taschen geholt und Barbara unter die Nase gehalten. Sie hatte wirklich keine Chance.

»Nur 1000. Ich mag dich. 600. Du wie viel? Heiliges Silber. Heilig, heilig! 500. Du wie viel? Sehr billig. 100. Du wie viel?! Du Sonderpreis. 75.«

Das Geräusch der Gebetsfahnen, die oben im Wind flatterten, wurde vorübergehend von dem Crescendo des feilschenden Chores übertönt, während Barbara in den Reisebus stieg. Sie durfte auf keinen Fall entwischen, denn sonst würde ihnen der Abschluss ihres Geschäfts vermasselt werden.

Wild entschlossen stürzten die Khampa-Frauen an die Seite des Busses hinüber und klopften heftig an das Fenster, hinter dem Barbara saß. Es war ein Vergnügen, echte Verkaufsprofis am Werk zu sehen. Der Motor heulte bereits auf und der Fahrer winkte den Mädchen zu, dass sie aus dem Weg gehen sollten, als Barbara bei einem letzten »Okay, für dich 50« endlich nachgab.

Der Fahrer schüttelte den Kopf. Jeder Tibeter wusste, dass es höchstens fünf wert war, aber Barbara würde es nie erfahren und stolz ihren Kauf bei den Dinnerpartys zu Hause vorzeigen.

Die Khampa-Mädchen kehrten kichernd und aufgekratzt vom Schauplatz ihres gelungenen Handels zurück. Wieder eine Touristin abgezockt und glücklich gemacht. Wieder etwas Geld für die Familie.

Die Khampa-Frauen strahlen eine Lebensfreude aus, die genauso stark ist wie der Stolz ihrer wilden Männer. Schöne runde Gesichter mit funkelnden Augen über rosigen Wangen, die jeden Fremden anlächeln. In ihre Haare sind türkisblaue Perlenschnüre eingeflochten und gelegentlich noch mit einem Stück Koralle oder Bernstein geschmückt. Ein Stirnrunzeln für den Chinesen, ein Lächeln für den ausländischen Touristen. Goldzähne blitzen bei dem einladenden Strahlen, aber die Frauen wissen, dass sie nichts zu befürchten haben – niemand würde sich mutwillig mit ihren Khampa-Ehemännern anlegen.

Ich folgte der Richtung, die Barbara mir gezeigt hatte, und fand mich am Rand des Platzes vor dem Eingang des Jokhang-Tempels wieder. Im Innern, weit hinter den weiß getünchten Wänden des Durchgangs, ragen rot bemalte Säulen auf, so breit wie kräftige Männer, die einen mit Yakhaartuch drapierten Balkon tragen. Zwei vergoldete Rehe und ein Dharma-Rad schimmern von dem Balkon auf alle herunter, die darunter vorbeigehen. Aber was die Aufmerksamkeit fesselt, sind nicht die interessanten baulichen Strukturen oder Dekorationen des Gebäudes, sondern die Menschen, die sich im Vorhof drängen.

Die Granitpflastersteine sind so abgetreten und blank poliert, wie keine Putzfrau es je zu Stande bringen würde. Außer in der Zeit der Kulturrevolution haben diese Steine über Jahrhunderte hinweg täglich Tausende von Niederwerfungen erlebt. Die Gläubigen führen zuerst die gefalteten Hände an Kopf, Brust und Taille und legen sich dann flach auf den Boden, die Arme in Richtung des Tempels ausgestreckt.

»Verdienst« ist der Schlüsselbegriff des Buddhismus, soweit ich das bei meinen bescheidenen Recherchen über dieses Thema feststellen konnte. Ich hatte die meisten Bücher über den Buddhismus sehr schwer verdaulich gefunden – all diese unverständlichen Namen und anatomisch unmöglichen Wesen. Ich wusste jetzt, dass der elfköpfige, tausendarmige Avalokiteshvara keine Figur ist, die man zum Tischtennismatch herausfordert, aber die komplexeren Vorstellungen des Buddhismus waren mir noch nicht wirklich aufgegangen.

Wenn man die ermüdenden Details und die endlos langen Namen weglässt, kann man es auf die einfache Formel bringen: Je mehr Verdienste man sich in diesem Leben erwirbt, desto besser sind die Chancen, im nächsten Leben als etwas Höherstehendes als ein Ohrwurm wiedergeboren zu werden. Wenn man sehr fromm ist und eine große Anzahl von Verdienstpunkten sammelt, kann man als menschliches Wesen wiedergeboren werden, und wenn man ein paar zusätzliche Punkte erwirbt, kommt man als reicher Aristokrat oder hoher Lama zurück anstatt als geknechteter Tagelöhner. Das ist ein bisschen wie Flugmeilen sammeln.

Den Jackpot knackt man in diesem System, wenn man so viele Punkte gesammelt hat, dass man den leidvollen Kreislauf von Tod und Wiedergeburt verlassen und ins Nirwana eingehen darf. Wer diesen buddhistischen Hauptgewinn einmal errungen hat, braucht sich keine Sorgen mehr zu machen, als wer oder was er wiederkehrt.

Mit diesem lohnenden Anreiz schaffen manche die Übung des Niederwerfens bis zu 1000-mal am Tag. Andere halten sich an die heilige Zahl von 180 Niederwerfungen, was schon schwierig genug ist. Um den Schmerz zu lindern, der damit verbunden ist, ausgestreckt über den Granit zu rutschen, werden spezielle Handschuhe getragen, die wie kleine Holzschuhe geformt sind. Auch Schürzen sind erlaubt, um die Kleider zu schonen, und Frauen, die sich vor dem Tempel niederwerfen, binden oft ihre langen Gewänder zusammen, ehe sie sich in eine längere Sitzung stürzen.

Im Eingangsbereich des Tempels erlebt der Tibet-Neuling auch seine erste Begegnung mit einem fremdartigen Geruch: Yakbutter. Oder die würzigere Variante: ranzige Yakbutter. Fromme Pilger bringen die gelben Fettblöcke in Beuteln aus Yakblasen in den Tempel. Die Butter wird löffelweise in jedes der Stein- und Silbergefäße geschöpft, die in den heiligen Räumen des Tempels brennen. Yakbutter hat einen Geruch, den man nicht so leicht vergisst. Er bleibt an jeder Person im Barkhor haften, an jedem Kleidungsstück. Selbst wenn man meint, dass man Tibet weit hinter sich gelassen hat, hängt der Yakbuttergeruch immer noch in den Koffern und raubt einem den Atem, wenn man sie für den nächstjährigen Urlaub öffnet.

Zum Glück stehen zwei Räucherpfannen innerhalb des Tempelvorhofs, und wenn man einen Schritt in diese Richtung macht, dringt einem der angenehme, aromatische Duft von brennendem Wacholder und Wermut in die Nase. Stapel von getrockneten Kräutern und kleine Holzbündel, hoch in den Hügeln um Lhasa gesammelt, werden Pilgern zum Verkauf angeboten, die keine eigenen Weihrauchvorräte mitgebracht haben.

Die Marktstraße, die vom Eingang des Jokhang-Tempels ausgeht, verläuft im Uhrzeigersinn in einem Umkreis von etwa 800 Metern direkt um den Tempel und wieder zum Eingang zurück. Es ist sicher kein Zufall, dass die Marktstraße zugleich ein heiliger Weg ist. Jeder Tempel, jedes Kloster, jeder heilige Berg, heilige See oder sonstige heilige Stätte ist von einem heiligen Weg namens *kora* umgeben, und wenn man diesen Weg im Uhrzeigersinn geht, erwirbt man sich Verdienste. Alle diese Verdienstpunkte werden zum aktuellen Stand hinzugerechnet und verbessern die Chancen für eine vorteilhafte Wiedergeburt im nächsten Leben. Das Schöne am Barkhor-Basar ist, dass man Verdienste erwerben und gleichzeitig shoppen gehen kann.

Die Straße ist zu beiden Seiten von einer Ansammlung baufälliger Wellblechbuden gesäumt, die eine Mischung aus Importwaren, Antiquitäten, Fälschungen und Imitaten zur Schau stellen. Billiger Plunder aus Kathmandu und Nylonkleider aus China liegen neben tibetischen Teppichen und traditionellem Schmuck. Dicke Silberringe mit Steinen aus roter Koralle oder Türkis, schwere Goldohrringe, alte indische Münzen, zu Broschen verarbeitet, und jede Menge Devotionalien aller Art werden zum Kauf angeboten.

Mit dem Wort »antik« wird alles belegt, was aus der Zeit vor 1959 stammt, als der Dalai Lama ins Exil ging. Die Zollgesetze sind sehr streng in China, und alles, was »antik« oder ein »kulturelles Zeugnis« ist, darf nicht außer Landes gebracht werden.

»Heiliger Türkis!«, rief ein Khampa-Mädchen und stieß mir ein Stück blaues Plastik ins Gesicht, dann rannte sie die Straße hinunter und kicherte mit ihren Freundinnen. Ich folgte ihr, gefangen in dem Menschenstrom, der sich unablässig im Uhrzeigersinn um den Barkhor herumbewegte. Nur die unwissendsten Touristen und ein paar kampflustige Chinesen machen den Versuch, gegen den Strom zu schwimmen.

Gleich hinter dem Eingang des Jokhang-Tempels auf der Hauptstraße des Barkhor wurde ich von einem kleinen Kind attackiert. Ein höchstens fünfjähriger Junge packte mein rechtes Bein und klammerte sich mit aller Macht daran fest, während er in perfektem Englisch seine Verkaufsnummer abzog: »Ich habe kein Geld. Ich habe keine Eltern. Ich habe kein Geld. Ich habe keine Eltern. Ich habe kein Geld. Bitte geben Sie mir Geld. Ich habe kein Geld. Ich habe keine Eltern. Bitte geben Sie mir Geld ...«

Der »Rapper«, wie wir ihn nannten, war der hartnäckigste aller Barkhor-Bettler, der seine gnadenlose Mitleidstour mit großem

Erfolg einsetzte. Man konnte ihn nur unter Aufbietung erheblicher körperlicher Gewalt abschütteln oder mit einem ansehnlichen Beitrag zu seiner Barschaft, die er dann zu seinen Eltern brachte.

Die Chinesen behaupten immer gern, dass sie die Bettelei abgeschafft haben, als sie 1951 Tibet »befreiten«, und dass die Bettler zum »neuen Proletariat des neuen Tibet« umerzogen wurden.

Ich stellte mir vor, wie der Rapper am Hosenbein eines linientreuen Kommunisten hing, und fragte mich, wie der Kampf ausgehen würde: mit einer Lektion über die Unangebrachtheit des Bettelns im Neuen Tibet oder mit einem Beitrag zum Hilfsfonds des Rappers.

Für die Tibeter war Betteln nie eine Schande gewesen. Angeblich hatten vor der chinesischen Besetzung Tibets 20.000 Bettler im Land gelebt. Einem Bettler Geld zu geben, und am allermeisten den Bettlern im Barkhor, gilt noch heute als besonders verdienstvolle Handlung. Für manche Pilger war der Gang nach Lhasa, der spirituellen Hauptstadt der Tibeter, die Erfüllung ihres Lebenstraums, für den sie jahrzehntelang gespart hatten. Sie bettelten dann im Barkhor, um genug Geld für die Heimreise aufzutreiben.

Colonel Waddel, der die britische Invasion von Tibet 1904 begleitete und vielleicht den Ururgroßvater des Rappers an seinem Hosenbein hängen hatte, schilderte die Bettler im Barkhor als »abstoßend schmutzig«. Das ist eine Beschreibung, die auch heute noch zutrifft, und nachdem ich den Rapper und seinen klebrigen Lolli von meinem Hosenbein entfernt hatte, flüchtete ich die Seitensträßchen hinunter, um mich von der Flut von Eindrücken zu erholen, denen man im Barkhor ausgesetzt ist.

In den engen Straßen hinter dem Barkhor fand ich das Lhasa, das mir am liebsten war – wo die Zeit seit Hunderten von Jahren stillsteht. Die Straßen krümmen und winden sich, manche fast zehn, andere knapp zwei Meter breit, und drehen plötzlich im rechten

Winkel zwischen weiß getünchten alten Gebäuden ab, die drei oder vier Stockwerke hoch sind und schwarze, trapezförmige Fenster aufweisen. Hier sieht man nur tibetische Gesichter – die Chinesen wagen sich nicht allein in diese kleinen Gässchen hinunter.

An einer bestimmten Straßenecke ist immer ein Schafbock am Türpfosten angebunden. Der Strick ist sehr kurz und erlaubt ihm nicht, sich von der großen steinernen Türschwelle zu entfernen. Nie ist irgendwelches Futter zu sehen, aber er kaut pausenlos auf etwas herum, während er im Eingang sitzt und die vorübergehenden Leute anstarrt. Schafe werden oft von Tibetern vor dem Schlachthaus gerettet und als Haustiere mitgenommen. Eine Seele vor dem Tod zu erretten gilt als sehr verdienstvolle Tat und verbessert daher die Aussichten des Schafhalters auf eine erfreuliche Wiedergeburt im nächsten Leben. Ein Tibeter, der mit einem Schaf an der Leine um den Barkhor herumgeht oder ein paar Schafe auf eine lange Pilgerreise mitnimmt, ist kein ungewohnter Anblick. Zumindest hoffte ich immer, dass der besagte Schafbock eine dieser geretteten Seelen war. Eines Tages allerdings wurde mir bewusst, dass ich mich auch täuschen könnte und es vielleicht jedes Mal ein anderer Schafbock war, der nur zum Schlachten gemästet wurde.

In einer schummrigen Toreinfahrt gegenüber dem Schafbock zerkleinert eine alte Tibeterin in voller tibetischer Tracht eine Rübe auf einem Hackbrett im Schoß. Eine andere spinnt Wolle zu Fäden. Kleine Mädchen lehnen aus den Fenstern im ersten Stock und rufen: »Hallo, *tashi delai*!« zu den Passanten herunter. Jeder hat Zeit zu grüßen, sei es mit einem Lächeln, einem Nicken, einem *tashi delai* oder gelegentlich mit dem traditionellen Gruß, der darin besteht, die Zunge herauszustrecken. Hier trifft man noch auf das alte Tibet, von dem viele wünschen, dass es noch existierte.

Als ich zum Barkhor zurückzufinden versuchte, landete ich zwischen zwei engen Gassen, die mit Exkrementen und Hundekadavern übersät waren. Der Gestank nach verwesendem Fleisch und madenverseuchten Pfützen war so durchdringend, dass ich Hals über Kopf in Richtung des offenen Platz flüchtete, um frische Luft zu schnappen. Selbst ranzige Yakbutter war im Vergleich dazu ausgesprochen wohlriechend. Als ich die enge Gasse halb hinter mir gelassen hatte, an einer Stelle, wo der Weg nur noch aus Trittsteinen über die Jauche bestand, kamen zwei Männer aus einer Toreinfahrt heraus, die Augen weit aufgerissen vor Aufregung und mit einer penetranten Alkoholfahne. Sie blieben vor mir stehen und versperrten mir den einzigen trockenen Pfad durch die Horrorstraße. Beide sahen wie waschechte Khampas aus: groß und stolz und mit den charakteristischen roten Flechten im verfilzten schwarzen Haar. Einer stand mit nacktem Oberkörper in seiner *chuba* da, dem tibetischen Umhang, den er um die Taille gebunden hatte. Sie starrten mich eine Zeit lang schweigend an, musterten mich von Kopf bis Fuß. Ihr grimmiger Ausdruck veränderte sich nicht, und sie versperrten mir weiterhin den einzigen trockenen Weg. Niemand sonst war in der Nähe. Es standen keine alten Frauen in den Torwegen, und nirgends lächelten und winkten kleine Kinder aus den Fenstern herunter. Ich war allein in Excrement Alley, Auge in Auge mit zwei alkoholdampfenden Khampas. Ich hätte genauso gut mitten auf einem reißenden Wildbach ohne Paddel sein können.

»*Do drigey rey?*«, stieß der Typ mit dem nackten Oberkörper plötzlich hervor.

Ich hatte keine Ahnung, was er meinte.

»*Do drigey rey?*«, rief er.

Ich lächelte ihn an, aber ohne Erfolg. Er zog ein Schwert aus seiner Scheide, beugte sich über mich und hielt es an meine Brust. Warum war ich so gemein zu dem kleinen Bettler gewesen? Ist das die Strafe, wenn man sich keine Verdienste erwirbt? Wo waren die chinesischen Soldaten, wenn man sie einmal brauchte?

Der andere Khampa blickte über seine Schulter und trat näher an mich heran. »*Katse rey?*«, rief er mit einem Kopfnicken. Der mit dem nackten Oberkörper schwenkte das Schwert noch dichter vor meiner Nase herum. Die Sonne knallte mir in die Augen, als er die Stahlklinge gegen mich neigte. Ich konnte jede Einzelheit der kunstvollen Gravierung erkennen, die in der Mitte der Klinge zwischen den beiden rasiermesserscharfen Kanten verlief.

Er zog das Schwert zurück, zeigte auf den Platz neben uns und machte ein paar rasche Hiebe in der Luft, mit einer Bewegung, als wollte er einen Bauch aufschlitzen. Dann fuchtelte er wieder mit dem Schwert vor meiner Nase herum.

»*Katse rey? Katse rey?*«, brüllte er.

Der mit dem nackten Oberkörper runzelte die Stirn und erinnerte sich an die einzigen englischen Wörter, die er je gehört oder von seiner Frau gelernt hatte. »Du wie viel?«, schrie er mich an.

Ich war unsäglich erleichtert, als mir plötzlich klar wurde, dass sie mich nicht enthaupten wollten, falls ich es wagte, an ihnen vorbeizugehen, sondern mir nur ihr Schwert verkaufen wollten. Ihre grimmigen Gesichter strahlten, dass die Goldzähne nur so blitzten, als ich das Schwert in die Hand nahm und sorgfältig inspizierte. Die verschnörkelten Gravierungen der Stahlklinge endeten abrupt in einem silbernen Drachenmaul, das den Ansatz des Griffes bildete, der wiederum aus dem in sich selber verschlungenen Körper des Drachen bestand. Das Schwert war neu gemacht, vielleicht aus Kathmandu importiert, und sicherlich sehr praktisch für einen Stadtbewohner. Aber Schwerter zum Bauchaufschlitzen rangierten nicht an erster Stelle auf meiner Einkaufsliste, und ich hatte nicht die Absicht, es zu kaufen; ich wollte nur trockenen Fußes und unzerstückelt auf den Platz zurückkommen.

Ich schüttelte den Kopf und gab ihm das Schwert zurück. Ich rief mir Tashis Gruß am Flughafen in Erinnerung und versuchte es mit den einzigen tibetischen Wörtern, die ich kannte: »*Tashi delai!*« Das brachte mir einen kräftigen Schlag auf den Rücken ein, der mich gefährlich nahe an den Rand von Excrement Alley schleuderte. Dann stolzierten meine zwei neuen Khampa-Freunde die Gasse hinunter und brüllten vor Lachen.

Der Körper kann nur eine begrenzte Menge von Gerüchen und Empfindungen verkraften, wenn man gerade erst in 3500 Metern Höhe angekommen ist, und so feilschte ich, sobald ich wieder im Barkhor war, um eine Rikschafahrt und kehrte ins Hotel zurück.

Als ich durch den Vorhof ging, kamen zwei strahlende Gestalten aus der Lobby gerannt und liefen mir entgegen. Greg und Dave hatten es nach Lhasa geschafft. Ihre Einreiseerlaubnis aus Peking war endlich gekommen und der Mann in Chengdu hatte sie lächelnd durchgewinkt, so erleichtert war er, diese beiden lästigen Ausländer endlich los zu sein.

Greg und Dave drängten zum Aufbruch, sobald sie in Tibet waren, und hatten sich geeinigt, nicht die übliche Ruhepause für die Akklimatisierung einzulegen. »Wir können ausruhen, wenn wir zurückkommen«, meinte Dave, als er zum Hauptquartier der tibetischen Bergsteigervereinigung stürmte, um die letzten Vorbereitungen zu treffen.

Es heißt immer, dass eine erfolgreiche Everest-Besteigung mindestens so viel Glück wie bergsteigerisches Können voraussetzt. Gregs und Daves Können stand außer Frage, aber das Glück war ihnen nicht sehr günstig.

Eine Stunde später kehrte Dave mit der Nachricht zurück, dass die chinesische Bergsteigervereinigung vergessen hatte, ihre Kollegen von der *Tibetan Mountaineering Association* (TMA) über die Verzögerung wegen der fehlenden Einreiseerlaubnis in Kenntnis zu setzen. Die TMA hatte verständlicherweise angenommen, dass die Tour abgesagt worden sei, und die volle Vorauszahlung samt dem

Erlös aus dem Verkauf der Ausrüstung, die Greg und Dave vorausgeschickt hatten, verjubelt.

Die Träger waren alle in ihre Dörfer zurückgeschickt worden. Tang Chong, der Manager der TMA, war der Meinung, dass es nur eine Möglichkeit gebe, die Sache auszubügeln, und das wäre ein Festbankett für Greg und Dave (wofür die Kanadier natürlich später zur Kasse gebeten würden) – zur Feier ihrer Ankunft in Lhasa und um etwaige böse Gefühle aus der Welt zu schaffen. Tang Chong hatte versprochen, dass die Expedition »in ein paar Tagen« aufbrechen würde, wenn er die Ausrüstung zurückbekommen und neue Träger gefunden hätte.

»Es ist immer das Gleiche, wenn man mit diesen Leuten verhandelt«, sagte eine freundliche tibetische Stimme in perfektem Englisch. Die Worte kamen von dem smartesten Tibeter, den ich je gesehen hatte und der jetzt in der Lobby auf uns zukam – ein kräftiger Mann Anfang 50 mit einem gewinnenden Lächeln, einem gut sitzenden Anzug und gepflegten Haaren, die alle nach oben zu wachsen schienen.

Er schaute Greg und Dave an. Sein Lächeln verschwand, als er mit ihnen redete. »Gehen Sie und kümmern Sie sich selber darum, das ist nicht unser Problem.«

Na ja, vielleicht doch nicht so freundlich, wie ich im ersten Moment gedacht hatte. Greg und Dave, die nach den ganzen Aufregungen erschöpft waren, machten sich nicht die Mühe, darauf zu antworten. Sie trotteten davon, um herumzutelefonieren.

Harry kam in die Halle gestürzt und stellte mich dem Tibeter vor.

»Alec, das hier ist Mr. Jig Me«, flüsterte er beschwörend, während Mr. Jig Me an uns vorbei zur Empfangstheke hinüberfunkelte, »Sie wissen schon, der DGM. Der Boss von Partei A.«

»Ich weiß jedenfalls, wer *Sie* sind«, sagte Mr. Jig Me und drehte sich zu mir um, »willkommen in unserem Hotel. *Tashi delai*.«

Er ging zu einer Rezeptionistin hinüber und brüllte sie auf Tibetisch an. Die Lobby leerte sich schlagartig vom gesamten einheimischen Personal, das keinen triftigen Grund hatte, hier zu sein.

Als Jig Me den Flur hinunter verschwand, erklärte Harry mir das bizarre Management-System, das in allen ausländischen Hotels in kommunistischen Ländern besteht. »Es gibt eine Partei A und eine Partei B. Wir sind Partei B, die Ausländer. Sie sind Partei A, die Einheimischen. Sie überwachen uns die ganze Zeit. Sie wissen, wer wir sind, wo wir sind, was wir tun, mit wem wir zusammen sind und sogar was wir mit den Leuten machen, mit denen wir zusammen sind.«

Die ominösen Worte des Vizepräsidenten in Hongkong schossen mir durch den Kopf.

Obwohl ich vor dem Big-Brother-Aspekt von Partei A gewarnt worden war, hatte mir niemand etwas von diesem Parteien-Management-System gesagt. Es steht in keinem Manager-Handbuch und weder meine Ausbildung noch meine bisherigen Erfahrungen hatten mich auf das kommunistische System – im Parteistil – vorbereitet.

Die Manager von Partei B dürfen keine Entscheidungen ohne die Zustimmung der Partei-A-Manager treffen, und vice versa. Beide Parteien sind voneinander abhängig und werden durch eine irrsinnige Bürokratie und endlose Konferenzen behindert. Partei A kontrolliert ihren Bereich des Hotels mit einer Reihe von Assistenten, den »Deputys« oder Stellvertretern, die jeweils einem der ausländischen Manager zugeordnet sind. Jede Woche statten die Stellvertreter dem Leiter von Partei A einen Bericht über die »Arbeitseinheit« ab, wie es im kommunistischen Jargon heißt. Und der Leiter der Lhasa-Hotel-Einheit war Mr. Jig Me: Hauptkommandeur von Partei A und stellvertretender Direktor des Hotels.

Die Stellvertreter werden von den ausländischen Angestellten »Schatten« genannt, weil sie die unangenehme Angewohnheit haben, einem auf Schritt und Tritt zu folgen und direkt hinter einem aufzutauchen, wenn man es am wenigsten erwartet. Sie haben zwei Hauptaufgaben. Erstens sollen sie so viel wie möglich von den Ausländern lernen, damit sie später den Betrieb übernehmen können. Ein Stellvertreter verdient ungefähr 3000 Prozent weniger als die Ausländer, die er beschattet – was Grund genug ist, alle Ausländer so schnell wie möglich loszuwerden.

Zweitens hat er die weit wichtigere Pflicht, dafür zu sorgen, dass sein Ausländer nicht in Aktivitäten verwickelt wird, die den guten Ruf der Einheit schädigen. Politische Zuverlässigkeit und die Bereitschaft, alle Anweisungen der Regierung zu befolgen, was immer auch verlangt wird, ist unendlich viel wichtiger als gute Geschäftsergebnisse. Es gibt nur einen Weg, an der Macht zu bleiben: die Parteilinie zu befolgen, zu allem Ja zu sagen, was von oben angeordnet wird, und dafür zu sorgen, dass die unten mit allem einverstanden sind, was man nach oben hin gerade zugesagt hat. Niemand darf aufstehen und rufen: »Aber das ist doch ein Witz!« Das wäre das Ende der Parteikarriere und damit der Machtposition.

Partei B (das sind wir – die ausländischen Angestellten, falls Sie etwas verwirrt sind, so wie ich, als es mir erklärt wurde) bemüht sich unterdessen, das Hotel effizient weiterzuführen, indem sie die Gäste zufriedenstellt und Umsatz macht. Der Direktor pflegte die Beziehung zwischen Partei A und B als »Ehe« zu bezeichnen.

Es war jedoch mehr eine stürmische Liebesaffäre, in der die Gefühlswellen häufig hochschlugen. Zum Beispiel der berühmte Zwischenfall in Peking, als ein Direktor eines ausländisch geführten Hotels von seinem Stellvertreter zusammengeschlagen wurde, während die Sicherheitskräfte des Hotels dabeistanden und Beifall johlten. Es kam häufig vor, dass ein Direktor zurücktrat oder vom Vorstand seines Unternehmens versetzt wurde, weil er mit seinem Stellvertreter nicht arbeiten konnte.

Zum Glück war die Beziehung zwischen Partei A und Partei B in Lhasa nicht so stürmisch wie in Peking, und es gab zwar Streitereien, Misshelligkeiten und Trennungsabsichten, aber gelegentlich auch Flitterwochen.

Jig Me war hervorragend für seine Position als stellvertretender Hoteldirektor und Boss von Partei A geeignet. Er stammte wie einige andere einflussreiche Tibeter in Lhasa aus einer vornehmen Familie und war als fünfjähriges Kind in die St. Joseph's School in Darjeeling geschickt worden, wo er seine Schulbildung außerhalb Tibets erhalten sollte. Damals gab es noch keine Flugrouten oder Autostraßen über den Himalaya und die mühselige Reise auf schmalen Gebirgspfaden dauerte über einen Monat. Jig Me reiste in einem Konvoi mit anderen kleinen Kindern vornehmer Herkunft, die auf den Pferden festgeschnallt und 500 Kilometer über die höchsten Gebirgspässe der Welt geführt wurden.

Er lebte fünf Jahre in Indien und kehrte zu seiner Familie zurück, kurz bevor die Chinesen 1951 die Macht übernahmen.

Im Zuge der chinesischen Bestrebungen, den Tibetern die Wohltaten des Kommunismus vor Augen zu führen, wurde Jig Me in eine weiterführende Schule nach Peking geschickt. Er überlebte die Kulturrevolution, die das ganze Land verwüstete, und obwohl Tibet seinem Herzen am nächsten stand, tauchte er hinterher als wichtiges Mitglied der kommunistischen Partei wieder auf und wurde in verschiedenen Machtpositionen im »Neuen Tibet« eingesetzt. Nach einer Reihe unbedeutenderer Jobs in der Stadt Gyantse wurde Jig Me stellvertretender Direktor des größten ausländischen Unternehmens in Lhasa, wo er für 800 einheimische Angestellte zuständig war und mit zehn Ausländern zusammenarbeitete, die hier lebten und für die er ebenfalls verantwortlich war. Mit der Macht kamen das Sozialprestige und die Chancen, auch finanziell zu profitieren, aber es war eine der schwierigsten Positionen in Lhasa.

Allerdings konnten die Feinheiten der Lokalpolitik im Moment noch warten. Jig Me war in den Coffee Shop gestürzt, um seinen Partei-A-Mitarbeiter in dem Streit über die lebenden Yaks zu stützen, der wieder einmal aufgeflammt war. Der Küchenchef schrie den Food & Beverage Manager an, der wiederum den Stellvertreter anschrie. Ein paar Gäste hielten sich noch im Essbereich auf und kauten auf ihren Giant Yak Burgern herum.

Sie schauten zu mir her, als ich am Eingang des Cafés vorbeiging. Der Essbereich war nur durch eine dünne Trennwand von der Küche abgeteilt, so dass jedes Wort des Dramas zu hören war und die Gäste hastig die letzten Reste ihrer Yak-Burger hinunterschlangen. Jig Mes Stimmte übertönte alle anderen, als er lauthals brüllend seinen Partei-A-Mann verteidigte und die Schuld auf die Inkompetenz von Partei B schob. Der Partei-A-Mann sprach nur wenig Englisch, wusste aber, dass Jig Me ihn verteidigen würde, und brüllte »Yes!«, wann immer er es für passend hielt, während Jig Me redete. Der Chef erging sich in einer langen und blumigen Tirade, was er mit dem Food & Beverage Manager anstellen würde, falls jemals wieder ein Exemplar der Gattung Rind lebend in seiner Küche auftauchen sollte. In solchen Momenten lernt man erst die blühende Fantasie der Chefs kennen. Die Küchentür flog auf, als der Food & Beverage Manager herausstürmte, und die Kellnerinnen, die sich nur mit Mühe das Lachen verkniffen hatten, standen jetzt stramm. Die Gäste schauten auf ihre Burger hinunter und stellten fest, dass sie genug gegessen hatten.

»Arbeiten Sie nie mit einem deutschen Küchenchef!«, rief der Food & Beverage Manager in die Runde. Er drehte sich zur Küchentür um: »Die taugen nur für Bratwurst und Sauerkraut!«

Die Gäste verließen bereits das Restaurant und er lief ihnen nach, um die Tür aufzuhalten und einen schönen Abend zu wünschen.

»Ah, hallo, Alec«, rief er hinter mir her. »Ich geh jetzt rauf und packe. Sie werden mich nicht wiedersehen. Leben Sie wohl!«

Ich ging weiter den Flur entlang, um mich in mein stilles, friedliches Zimmer zu flüchten.

Meine Koffer waren vom Flughafen gekommen, während ich im Barkhor war, und ich brachte den restlichen Abend mit Auspacken zu. Ich staunte nicht schlecht, als ich sah, wie sich die extreme Höhe auf manche Gegenstände in meinen 20 Kilogramm Gepäck ausgewirkt hatte. Es war, als ob jemand eine Fahrradpumpe an meine Zahnpastatube montiert und sie auf den doppelten Umfang aufgepumpt hätte. Meine Rasiercremetube hatte ihre Form von fast flach zu kugelrund verändert.

Ich machte den Fehler, den Deckel aufzuschrauben. Durch den Druck in der Plastiktube schoss ein Strahl Rasierschaum durch das Zimmer und landete zielsicher auf dem Anzug, den ich für Montagmorgen ausgepackt hatte. Ich öffnete die Zahnpasta und die Shampooflaschen im Badezimmer hinter dem Duschvorhang, wo sie ebenfalls spektakuläre Ergebnisse erzielten. Ich war vor vielen Höhenphänomenen gewarnt worden, aber niemand hatte mir gesagt, dass meine Zahnpasta explodieren würde.

Ich war nun doch etwas besorgt, wie sich die Höhe erst auf meinen Körper auswirken würde, und befolgte die Ratschläge des Direktors, indem ich drei große Gläser Wasser in mich hineinschüttete, bevor ich ins Bett ging. Ich träumte von Barbara und ihrer amerikanischen Tourengruppe, die aufgebläht wie riesige Heliumballons in der Lobby herumschwebten. Der Tourenführer zog sie an den Schnüren, die an ihren Knöcheln befestigt waren, auf den Boden herunter, um sie dann durch die Tür hinaus und in den Bus zu quetschen.

Ich weiß nicht, warum, aber große Höhen verursachen lebhafte Träume. Viele Gäste klagen auch über schlaflose Nächte, was jedoch eher an der wilden Hundemeute liegt, die nachts im Chor unter den Hotelfenstern heult. Außerdem ist die Schlaflosigkeit auch eine natürliche Folge der drei Liter Wasser, die man pro Tag in sich hineinschüttet.

Ich atmete auf, als ich am nächsten Morgen mit klarem Kopf erwachte und feststellte, dass ich nicht zu doppelter Größe angeschwollen war und an der Decke herumschwebte. Dave, den ich mittags im Coffee Shop traf, hatte nicht so viel Glück gehabt. Er hielt sich den Kopf und jammerte nach einem Mittel gegen seinen gewaltigen Kater.

»Das TMA-Bankett«, stöhnte er und zog eine Grimasse, während er einen Schluck Kaffee nahm.

Ich war mir nicht sicher, ob die Grimasse seinem Kopfschmerz galt, oder ob er nur so gequält dreinblickte, weil er zum ersten Mal den Hotelkaffee gekostet hatte. Das Gebräu hatte einen sehr eigenartigen Geschmack, der nicht das Mindeste mit Kaffee zu tun hatte. Der Direktor hatte mir erklärt, dass wir ihn aus Shanghai importierten, weil wir uns keine echten ausländischen Marken leisten konnten. Um den fehlenden Kaffeegeschmack wettzumachen, wurde er in rauen Mengen konsumiert und stundenlang gekocht, bis er so stark war, dass man nicht nur den Zucker, sondern auch den Löffel darin auflösen konnte.

Nach ein paar Minuten kam Greg in den Coffee Shop und bestellte klugerweise Tee. Er breitete Karten und Fotos auf der Tischplatte aus und die beiden Kanadier gerieten sofort ins Schwärmen und diskutierten eventuelle Abweichungen von ihrer geplanten Route. Sie hätten schon vor gut einer Woche im Basislager sein müssen – sie durften nicht mehr zu lange warten, weil sich sonst das Wetter an der Nordseite des Berges so weit verschlechtern würde, dass sie keine Chance hatten, »den Gipfel zu schaffen«, wie sie es nannten.

Ich hatte ebenfalls Vorbereitungen zu treffen. Nicht gerade für eine Everest-Besteigung, aber am Montagmorgen würde ich meine Stelle im »unwahrscheinlichsten Holiday Inn der Welt« antreten, wie die Hongkonger Presse es genannt hatte.

Kapitel 4
DAS GESICHT VERLIEREN

Am Montagmorgen wurde ich von lautem Rufen und Türenknallen im Flur aus meinen wirren Träumen gerissen. Der Lärm näherte sich meinem Zimmer.

»Zimmerservice!«, kreischte eine Stimme vor der Tür draußen.

Ein Schlüssel knirschte im Schlüsselloch, ich sprang aus dem Bett, und als ich öffnete, stand ein tibetisches Mädchen in der Tür und verlangte meine Wäsche. Ich fragte sie, ob sie nicht später kommen könne.

»*Mei-you*«, antwortete sie und schüttelte den Kopf, während sie mir zugleich ein strahlendes tibetisches Lächeln schenkte. Ich packte die Kleider von der Reise zusammen und legte die Anzugjacke dazu, die den Rasierschaum abbekommen hatte. Das Zimmermädchen lächelte die ganze Zeit, nickte und ging mit meinem Bündel den Flur hinunter, wo sie vor der nächsten Tür stehen blieb und aus vollem Hals »Zimmerservice« brüllte.

Es war noch viel zu früh zum Aufstehen, aber ich konnte nicht mehr einschlafen. Ein Hund von der anderen Straßenseite hatte sich auf den Streifen Ödland zwischen meinem Fenster und den Personalunterkünften verirrt. Die Zwergkiefern und verkümmerten Trauerweiden, die absurderweise am Rand des Grundstücks angepflanzt waren, trugen nichts zu seiner Verschönerung bei, aber die Büsche stellten eine optimale Deckung für die Hotelhunde dar, die jetzt auf der Lauer lagen und den Eindringling beobachteten. Das hier war ihr Revier und sie verteidigten es verbissen (und sehr geräuschvoll) gegen andere Hundemeuten. Streuner, die sich hier einzuschleichen versuchten, wurden entweder angegriffen oder bestiegen oder beides. Jeder, der den Versuch machte, die Hunde zu trennen, wurde drohend angeknurrt, vermutlich um ihm klar zu machen, dass er sich gefälligst nicht in ihre internen Angelegenheiten einmischen sollte.

Der fremde Hund beging den Fehler, zu weit in das Territorium der Hotelmeute vorzudringen. Die Jagd wurde mit wildem Kriegsgeschrei eröffnet und das Kläffen und Heulen riss garantiert jeden Hotelgast aus dem Schlaf, der noch nicht vom Überraschungsbesuch des Zimmerservice geweckt worden war.

Ich ging zum Frühstück hinunter und setzte mich an meinen reservierten Platz am Management-Tisch im Coffeeshop. Ich wurde mit Schweigen begrüßt. Mr. Liu schaute zu mir auf und wandte sich dann schnell wieder dem großen Plundergebäck zu, das seinen Teller füllte. Auf jedem Platz am Tisch lag ein ähnliches Gebäckstück, außer dort, wo Gunter, der Food & Beverage Manager, saß. Die Atmosphäre war gespannt.

»Ich wollte sowieso keines. Ich bin nicht hungrig«, verkündete Gunter trotzig. Er blickte in die Runde und fauchte die anderen Ausländer an: »Der Chef ist ein ignorantes Schwein!«

Die Bedienungen kicherten und der Direktor wies ihn leise, aber scharf zurecht: »Nicht vor Partei A. Oder wollen Sie, dass wir unser Gesicht verlieren?«

Er unterstrich seine Worte mit einem ruhigen, aber festen Schlag auf den Tisch, um zu zeigen, dass er es ernst meinte. Der offene Krieg zwischen dem Chef und dem Food & Beverage Manager durfte nicht länger so weitergehen.

Wenn Vertreter des Tierreichs auf engstem Raum miteinander leben müssen, gibt es unweigerlich Probleme. Das war beim Holiday Inn Lhasa nicht anders. Für die Ausländer, die im Hotel arbeiteten, spielt sich das Berufsleben, das gesellschaftliche Leben und überhaupt jede Form von Leben ausschließlich innerhalb der Betonmauern des Hotelkomplexes ab. Und das Gefühl von Einsamkeit und Isolation wird noch durch die Tatsache verstärkt, dass es außerhalb des Hotels nur etwa ein Dutzend andere ausländische Bewohner in Tibet gibt, einem Gebiet, das zwei Drittel der Größe Westeuropas umfasst. Das schafft zwar ein Band zwischen den Ausländern, die hier aufeinander angewiesen sind, führt aber auch dazu, dass kleine Unstimmigkeiten zu großen Dramen aufgebauscht werden.

Es gibt traditionelle Streitpunkte zwischen einzelnen Hotelabteilungen, die man in jedem Hotel der Welt findet. Das Housekeeping führt Krieg mit der Rezeption, Food & Beverage mit der Küche, aber unter dem zusätzlichen Stress dieses Härtejobs zeigen sich auch je nach Dienstalter und Erfahrung Differenzen im Management-Team. Die Neuen ärgern sich über die »alten Veteranen«, die nie auf neue Ideen hören, sondern jeden Enthusiasmus und unkonventionellen Vorschlag mit einer kalten Dusche – »das funktioniert hier nicht« – dämpfen.

Die ausländischen Angestellten, die über jahrelange Erfahrung vor Ort verfügen, ärgern sich ihrerseits über die Naivität der Neulinge, die meist mit lächerlichen Ideen daherkommen, ehe sie die Zwänge durchschauen, die in dieser irrealen, vernunftwidrigen Umgebung herrschen.

Mr. Liu, der Controller aus Hongkong, hatte viele Jahre lang in China gearbeitet und war besonders intolerant gegenüber naiven Neuankömmlingen. Er hatte extra eine Weltkarte aus seinem Computer ausgedruckt, mit einem Pfeil, der auf einen Fleck in dem leeren Bereich über dem indischen Subkontinent zeigte. »SIE SIND HIER« stand in großen, fetten Buchstaben oben auf der Seite. Wann immer ihm eine Frage von einem »Neuen« gestellt wurde, zog er eine DIN-A4-Kopie dieser Karte aus seiner Tasche, reichte sie dem neuen Management-Mitglied und kicherte. Niemand außer ihm fand es besonders lustig, aber da Mr. Liu der Controller war und folglich für die Auszahlung der Gehälter und die Rückerstattung von Spesen zuständig, lachten alle über seine Witze.

Die Streitereien zwischen den einzelnen Hotelabteilungen und dem Management-Team zu schlichten ist sicherlich eine der undankbarsten Aufgaben des Direktors. Was aber in Lhasa noch mehr ins Gewicht fällt, ist die Wahrung des Scheins, das heißt, der Direktor muss dafür sorgen, dass seine Mannschaft zumindest nach außen hin einen geschlossenen Eindruck macht. Jeder Streit unter den Ausländern wird als Gesichtsverlust für Partei B angesehen.

»Gesicht verlieren« oder im Gegenteil, »Gesicht gewinnen«, das waren neue Welten für mich. Mr. Liu stand vom Frühstückstisch auf, ohne sein Plundergebäck angerührt zu haben, und gab damit zu verstehen, dass es Zeit war, zur Morgenversammlung zu gehen.

Harry blieb sitzen und aß sein Gebäckteilchen auf. »Wenn Sie das mit dem Gesicht nicht verstehen«, sagte er zu mir, »haben Sie hier keine Chance.« Ich blieb da und hörte ihm zu.

»Das Gesicht verliert man«, fuhr er fort, »wenn man einen Fehler macht, wenn man Mist baut, wenn man mit seinen Freunden streitet. Verstehen Sie, bei der geringsten Kleinigkeit, die man falsch macht, kommt Partei A daher und bauscht es zu einer Riesenaffäre auf. Das bringt uns in eine unterlegene Position. Wenn wir unser Gesicht verlieren, werden sie stärker und können tun, was sie wollen. Wir dürfen vor Partei A unser Gesicht nicht verlieren, sonst reißt Jig Me die Leitung des Hotels an sich, und dann können wir alle nach Hause gehen.«

Er schüttete den Rest von seinem Tee hinunter und stand vom Tisch auf.

»Na ja, und *Gesicht gewinnen* ist das genaue Gegenteil. Man überschüttet jemand mit Lob, damit die anderen denken, er sei der Größte.« Er hielt einen Augenblick inne, um nachzudenken. »Das ist alles ein Spiel«, fuhr er fort, »aber man muss wissen, wie es gespielt wird. Wenn man die Regeln nicht begreift, muss man gehen.«

Das »Gesicht verlieren« erklärt auch, warum ein Tourenführer, der bei seiner Gruppe gut angesehen sein will, niemals zugeben wird, dass er nicht versteht, was Sie ihn fragen, oder niemals sagen wird, dass er die Antwort auf Ihre Frage nicht weiß. Um sein Gesicht nicht zu verlieren, wird er Ihnen einfach eine Antwort geben, von der er glaubt, dass Sie sie hören wollen. Das kann sehr problematisch werden, wenn Sie eine Frage stellen, die eine genaue Antwort erfordert, wie zum Beispiel: »Wann ist die Abfahrt zum Flughafen?« Wenn er es nicht weiß, wird er auf jede Frage einfach »Ja« sagen.

Als wir hinausgingen, schob Harry die Bedienung weg, die zu mir herkam und mich nach meinem Essensbon fragte.

»Das ist Mr. Alec. Kein Essensbon. Er arbeitet hier. Yin Yi Bu Jingli.«

Anscheinend war das mein Titel. »Yin Yi Bu Jingli«. Es gefiel mir. »Mr. Alec. Yin Yi Bu Jingli.« Ich wiederholte es vor der Bedienung. Dann eilten wir hinter Mr. Liu und den anderen Ausländern den Flur entlang.

»Wir dürfen nicht zu spät zum Meeting kommen, sonst verliert Partei B ihr Gesicht«, erklärte Harry. »Jig Me sorgt immer dafür, dass seine ganze Partei-A-Mannschaft schon zehn Minuten vor der Versammlung da ist – wenn sie zu spät kommen, müssen Sie eine Buße bezahlen.«

Wir rannten die Treppen zum Konferenzraum hinauf, keuchend und schnaufend in der dünnen Luft. Auch wenn ich am ersten Tag nur Kopfschmerzen gehabt hatte, kam ich bei der geringsten Anstrengung außer Atem, und das blieb so. Es ist schwierig, einen würdevollen Eindruck zu machen, wenn man am ganzen Körper zittert und nach Atem ringt, und ich nahm mir vor, in Zukunft früher zu der Versammlung zu gehen.

Eine Morgenversammlung, offiziell »*Operations Meeting*« genannt, findet in der einen oder anderen Form in allen ausländisch geführten Hotels in China statt. Sie wird an jedem Werktag, von Montag bis Samstag, abgehalten und hier fallen die Entscheidungen, die das Arbeitsklima für den Tag bestimmen. Das Management-Team und die Abteilungsleiter besprechen die Geschäftsergebnisse und Probleme des Vortages, die voraussichtlichen Ergebnisse und Probleme des kommenden Tages und alle besonderen Aktivitäten, die eventuell stattfinden.

Die Sitzordnung in der Morgenversammlung in Lhasa war noch strenger als am Management-Tisch. Partei A und B saßen in einer komplizierten Hackordnung beieinander, die von oben nach unten am Tisch entlang verlief. Der Direktor und Jig Me saßen am Kopfende, mit Heather, der Sekretärin des Direktors, die unbehaglich an der Ecke kauerte, zwischen dem Direktor und Mr. Liu. 30 Angestellte drängten sich an den Längsseiten des Tisches: alle ausländischen Angestellten, ihre Stellvertreter und andere Parteimitglieder mit dubiosen Funktionen, die keiner von uns durchschaute.

Heather hatte die heikle Aufgabe, zu übersetzen und Protokoll zu führen. Die offiziellen Sprachen waren Englisch und Mandarin, obwohl eine große Bandbreite unterschiedlicher Muttersprachen vertreten war, von Tibetisch über Kantonesisch und Hokien (in Südchina verbreitete Sprache) bis hin zu einer Auswahl europäischer Sprachen: Deutsch, Italienisch, Französisch und Flämisch.

Trotz ihres englischen Namens war Heather unverkennbar Chinesin. Den Namen »Heather« hatte ihr ein Englischlehrer in der Schule gegeben und sie hatte ihn für die Kontakte mit Ausländern beibehalten. Sie wirkte sehr zerbrechlich, war aber unglaublich zäh und willensstark, was ihr half, sich gegen die strenge Disziplin des Direktors zu behaupten. Sie trug ihr glattes schwarzes Haar schulterlang und etwas Shampoo und Make-up hätten ihr sicherlich nicht geschadet, aber sie kümmerte sich nicht um ihr Aussehen, sondern widmete sich selbstlos ihrer Arbeit und machte viel mehr Überstunden als die meisten anderen Angestellten. So gute Mitarbeiter fand man selten. Wie die anderen Han-Chinesen sehnte sie sich nach ihrem Land zurück, nach ihrer Familie, die so weit weg war, und litt unter Heimweh und Einsamkeit. Sie lebte nur auf den Tag hin, an dem sie wieder nach China zurückkehren konnte.

Aber Heather hatte einen Fehler begangen: Sie war zu gut in ihrem Job, so dass sie vermutlich lange in Lhasa bleiben musste. Darin lag ein grundsätzliches Motivationsproblem des Personals. Die Chinesen hielten sich bewusst zurück, um so schnell wie möglich wieder in ihre Heimat entlassen zu werden. Die Tibeter waren nach 40 Jahren Kommunismus völlig unmotiviert und hatten keinerlei Interesse, überhaupt etwas zu machen. Die Gehälter der Angestellten waren praktisch alle die gleichen und Beförderungen hingen mehr vom Parteistatus ab als von beruflichen Leistungen.

Die Einstellung der Kellnerinnen war symptomatisch für das Personal im ganzen Hotel. Sie gaben sich alle Mühe, um nur ja nicht zur Restaurantleiterin befördert zu werden. Obwohl der Lohn fast derselbe blieb, würde diese neue Position bedeuten, dass die Kellnerin plötzlich ihre Freundinnen verlieren und direkt dem Management verantwortlich sein würde, was zu Geschrei und Tränen und schließlich der demütigenden Degradierung zur Tellerwäscherin führen würde.

Ein Heer von 560 Angestellten arbeitete im Hotel. Niemand wusste genau, was alle diese Leute machten, und einige der Personen auf den Namenslisten waren offenbar permanent beurlaubt. Der Jahresurlaub wurde aufgespart und dann über Monate am Stück genommen. Die An- und Abreise war in den Urlaubswochen nicht inbegriffen, so dass ein weiterer Monat jeweils vor und nach dem normalen Urlaub dazukommen konnte. Der Mutterschaftsurlaub dauerte zwölf Monate (ohne Reisezeit) und jede gute Angestellte, die schwanger wurde, brachte die Hotelleitung ziemlich in die Bredouille, auch wenn der Anlass noch so erfreulich war.

Abtreibungsurlaub war ebenfalls üblich, da die chinesische Regierung in ihrem verzweifelten Kampf gegen die Bevölkerungsexplosion die Anzahl der Kinder, die Han-Chinesen bekommen dürfen, erfolgreich auf eines beschränkt hatte, indem sie Familien mit zwei oder mehr Kindern enorme Steuerlasten aufbürdete. Die Tibeter dürfen als Minderheit zwei Kinder bekommen, aber die tibetischen Beamten in Lhasa und praktisch alle Tibeter, die auf dem Land leben, sind solchen Beschränkungen nicht unterworfen.

»Setzen Sie sich, Alec«, sagte der Direktor zu mir und zeigte auf den einzigen leeren Platz am Tisch. Die anderen Ausländer kicherten. Gunter, der Food & Beverage Manager, der vier Plätze weiter unten saß, lachte laut heraus, als er sah, wo ich sitzen sollte. Er hielt grinsend den Daumen in die Höhe und wechselte einen vielsagenden Blick mit dem Küchenchef, der ihm an dem Tisch gegenübersaß.

Ich setzte mich vorsichtig auf meinen Stuhl, auf irgendeinen dummen Streich gefasst. Oder vielleicht so etwas wie ein Initiationsritual. Vielleicht mussten wir alle Schürzen umbinden und uns an den Händen fassen?

Rechts von mir saß eine Tibeterin, Mrs. Qi Mei, deren Titel niemand genau wusste. Angeblich war sie eine große Nummer in der Partei, aber ansonsten hatte mir keiner der anderen Ausländer sagen können, was sie eigentlich machte. Mrs. Qi Mei lächelte mich an, als ich mich setzte. So weit, so gut.

Zu meiner Linken saß ein Chinese, Mr. Pong, der stellvertretende Controller. Sein Spitzname war »Alien III«, wie Harry mir vorher gesagt hatte, und jetzt begegnete ich ihm zum ersten Mal. Mr. Pong sah wirklich wie ein Außerirdischer aus, das musste ich zugeben. Er blinzelte mich durch seine Nickelbrille an und öffnete den Mund zu einem kreisrunden Lächeln, das ein Trümmerfeld von schiefen Zähnen in diversen Stadien des Verfalls zum Vorschein brachte.

Dann traf es mich mit voller Wucht. Mr. Pong, der zu Recht so genannt wurde (*pong* = Gestank), hatte einen Atem, der alles in einem Umkreis von drei Metern lahm legte. Plötzlich war ich wieder in der Hölle von Excrement Valley im Barkhor. Das war mehr als übel – es stank nach Verwesung. Irgendetwas musste da hineingekrochen und verendet sein. Gunter brüllte vor Lachen, als er mein entsetztes Gesicht sah. Seit dem Tag, als er sich daran ergötzen durfte, wie der Chef Yaks in seiner Küche herumjagte, hatte er sich nicht mehr so amüsiert.

Der Direktor schlug auf den Tisch und eröffnete die Versammlung mit einer Willkommensrede.

»Es ist sechs Monate her, dass wir zum letzten Mal einen Verkaufsleiter hatten, also lassen Sie uns Mr. Alec herzlich willkommen heißen. Ich bin sicher, dass er unsere Geschäfte voranbringen und unseren Umsatz steigern wird.«

Heather übersetzte ins Chinesische und alle nickten.

Jig Me folgte mit einer Begrüßungsrede im Namen der ganzen Partei A und wünschte uns eine »sehr gute Zusammenarbeit«.

Er sprach in perfektem Englisch und Heather übersetzte wieder. Mir schwante allmählich, dass diese Versammlungen sehr lange dauern würden.

Jig Me stellte mir meine Stellvertreterin vor, eine Miss Tsao, die sich klugerweise einen Platz am unteren Ende des Tisches gesichert hatte, weit weg von dem Mundgeruchsmonster neben mir. Mr. Liu las die Finanzresultate des vorigen Tages vor und Harry gab die Prognosen für die kommende Woche ab – die sehr düster waren.

Nach der hohen Belegquote und den guten Umsätzen der Sommermonate ging es jetzt bergab mit den Geschäften, die übliche

Talfahrt der kargen Wintersaison. Wir hatten immer noch eine Belegquote von 70 Prozent, was mir ganz akzeptabel erschien, aber nächste Woche würde sie auf 60 Prozent absinken.

Während ich über den Rückgang der Belegquote nachdachte und überlegte, was zu tun war, um den Trend umzukehren, drang ein leises Gurgeln aus dem Stuhl neben mir an mein Ohr.

»Ccccchhhrrrrrgrgrggkkkkhhhhpt!«

Mr. Pong räusperte sich, vermutlich um etwas zu sagen. Dieses Warnsignal hatte bereits alle Ausländer am Tisch aus dem Halbschlaf gerissen und dafür gesorgt, dass sie sich auf ihren Stühlen nach hinten warfen. Selbst Gunter, der vier Plätze weiter saß, konnte sich nicht in Sicherheit wiegen und schob seine stattliche Leibesfülle so weit nach hinten wie nur möglich.

In quälend langen Verlautbarungen führte Mr. Pong aus, dass es Unstimmigkeiten wegen des Kaufs von Yaks in der Küche gegeben habe, die zu einiger Verwirrung geführt hätten. Heather übersetzte. Mr. Pong sagte, er sei sicher, dass solche Vorfälle sich nicht wiederholen müssten, wenn die Ausländer ihre Streitereien unterlassen und besser zusammenarbeiten würden. Dann fügte er an, dass es vielleicht unnötig sei, so viele Ausländer einzustellen.

Es war die übliche, gezielte Attacke, die Partei A in Gang setzte, sobald sie Streit unter den Ausländern witterte. Der Direktor entgegnete, dass gegenwärtig nur zehn Ausländer anwesend seien, gegenüber 19, als das Hotel eröffnet worden war, und den 27, die im Management-Vertrag genehmigt seien, und dass weniger Ausländer die effiziente Führung des Hotels ernsthaft in Frage stellen würden.

Mr. Pong verzichtete auf weitere Einwände, worüber alle sehr erleichtert waren, und der stellvertretende Food & Beverage Manager, ein gewisser Mr. Tu Dian, verkündete die gute Nachricht, dass die *»Protocol and Friendship City Division of the Friendship with Foreign*

Country Association« (Protokoll- und Freundschaftsabteilung Lhasa der Vereinigung »Freundschaft mit fremden Ländern«) am Abend ein Festbankett geben würde.

Dann meldete sich Mrs. Qi Mei zu Wort und erklärte, dass ich mich zu einem Gesundheitscheck im *People's Number One Hospital* präsentieren müsse, und die Versammlung wurde vertagt. Als ich die Treppe hinunterging, dankte ich Mrs. Qi für ihre Mühe, aber der Gesundheitscheck erübrige sich, da ich mich auf Verlangen des Holiday Inn bereits einer gründlichen medizinischen Untersuchung in Paris und Hongkong unterzogen hätte. Mrs. Qi lächelte und sagte: »Ja.«

Miss Tsao, meine Stellvertreterin, hatte nach dem Meeting eine Unterredung mit Jig Me, bei der es um ihre Papiere ging. Miss Tsao war vor 20 Jahren als Freiwillige nach Tibet gekommen und wollte jetzt in ihre Heimatprovinz zurückkehren, aber da ihre Papiere besagten, dass sie in Tibet ansässig war, durfte sie nicht in andere Teile Chinas reisen.

Ich ging zu meinem Büro im Erdgeschoss des Hauptblocks hinter dem Souvenirladen weiter. Es war ein kleiner Raum mit zwei Schreibtischen, einem Aktenschrank, drei Stühlen und einem Sofa. Ein großes orangefarbenes Telefon thronte auf meinem Schreibtisch neben einer Flasche mit heißem Wasser. Einen Trinkbecher musste ich mir selber mitbringen. Überall auf dem Boden lagen Papierstapel herum. Ich wurde überschwänglich von Tashi begrüßt, den ich seit der Fahrt vom Flughafen nicht mehr gesehen hatte. »Das ist Mr. Alec«, stellte er mich den drei anderen Mitarbeitern auf Englisch vor. »Er ist eine große Kartoffel.«

Wie es scheint, bemessen die Chinesen die Bedeutung einer Person nach der Größe dieses Knollengewächses. Ich war also die »große Kartoffel« in der Verkaufs- und Marketing-Abteilung und mein Mitarbeiterstab wurde mir als »kleine Kartoffeln« vorgestellt.

Tashi ließ mich wissen, dass ich auf jeden Fall im Krankenhaus erscheinen musste, was immer ich auch verstanden hatte. Er hatte den Auftrag mich dorthin zu begleiten und für mich zu übersetzen. Ich bezweifelte, dass das eine gute Idee war.

Der Landcruiser des Hotels wurde anderweitig gebraucht und wir fuhren mit der Rikscha die geteerte Ringstraße hinunter, an den von Kühen belagerten Abfallkübeln vorbei zum *People's Number One Hospital*. Ein weiteres Beispiel der chinesischen Modernisierung ragte vor uns auf. Blumenbeete aus Gras und Müll, mit niedrigen Zäunen eingefasst, beherrschten das Gelände des strengen Betonbaus, der in dem kränklichen Farbton von »Knoblauchgras« gestrichen war. Eine Schar von abgerissenen Bettlern belagerte den Haupteingang und ihre schmutzigen Hände zerrten an jedem, der hineinging oder herauskam, bis sie ein paar Münzen erhielten. Am Eingang saßen zwei Mönche und sangen Gebete, die sie von einem Stapel Holztafeln ablasen. Vor ihnen lag ein Schuhkarton für Spenden. Wann immer sie einen Patienten oder Angehörigen näher kommen sahen, sangen sie schneller und zeigten auf den Karton.

Ich war etwas erleichtert, als ich durch die offene Glastür kam und mir der typische sterile Geruch nach Desinfektionsmitteln oder was auch immer entgegenschlug, so wie man ihn von allen Krankenhäusern kennt. Ich überlegte, ob man nicht eine hochkonzentrierte Dosis davon in Mr. Pongs Magen injizieren könnte.

Die Innenwände der Klinik waren bis auf etwa halbe Höhe in einer blasseren Schattierung des kränklichen Grüntons gehalten und dann bis zur Decke weiß getüncht. Die grauen Fliesenböden waren mit chirurgischen Abfällen übersät. Zwei Ärzte lehnten an einer Wand in der Eingangshalle, beide mit einer Zigarette in der Hand.

Wir wurden durch einen schmutzigen Korridor zu einem trübe erleuchteten Raum geführt. Ein Tisch stand darin, der mit einem schmutzigen Laken bedeckt war, und Regale mit Glasbehältern.

Eine dicke Staubwolke wälzte sich den Flur entlang, gefolgt von einer Tibeterin, die den Flurdreck in eine halbierte Blechdose kehrte, die an das Ende eines Stocks genagelt war. Die Tibeterin entpuppte sich unverhofft als Krankenschwester, denn als sie uns sah, kam sie ins Zimmer herein, wischte sich die Hände an ihrem staubigen Kittel ab und suchte unter den Glasbehältern mit dem chirurgischen Zubehör nach einem, der Injektionsnadeln enthielt.

Ich bat Tashi, ihr zu sagen, dass ich bereits alle Tests in Paris und Hongkong gemacht hatte, und es sei wirklich nicht nötig, noch mehr zu machen. Tashi sagte »Ja« und redete Tibetisch mit der Schwester. Sie nickte und lächelte, dann kam sie mit einer großen Nadel auf mich zu, die sie aus einem der Gläser genommen hatte. Sie machte eine Stichbewegung, lächelte und nickte mir wieder zu. Ich sagte Tashi, er möge nicht denken, dass ich kein Vertrauen in das tibetische Gesundheitswesen hätte, aber ich hätte wirklich alle Tests gemacht, die ich brauchte. Tashi sagte wieder etwas auf Tibetisch zu der Schwester. Sie lachte und wischte die Nadel an ihrem Ärmel ab, um mir zu zeigen, dass sie sauber war.

Ich wurde vorerst von einem Hund gerettet, der zur Tür hereinstürzte. Er hatte etwas aus einem Mülleimer aufgelesen und war auf der Suche nach einem ruhigen Winkel, wo er seine Beute ungestört verschlingen konnte. Die Schwester jagte ihn von Zimmer zu Zimmer, fuchtelte mit ihrer Nadel über ihm herum und brüllte die beiden qualmenden Ärzte an, als der Hund an ihnen vorbeirannte, den Schwanz eingeklemmt und seine Beute zwischen den Zähnen.

Kleinlaut willigte ich schließlich in die Blutuntersuchung ein, aber erst nachdem die Schwester eine andere Nadel in einer versiegelten Hülle hervorgeholt hatte. Später nahm ich immer einen Vorrat meiner eigenen, im Westen gekauften Nadeln mit.

Nachdem mir die Schwester einen Tropfen Blut aus dem Ohrläppchen abgezapft hatte, wurden Tashi und ich in den Röntgenraum gebracht. Die schwere Tür mit der Aufschrift »Vorsicht – Strahlungsgefahr« stand weit offen, und zu meinem Erstaunen war der Raum mit Patienten gefüllt, die vor dem Röntgengerät Schlange standen. Röntgenblitze zuckten durch das Zimmer, in dem schwangere Frauen, Nomaden und kleine Kinder erwartungsvoll vor dieser neuen Technik warteten. Offenbar war die Bedienungsanleitung verloren gegangen, in der klar und deutlich zu lesen ist, dass man hinter dem Bleischutz stehen muss. Nach einer einzigen Thoraxaufnahme wurde ich in einen weiteren Untersuchungsraum gebracht.

Ein alter Nomade aus dem Norden Tibets saß an einem niedrigen Tisch mit einer Sehtestvorrichtung auf dem Kopf. Er trug eine lange Schafspelz-*chuba*, das Fell nach innen und die raue geschabte Hautseite nach außen gekehrt, den Elementen preisgegeben. Der am Boden schleifende Rand der *chuba* war mit daumenbreitem, leuchtend buntem Flechtwerk gesäumt. Der Mann blickte auf, als wir ins Zimmer traten, und lächelte mit seinem zahnlosen Mund zur Begrüßung. Ich riskierte ein »*tashi delai*« und er strahlte erfreut und streckte als Antwort die Zunge heraus.

Die Krankenschwester brüllte ihn an, nahm das Gerät aus seinem verfilzten Haar und drückte es mir ohne Umschweife auf die Stirn. Zur gleichen Zeit rührte sich ein Arzt in der Ecke des Zimmers. Er hatte sein Morgenschläfchen auf dem Untersuchungstisch abgehalten und war durch die Störung geweckt worden. Er stand auf, rieb sich die Augen und gähnte ausgiebig. Der Nomade beobachtete neugierig, als der Arzt eine schmutzige Sonde aus seiner Tasche holte und in meine Ohren steckte. Dann sagte er etwas auf Tibetisch zu Tashi.

»Tut mir Leid, Mr. Alec. Ich weiß die Wörter nicht auf Englisch.«

Tashi erging sich weiter in Entschuldigungen und zuckte mit den Schultern, während er um Nachsicht bat, dass er mir nicht als Übersetzer dienen könne. Dann behalf er sich mit einer ausdrucksstarken Pantomime, die den Nomaden in höchste Begeisterung versetzte. Aus Tashis Bewegungen schloss ich, dass der Arzt einen großen, bösartigen Knoten in meinem Ohr gefunden hatte, aber nach einigen weiteren Verrenkungen stellte sich heraus, dass er mich nur um eine Stuhlprobe gebeten hatte. Unser Nomadenfreund amüsierte sich köstlich.

Dann stürzte plötzlich die Schwester ins Zimmer und schwenkte ihre leere Kehrschaufel über dem räudigen Hund, der auf der Suche nach weiteren Schätzen ins Krankenhaus zurückgeschlichen war. Der Hund flitzte an dem Nomaden vorbei und stieß einen überquellenden Spucknapf um. Der schlüpfrige Inhalt tropfte auf den Fliesenboden und über die Türschwelle auf den Flur hinaus. Seltsamerweise schien das außer mir niemanden zu stören.

Ich bat Tashi, dem Doktor zu sagen, dass ich bereits einen Stuhltest gemacht hatte, und ausnahmsweise gab sich der Arzt mit dieser Antwort zufrieden. Er hatte vermutlich noch weniger Lust, diese Untersuchung vorzunehmen, als ich, die Stuhlprobe unter solchen Bedingungen zu produzieren.

Ich gab die Sehtestvorrichtung an unseren Nomadenfreund zurück, und nachdem wir die Lache im Flur umrundet hatten, konnten Tashi und ich das Krankenhaus ohne weitere Fragen oder Nadelstiche verlassen. Ich schwor mir, niemals hierher zu kommen, falls ich krank wurde. Kein Mensch konnte in dieser Umgebung gesund werden.

Als ich in mein Zimmer zurückkam, erwartete mich eine weitere Überraschung. Im Hotel ging ein Witz um: »Was ist klein, grau und runzelig?« Ich dachte zuerst, es sei ein abgedroschener Elefantenwitz, aber die Antwort lautete: »Deine Kleider, wenn sie aus der Wäscherei zurückkommen.«

Auf meinem Bett lag ein Plastiksack mit eingeschnurrten Hemden, so platt gemangelt, dass ich sie kaum wieder erkannte, und von einem Farbton, der noch nicht da gewesen war, als ich sie in die Reinigung gegeben hatte. Auch die Knöpfe litten unter der Lhasaer Reinigungstechnik und jede Woche lösten sich ein oder zwei in feines Pulver auf. Manchmal sahen sie trügerisch unversehrt aus, aber sobald man sie berührte, zerbröselten sie einem zwischen den Fingern. Meine Anzugjacke hatte ebenfalls erstaunliche Wandlungen durchgemacht. Die Wolle war rasiermesserdünn gemangelt und glänzte jetzt wie die Hochglanzappretur auf dem Sonntagsanzug eines Gebrauchtwagenhändlers. Ich beschwerte mich bei Charlie, der mir erzählt hatte, dass wir über die modernste Wäscherei westlich von Peking verfügten.

»Ja, schon, aber das Problem ist, dass wir einheimisches Waschpulver und einheimische Arbeitskräfte haben«, war seine ziemlich unbefriedigende Antwort.

Ich war keineswegs entzückt über das volkseigene Waschpulver, das grauer als grau wusch – aber wenn schon. Wir waren in Tibet. Ich dachte an die Schafspelz-*chuba* des Nomaden. Sie hatte kein Wasser und keine Seife gesehen, seit man sie dem Schaf abgezogen hatte. Es ist alles eine Frage der Perspektive, und ein Nomade hat sicherlich andere Sorgen als die Reinheit seiner Wäsche.

Gunter, der Food & Beverage-Manager, hatte andere Sorgen. Trotz sorgfältigster Vorbereitung war das Festbankett der »*Protocol and Friendship City Division of the Friendship with Foreign Countries Association*« kein Erfolg gewesen. Die Tische waren mit den feinsten Gläsern und dem besten Silber des Hotels gedeckt worden, die Kellnerinnen waren alle rechtzeitig auf ihrem Posten gewesen und der Chef hatte eine exquisite Kostprobe der westlichen Küche gezaubert.

Da es das Abschiedsfest für den Vorsitzenden der besagten Vereinigung war, wurde extra westliches Essen bestellt, um die Bedeutung des Anlasses hervorzuheben. Westliche Gerichte brachten zusätzliches Prestige und die Chinesen waren auch sehr beeindruckt von den fremdartigen Gerichten. Es ist schwierig, ein ganzes Steak mit Stäbchen zu essen, aber für die Gäste war das kein Problem. Der Johnny Walker Black Label verschwand in rasch aufeinander folgenden Trinkrunden – alle Zeichen deuteten zunächst auf Erfolg.

Irgendwann im Lauf des Abends aber fand Gunter einen schäbig gekleideten kleinen Mann am Buffet vor, der gerade mit seinen Essstäbchen die *pièce montée* auseinander nahm. Er hatte sich den Teller mit Steaks, Kartoffeln, kaltem Braten, Kuchen und Yogurt, alles bunt durcheinander, voll getürmt, und jetzt pulte er den Apfel aus dem Maul des Spanferkels heraus. Gunter war wütend, und da er den Mann für einen Fahrer hielt, der sich vom Gruppenbuffet in den Festsaal geschlichen hatte, bugsierte er ihn kurzerhand zum Hotel hinaus. Es war *sein* Restaurant und das hier war ein wichtiges Bankett, das er sich nicht von einem schmutzigen Lastwagenfahrer ruinieren lassen würde.

Jig Me ließ die Bombe höchstpersönlich gegenüber dem Direktor platzen: Gunter hatte den neuen Vorsitzenden der *Friendship with Foreign Countries Association* hinausgeworfen. Jig Me kochte vor Wut. Es war ein schwerer Gesichtsverlust für alle und es gab keine Wahl: Gunter musste gehen. Am nächsten Morgen reichte er seine Kündigung ein, »aus persönlichen Gründen«, und blieb den ganzen Tag in seinem Zimmer. Das Holiday Inn würde versuchen, ihm in einem anderen asiatischen Land einen geeigneten Posten zu verschaffen – aber versprechen konnte man nichts.

Das einzig Gute an Gunters Entlassung war, dass jetzt ein weiterer Platz in der Morgenversammlung frei wurde. Mrs. Qi Mei und die drei Leute zu meiner Rechten waren alle einen Platz weiter gerückt, so dass ich ihnen nachfolgen konnte und jetzt zwei Sitze weit von dem Mundgeruchsmonster entfernt saß.

Die Stimmung war auf dem Nullpunkt. Mr. Liu las die Meldung vor, dass 31 Fernsehapparate im Hotel fehlten – ein gefundenes Fressen für Partei B, die unverzüglich zur Attacke überging. Wir hatten sehr unter der peinlichen Entlassung von Gunter gelitten und brauchten einen Sieg, um die Zügel wieder in die Hand zu bekommen. Die Sicherheitsabteilung, die ausschließlich mit einheimischem Personal besetzt war, musste sich den Vorwurf gefallen lassen, dass es ihr an Professionalität fehle. Der Chef des Sicherheitsdienstes wandte ein, dass in dem Bericht vor zwei Jahren 48 Fernsehgeräte als gestohlen gemeldet worden seien, und folglich habe seine Abteilung bei nur 31 fehlenden Geräten gute Arbeit geleistet. Die Vorstellung, dass bei Nacht und Nebel Einbrecher durch die Flure schlichen und gestohlene Fernsehgeräte zurückbrachten, war so absurd, dass wir unsere Attacke einstellten.

Um die Stimmung zu heben, erläuterte ich meine Pläne, wie ich das Wintergeschäft anzukurbeln gedachte, was zumindest den Direktor aufmunterte. Ich hatte ein Telefonbuch mit 1400 Adressen ausländischer Unternehmen in China gefunden, die ich alle anschreiben wollte, um ihre hoch bezahlten ausländischen Manager zu einer Reise nach Lhasa in den Wintermonaten zu animieren. Das ist eine der gängigsten Vertriebsstrategien, offiziell als »Direct-Mail-Aktion« bekannt, und Ähnliches findet in jedem marketingorientierten Hotel der Welt statt.

Die Aktion würde mich ein paar Tage auf Trab halten: den Brief schreiben, Hotelprospekte drucken lassen, die Adressenlabels für die Umschläge ausdrucken, aber unter normalen Umständen müsste bis Ende der Woche alles gelaufen sein.

Die Herstellung der Prospekte ist im Allgemeinen am langwierigsten, und deshalb gingen Tashi und ich als Erstes zu der Druckerei von Lhasa, die etwas sauberer war als das Krankenhaus, aber die gleiche effiziente Atmosphäre verbreitete – und seltsamerweise auch den gleichen Geruch. Wir wurden in das Büro des Direktors geführt, doch ehe wir über Geschäfte reden konnten, musste allen Tee serviert und Zigaretten angeboten werden. Ein Protegé des Direktors spülte zwei große weißblaue Teetassen aus, während der Direktor uns zu unseren Plätzen zwischen Stapeln von gedruckten Broschüren führte. Ein Löffel grüner Teeblätter wurde in jede Tasse geworfen und kochendes Wasser aus der Thermosflasche darüber gegossen.

Chinesischer Tee ist nicht einfach zu trinken. Die Blätter schwimmen an der Oberfläche und man muss geschickt genug sein, das Gebräu geräuschvoll zu schlürfen und gleichzeitig die Blätter vom Mund wegzublasen. Es ist eine komplizierte Prozedur, die ich nie wirklich beherrschen lernte. Wenn man nicht aufpasst, hat man am Ende den Mund voller Teeblätter, die man entweder schlucken oder in den büroeigenen Spucknapf befördern kann.

Der Direktor schaute uns etwas bestürzt an, als wir ihn fragten, ob er uns bis Ende der Woche einen einfachen Schwarzweißprospekt drucken könne. Wie sich herausstellte, hatte er keinerlei Interesse, einen Druckauftrag für das Hotel zu übernehmen, da er für die letzte Arbeit, die er geliefert hatte, nicht bezahlt worden war. Er ging zum Schrank und zog einen Stapel Wäschelisten heraus. Keine einzige gerade Zeile war darauf zu sehen, sondern die Buchstaben purzelten wie auf einer Achterbahn über die Seiten. Mitten im Wort waren verschwenderisch Großbuchstaben eingestreut, und es gab keinen Buchstaben »s«.

Der Direktor erklärte uns, dass er kein »s« hatte finden können, als die Liste gedruckt wurde, und stattdessen ein »=«- Zeichen verwendet hatte. So waren *socks* auf der Wäscheliste zu »= ock =« geworden. Er hielt das für eine akzeptable Lösung und verstand nicht, warum das Hotel sich so aufregte. Für jeden, der mit einigem Humor gesegnet ist, wäre die Liste eine Fundgrube gewesen, aber für ein professionelles Unternehmen war es sicherlich unzumutbar.

Tashi erinnerte sich aus den Morgenversammlungen an das Drama mit der Wäscheliste. Er erzählte mir, dass es neun Monate gedauert hatte, die Wäscheliste zu drucken, und als sie schließlich in einem solchen Zustand ankam, wurde sie zurückgeschickt.

Bevor wir uns verabschiedeten, wurden wir noch durch die Druckerei geführt. Chinesische und tibetische Schriftzeichen wurden aus Metall geschnitten und in endlosen Reihen von Holzkisten gelagert. Es sah sehr primitiv aus. An der Rückwand stand eine Maschinenstraße, die mit staubigen Laken abgedeckt war. Der Direktor zeigte stolz darauf.

»Aus Deutschland«, übersetzte Tashi. »Sehr gut. Geschenk der australischen Regierung.«

Neuwertige State-of-the-Art-Druckmaschinen staubten unter schmutzigen Laken vor sich hin, während nebenan eine nur leicht modernisierte Version der Caxton-Drucker-Presse benutzt wurde.

»Können wir sie benutzen?«, fragte ich hoffnungsvoll.

»*Mei-you.*«

»Wozu sind sie dann da?«

»*Putchidao.*«

Niemand wusste, warum sie da waren und wie man sie bediente – aber sie besaßen einen hohen Prestigewert. Der Direktor konnte seinen Freunden stolz erzählen, dass in seiner Druckerei ausländische Maschinen standen. Sie würden mir bei meiner Direct-Mail-Aktion nicht helfen, also konzentrierte ich mich auf die Ressourcen des Hotels.

»Mr. Alec will Propaganda für das Hotel machen«, erklärte Tashi den anderen Büroangestellten. Dann wurde mir die hoch geschätzte elektronische Schreibmaschine gezeigt, die im Besitz der Verkaufsabteilung war. Ersatzfarbbänder konnten nur in Hongkong gekauft werden, und außerdem war der Buchstabe »a« irgendwie vom Typenrad abgesprengt worden. Ich überlegte mir ernsthaft, ob ich einen Brief schreiben sollte, in dem der Buchstabe »a« nicht vorkam, aber dann hätte ich derart geschraubte Sätze verwenden müssen, dass niemand verstehen würde, was ich von ihm wollte. Die »a's« konnte man hinterher jederzeit von Hand einfügen und ich musste den Brief einfach nur 1400mal kopieren.

Von den drei Canon-Fotokopierern im Hotel funktionierte nur noch einer, und das auch nur zum Teil. Ein Stück Reifengummi war oben auf den Deckel geklebt worden, um eine Bruchstelle zu verdecken. Hellgraues Papier, mit dunkelgrauem Toner überzogen, tuckerte durch die Vorrichtung und wurde von den Innereien der Maschine meist ziehharmonikaförmig wieder ausgespien. Nie und nimmer konnte man auf diesem Gerät 1400 Kopien von einem präsentablen Brief an potentielle Hotelgäste drucken.

Harry gab mir wieder etwas Hoffnung, als er mir erzählte, dass es einen unbenutzten Offset-Drucker im Hotel gab, der seit zwei Jahren in seiner Verpackung lagerte. Eine brandneue Maschine im Wert von 1000 Dollar stand in der technischen Abteilung bereit und wartete darauf, in Betrieb genommen zu werden. Sie war komplett und vollkommen funktionsfähig. Der einzige Haken an der Sache war, dass eine unverzichtbare Dose Öl fehlte, und dieses Öl konnte man nur von einem bestimmten Hersteller in Hongkong beziehen, der nur der Drucker-Vertriebsfirma bekannt war. Es gab keine Unterlagen über die Herkunft des Druckers und keiner der einheimischen Angestellten wusste etwas darüber, außer dass man ein spezielles Öl brauchte, das zum Zeitpunkt des Kaufs vor zwei Jahren bestellt worden war. Da das Öl seit seiner Bestellung 1986 nicht eingetroffen war, hielt ich es für höchst unwahrscheinlich, dass sich daran bis zum Ende der Woche etwas ändern würde.

Mr. Liu, der Controller, war meine letzte Hoffnung. Er allein hatte einen Laptop und einen kleinen Drucker in seinem Büro. Nach zähen Verhandlungen wurde mir erlaubt, den Computer und Drucker über Nacht zwischen acht Uhr abends und acht Uhr morgens für einen begrenzten Zeitraum von nur einer Woche zu benutzen, denn danach würde Mr. Liu seinen »Monatsabschluss« machen und den kostbaren PC nicht mehr aus den Augen lassen.

Es kostete mich vier schlaflose Nächte, die Briefe auf dem winzigen Drucker ohne automatischen Papiereinzug zu drucken. Unterdessen musste ich mir eine Möglichkeit ausdenken, wie die Briefe zu ihren Lesern gelangen konnten. Mr. Liu hatte kategorisch erklärt, dass ich die Adressen nicht in den Computer eingeben durfte, weil der Speicher nahezu voll war. Er ließ die gesamte Buchhaltung des Hotels über diesen Laptop mit seinem Mini-Speicher laufen und wollte nicht das Risiko eingehen, ihn zu überlasten.

Die einzige Lösung war, den Fotokopierer zu benützen. Derek nahm die drei Geräte auseinander und setzte sie zu einem einzigen zusammen, das die besten Ergebnisse seit Jahren produzierte. Der dunkelgraue Farbton kam ein kleines bisschen dunkler heraus und das Hintergrundsgrau schmierte etwas weniger über das Papier als vorher.

Die Seiten aus dem Adressbuch wurden kopiert und mein Mitarbeiterstab war den ganzen Tag damit beschäftigt, die einzelnen Adressen mit der büroeigenen Schere auszuschneiden. Tashi hatte große Töpfe mit Kleber gekauft und die restliche Woche klebten wir Adressen auf Umschläge. Als wir fertig waren, stellte Tashi fest, dass die Adressen in Englisch seien, der Postangestellte in der Sortierarbeitung in Lhasa aber nur Chinesisch lesen könne. Wir sortierten also die Briefe nach den chinesischen Provinzen, in die sie geschickt werden sollten, und meine chinesischen Mitarbeiter schrieben den Namen der Provinz in chinesischen Schriftzeichen auf die Umschläge.

Wir brauchten einen weiteren Tag, um die Briefe in die Umschläge einzulegen, und dann stießen wir auf das nächste unerwartete Hindernis. Die Umschläge hatten keinen selbst klebenden Streifen auf der Rückseite und wir mussten jeden einzelnen mit Kleber behandeln. Aber endlich war es so weit, und es blieb nur noch, die Briefe zum Frankieren zur Post zu bringen.

Wir stapelten sie in Kornsäcke und ließen uns von Dorje, dem Hotelchauffeur, zur Hauptpost bringen. Kühe und Radfahrer spritzten rechts und links aus dem Weg, als wir im Landcruiser die Ringstraße hinunterpreschten. Im Postamt wusste niemand, was eine Frankiermaschine ist. Tashi auch nicht, weshalb er es auch nicht richtig übersetzen konnte. Die Angestellten starrten entsetzt auf die Säcke voll Post, die wir angeschleppt hatten, und verkauften uns widerstrebend die Briefmarken. Wir brauchten 35 Fen-Marken, aber natürlich gab es nur 10-, 3- oder 2 Fen-Marken, so dass wir für jeden Umschlag fünf Marken brauchten.

Tashi kaufte noch einmal Klebstoff auf dem Rückweg zum Hotel, ein Warnsignal, dessen Bedeutung sich mir in diesem Moment nicht erschloss. Tashi erklärte es mir, als wir wieder im Büro waren. Chinesische Briefmarken haben keinen Klebstoff auf der Rückseite – man muss sie alle von Hand aufkleben. Das dauerte drei weitere Tage. Endlich fuhren wir mit unseren von oben bis unten zugeklebten Umschlägen wieder zur Post.

»*Mei-you.*«

Nein, so viele Briefe auf einmal wollte der Postangestellte nicht annehmen. Es sei unmöglich, so viel zu tragen, behauptete er, und wir könnten nur 200 Briefe pro Tag absenden – von denen einige retourniert wurden, weil meine Leute die Briefmarken auf die Rückseite des Umschlags geklebt hatten, statt auf die Vorderseite.

Am nächsten Morgen stand ich in aller Frühe im Büro, um die Briefmarken im Wasserdampf von den Umschlägen abzulösen, als die beiden kanadischen Bergsteiger mit einer Flasche chinesischem Brandy hereinstürzten. Greg und Dave waren endlich aufbruchbereit. Ich ließ die Umschläge im Wasser liegen und folgte Greg und Dave auf den Vorhof hinaus, wo ein Konvoi von Landcruisern und Lastwagen bereit stand. Die tibetischen Fahrer, die es kaum erwarten konnten, das Rennen zu starten, ließen die Motoren in höchster Lautstärke aufheulen, so dass die Abgaswolken durch den Haupteingang in die Hotellobby quollen.

Ich winkte Greg und Dave zu, als sie in ihren Landcruiser kletterten und der Konvoi auf die Everest-Straße hinausfuhr. Statistisch gesehen war ihre Chance, den Gipfel zu erreichen, kaum größer als das Risiko, überhaupt nicht zurückzukommen. Mit diesem finsteren Gedanken im Kopf ging ich zur Morgenversammlung.

Jig Me kündigte an, dass der chinesische Nationalfeiertag näher rücke und dass im ganzen Land gefeiert werde. Der Vize-Gouverneur werde am 1. Oktober das traditionelle Festessen im Holiday Inn geben und das ganze ausländische Personal und alle anderen Ausländer in Lhasa seien eingeladen. Es sei ein großer Tag, an dem die ruhmreiche Gründung der Volksrepublik China durch den Großen Vorsitzenden Mao am 1. Oktober 1949 gefeiert werde.

Allerdings gebe es da ein kleines Problem – Mr. Alec möge die Hotelgäste informieren, dass sie aus Sicherheitsgründen den Barkhor nicht betreten durften. Unsere Gäste, die Tausende von Dollars für ihre Traumreise bezahlt hatten, sollten sich vom spirituellen Zentrum Tibets und dem berühmten Basar fern halten! Das Verbot gelte nur für fünf Tage, wurde mir gesagt, dann müssten wir nicht mehr feiern.

Am Nationalfeiertag kann viel passieren – nicht zufällig war es der Jahrestag der tibetischen Aufstände von 1987 und das Datum, an dem regelmäßig die Polizeistation in Flammen aufging. Chinesisches Militär patrouillierte auf den Straßen und die bewaffnete Volkspolizei war in höchste Alarmbereitschaft versetzt.

Kapitel 5
BANKETT-BLUES

Am 30. September verkündete Jig Me in der Morgenversammlung, dass das Bankett, das der Küchenchef für den Nationalfeiertag am 1. Oktober vorbereitete, einen Tag früher stattfinden sollte, da der Nationalfeiertag ein gesetzlicher Feiertag sei. Heather übersetzte ins Chinesische und die Tibeter und Han-Chinesen lächelten; ein Tag Urlaub. Mr. Pong grummelte und räusperte sich in seinem Stuhl, so dass die Ausländer Zeit hatten, ihre Stühle zurückzuschieben, um dem Schwall von üblem Mundgeruch zu entgehen, der über den ganzen Tisch hinwegschwappen würde, aber der Direktor ließ ihn nicht zu Wort kommen: »Habe ich Sie richtig verstanden? Das Bankett, das wir für morgen vorbereiten, soll auf einmal heute stattfinden?«

»Ja«, erwiderte Jig Me, »heute um sieben Uhr.«

Wir atmeten auf, weil Mr. Pong den Mund gehalten hatte, aber die Ankündigung, dass das Bankett einen Tag früher stattfinden sollte als geplant, zog uns den Boden unter den Füßen weg. Der Chef hatte den Sous-Chefs freigegeben, die Vorratskammern waren leer und der einheimische Einkaufsleiter war seit drei Tagen nicht mehr gesehen worden. Und das, obwohl in zehn Stunden die Top-VIPs von Lhasa eintreffen würden – das höchste gesellschaftliche Ereignis im Lhasaer Kalender. Der Abend musste ein Erfolg werden. Es durfte keine Pannen geben. Der Gesichtsverlust wegen Gunters Entlassung war allen noch frisch in Erinnerung und wir mussten dringend den guten Ruf unseres Hotels wiederherstellen.

Der Chef eilte unverzüglich in die Küche, um nachzusehen, welche zusätzlichen Vorräte er für den Abend brauchen würde. Tu Dian, der stellvertretende Food & Beverage Manager, folgte ihm.

»*Mei-you wenti!*«, rief Tu Dian aus, als er den Raum verließ. Wörtlich übersetzt bedeutet das »kein Problem«, verheißt aber leider nichts Gutes. Bei der wurstigen Einstellung der Tibeter bedeutet das nicht, »kein Problem, das regeln wir schon«, sondern »kein Problem, der Abend wird eine Katastrophe.«

Der Chef schwor sich, dass es an diesem Abend kein Problem mit dem Essen geben würde. Er wollte zeigen, dass die Food & Beverage-Abteilung von Partei B auch ohne Gunter reibungslos funktionierte. Und vor allem wollte er einen guten Eindruck auf den Direktor machen, weil er eine Empfehlung von ihm brauchte, wenn er sich in einen weniger stressigen Teil Asiens versetzen lassen wollte.

Ich kam auf dem Rückweg von der Morgenversammlung am Büro des Chefs vorbei und schaute einen Augenblick zu, wie er seinen Mitarbeiterstab befehligte. Es war eine surreale Szene: 30 Chinesen und Tibeter in Küchenweiß drängten sich in dem winzigen Raum und starrten mit ausdruckslosen Gesichtern diesen verrückten Europäer an, der wild mit den Armen in der Luft herumfuchtelte. Obwohl sein Chinesisch kaum über die einfachsten Sätze wie »*mei-you*«, »*putchidao*« und »*mei-you wenti*« hinausreichte, konnte er sich erstaunlich gut mit seinen Leuten verständigen. Er war seit über einem Jahr ohne Übersetzer und hatte eine Küchenzeichensprache entwickelt, in der er sich mühelos mit Tu Dian und den Köchen verständigen konnte.

Mit dem Zeige- und Mittelfinger seiner rechten Hand mimte er Hüpfbewegungen über den Tisch und mit der linken Hand führte er paar Karateschläge über seinen Fingerknöcheln aus. Dann knabberte er an seinem rechten Zeigefinger und ließ imaginären Dampf aus seinen Ohren quellen. Die Köche nickten und diskutierten untereinander und lächelten, als sie das Gericht erkannten – Froschschenkel mit Chilischoten.

Das nächste VIP-Gericht war schwieriger zu mimen, aber da es bei jedem wichtigen Festessen verlangt wurde, konnte man es leicht erraten. Der Chef zog den Kopf in den Nacken, hob die Hände, die Handflächen nach außen gerichtet, bis auf Schulterhöhe und wedelte mit den Fingern. Das bestätigte den Köchen, was sie erwartet hatten – am Nationalfeiertag wurde natürlich Schildkrötensuppe serviert. Tu Dian stürzte mit der Einkaufsliste in die Stadt. Im Landcruiser des Holiday Inn wartete Dorje, der Hotelchauffeur, auf ihn, so dass es garantiert der schnellste Einkaufstrip aller Zeiten wurde.

Der Direktor drillte den ganzen Nachmittag das Restaurantpersonal. Man wollte das Bankett in Form eines Selbstbedienungsbuffets abhalten: die einfachste Catering-Variante, bei der man nicht viel falsch machen konnte.

Die Idee, ein Bankett von über 200 Gästen mit Bedienungsservice zu geben, hatte man wieder fallen lassen. Selbst in dem kleinen Coffee Shop war die Bedienung *à la carte* ein Desaster. Die Kellnerinnen trifft kaum ein Vorwurf: Sie waren nie aus ihrem isolierten Land herausgekommen und hatten keine Ahnung, wie ein westliches Restaurant geführt wird.

Selbst die elementarsten Regeln des Restaurant-Services waren ihnen fremd. Man konnte ihnen noch so oft erklären, dass die Vorspeise vor dem Hauptgericht serviert werden musste, sie ließen die Gäste unweigerlich eine halbe Stunde warten, dann brachten sie Vorspeise, Hauptgericht und Nachtisch in jeder erdenklichen Reihenfolge, nur nicht der richtigen. Es wurde alles durchprobiert: der Hauptgang zuerst, dann die Suppe und zuletzt der Nachtisch; alles auf einmal; überhaupt nichts; nur die Getränke und kein Essen; die Vorspeise für den Nachbartisch, zusammen mit einem Dessert, das nie bestellt worden war. Für die Kellnerinnen war das unerheblich – der Gast sollte froh sein, wenn er überhaupt etwas zu essen bekam. Man durfte sie aber nicht auf einen Fehler hinweisen, solange das

Essen noch im Gang war. Das würde nur dazu führen, dass sie alles vom Tisch rissen und in die Küche zurückstürzten. Zehn Minuten später (und zehn Minuten kälter) würde dasselbe Essen wieder herauskommen und die Bedienung würde sich den Kopf zerbrechen, wer von welchem Teller gegessen hatte. Es war sehr kompliziert.

Ein einfaches Selbstbedienungsbuffet für das Festbankett war die beste Garantie, dass der Abend reibungslos verlaufen würde. Die Bedienungen mussten nur den Tisch decken, Getränke servieren und hinterher die Tische abräumen. Was sollte da schon schief gehen?

Am späten Nachmittag wurde ich in den Festsaal gerufen, um die englische Aufschrift auf einem zwölf Meter breiten Transparent zu überprüfen, das über dem Tisch prangte. In riesigen weißen Lettern, die auf einen leuchtend roten Stoff gepinnt waren, sprang mir die Zeile NATIONALDAYRECETPION in die Augen. Alle Buchstaben waren ohne Zwischenraum aneinander gereiht. Ich löste einige Bestürzung aus, als ich verlangte, dass die Wörter getrennt und die Rechtschreibung korrigiert werden sollte. Am oberen Rand des Transparents waren bereits chinesische und tibetische Schriftzeichen aufgeklebt worden, die vermutlich dasselbe aussagten, und es war kein Platz übrig, um die Schrift auf mehrere Zeilen zu verteilen. Wir einigten uns schließlich darauf, die Buchstaben noch enger zu stellen, damit genug Platz war, um die einzelnen Wörter zu unterscheiden.

Unter dem Banner wurde der Tisch für die 20 Lhasa-VIPs gedeckt. Charlie hatte widerstrebend die einzigen weißen Tischtücher, die in Lhasa zu finden waren, herausgerückt, aber nur unter der Bedingung, dass er persönlich die Methode überwachte, wie sie am Tisch befestigt wurden. Ein kunstvoller Behang von blauem, rotem und goldenem Brokat, mit roter Seide gesäumt, fasste die Vorderseite des Tisches ein. Die beiden silbernen Kerzenleuchter des Hotels, mit Spiralen von vergoldeten Drachen geschmückt, standen in der Mitte zwischen den silbernen Platztellern für den Vize-Gouverneur von Tibet, den Generalkonsul von Nepal und den Leiter des Amtes für auswärtige Angelegenheiten. Der Ehrentisch war eines Königs würdig.

Um Viertel vor sieben gönnte sich der Direktor fünf Minuten Erholung, denn er war sicher, dass die Bedienungen ihre Arbeit mit Bravour erledigen würden, nachdem er ihnen einen ganzen Nachmittag lang gezeigt hatte, wie man Tische abräumt und Getränke serviert.

Tu Dian hatte alle Zutaten auf dem Markt erhalten und der Chef hatte mit seinem Team ein Buffet vorbereitet, bei dessen Anblick einem das Wasser im Mund zusammenlief. Zumindest wenn man, wie die VIPs, eine Vorliebe für mild pochiertes Schildkrötenfleisch im eigenen Saft hat, für winzige Froschschenkel, die wie Feuer im Hals brennen, und gehacktes Huhn auf chinesische Art, das mehr Knochensplitter als essbares Fleisch enthält. Zum Glück gab es auch ein paar Leckerbissen, die mehr nach westlichem Geschmack waren: marinierte Yaksteaks, Schweinekoteletts und Kartoffelbrei und ein schmackhaftes Gericht aus geschnetzeltem Rindfleisch mit grünen Paprika.

Der Chef hatte den besten Wassermelonenschnitzer in seiner Küche dazu abkommandiert, die Dekoration für das Buffet zu kreieren. Mit der Spitze eines Küchenmessers stanzte er winzige Abschnitte aus der harten grünen Außenhaut der Melonen heraus, so dass mit dem blasseren Grün der inneren Schale kontrastierende Muster entstanden. Zarte Bilder von Kranichen und chinesischen Damen zierten jetzt die bescheidenen Melonen und erhoben sie zu zeitgenössischen Kunstwerken.

Der Direktor drehte um sieben Uhr seine letzte Inspektionsrunde im Festsaal. Er blieb vor dem Tafelaufsatz in der Mitte des Buffets stehen: eine riesige Wassermelone, auf der ländliche Szenen aus China abgebildet waren. Seine Augen blieben an einer flirrenden schwarzen Wolke hängen, die unheilvoll über der Melone schwebte. Er ließ seinen Blick in die Mitte des Raumes schweifen und dann wieder zum Buffettisch zurück.

»Fliegen!«, schrie er los. »Wo ist das Housekeeping? Wo ist der Chef? Fliegen beim wichtigsten Bankett des Jahres! Mir bleibt auch nichts erspart!«

Die Bedienungen verschwanden und die Köche hinter dem Buffettisch waren plötzlich sehr beschäftigt. Derek, der Leiter der technischen Abteilung, tauchte auf.

»Warum sind keine Fliegengitter an den Fenstern in diesem Raum?«, bellte der Direktor ihn an. Es war kein Tisch da, auf den er schlagen konnte.

»Na ja, äh ... also, die Fliegengitter mussten repariert werden und meine Leute waren alle beschäftigt, und wir ... na ja, wir dachten, das Bankett ist doch erst morgen und ... äh ...«

»Nein, Schluss damit. Erzählen Sie mir nichts. Holen Sie den Leiter des Housekeeping-Bereichs. Und bringen Sie mir das Spray!«

Charlie kam schnaufend und keuchend mit einem Karton Fliegenspray in den Festsaal gerannt. Der Chef brachte eilig seine kulinarischen Kunstwerke in die Küche zurück, als der Direktor die Kappe von der ersten Spraydose riss.

»Wenn man nicht alles selber macht«, murrte er, während er an den Dosen im Karton herumhantierte. Er nahm eine in jede Hand, breitete die Arme aus, drückte mit den Zeigefingern fest auf die Sprayknöpfe und ging zwischen den Tischen entlang, um den Inhalt im Saal zu versprühen.

Die Gastgeber des Abends, die Herren vom Amt für auswärtige Angelegenheiten in Tibet, trafen ein, als gerade die letzten Spraydosen geleert worden waren und eine Wolke von Insektengift im

Raum hing, so dass die Bedienungen sich Servietten vor die Nasen hielten, um nicht das Ekel erregende Spray einatmen zu müssen.

»Ein sehr schöner Raum«, ließ der Leiter des FAO (Foreign Affairs Office) durch Mrs. Chen, die offizielle Übersetzerin, zum Direktor sagen, »und ein sehr angenehmer Duft, mit dem Sie uns heute Abend verwöhnen.«

»Ja, eigens für Sie«, antwortete der Direktor und verneigte sich liebenswürdig.

Der FAO-Leiter dankte ihm überschwänglich und ließ seinen Mitarbeiterstab an der Tür antreten, um die Gäste in Empfang zu nehmen. Die eintreffenden Militärbefehlshaber und Parteichefs wurden an ihre jeweiligen Plätze am Ehrentisch geleitet. Das dauerte immer einige Zeit, da die Etikette verlangt, dass der Gast sich zunächst einmal ziert, wenn er aufgefordert wird, am Ehrentisch zu sitzen: »Oh nein, bitte, *ich* kann doch nicht hier sitzen!« Und er besteht darauf, an einem der normalen runden Tische Platz zu nehmen, wo die gewöhnlichen Massen oder das Proletariat sitzen. Nach einigem weiteren Drängen seitens des Gastgebers geht er schließlich doch zum VIP-Tisch, immer noch ungläubig den Kopf schüttelnd über die große Ehre, die ihm zuteil wird, und unter lauten Protesten, dass ihm das doch nicht zustehe.

Der Direktor wurde hinter dem Buffet hervorgezerrt, wo er die Uniformen der Köche inspiziert hatte, und vom Leiter des FAO gezwungen, an einem Ende des Ehrentischs Platz zu nehmen. Es war keine Ziererei, als der Direktor sich verzweifelt dagegen wehrte, aber trotz seiner Einwände, dass er das Bankett überwachen müsse, bestanden die Gastgeber darauf, dass er als Geschäftsführer des internationalen Hotels in der Stadt einen Platz am VIP-Tisch einnehmen müsse.

Die unbedeutenderen Würdenträger und die anderen Ausländer in Lhasa waren vom FAO an den runden Tischen platziert worden.

Jeder Tisch war für eine bestimmte »Arbeitseinheit« reserviert, wie die Belegschaft eines Betriebes im chinesisch-kommunistischen Jargon genannt wird. Tisch sechs, an dem ich mit den anderen ausländischen Angestellten der Hoteleinheit saß, stand im hintersten Winkel des Raums, ganz am Ende der Fensterreihe hinter dem Ehrentisch. Ein Lautsprecher stand direkt hinter mir in der Ecke. Ich hätte wissen müssen, was das bedeutete, war aber in dem Augenblick zu sehr damit beschäftigt, die Gastgeber zu begrüßen, um mir Gedanken über meine ungünstige Platzierung zu machen.

An unserem Tisch saßen einer der stellvertretenden Leiter des FAO, seine Übersetzerin und mehrere Persönlichkeiten, deren Amt die Übersetzerin nicht erklären konnte. Sie war ein junges Mädchen Anfang 20, deren Mutter Tibeterin und der Vater Han-Chinese war. Erst vor kurzem hatte sie ihren Abschluss an der *Foreign Affairs School* in Peking gemacht, wo sie »diplomatisches Englisch« gelernt hatte, das heißt, die Kunst, pausenlos mit Diplomaten zu reden, ohne ihnen auch nur das Geringste zu sagen.

Das Nationalfeiertags-Bankett war ihr erster offizieller Auftritt als Übersetzerin, und da der stellvertretende Leiter des FAO an unserem Tisch saß, war sie besonders darauf bedacht, dass die Ausländer an Tisch sechs sich gut amüsierten. Sie lächelte alle nervös an.

»*Please enjoy yourselves. Help yourself. Please enjoy yourselves*«, wiederholte sie unablässig wie eine Schallplatte mit einem Sprung.

Auf einen der Stühle am Tisch hatte sich ein beleibter Tibeter gequetscht, den ich noch nie gesehen hatte. Er trug einen westlichen Anzug mit einem Sortiment von Flecken am Revers, einem kragenlosen Hemd und einer falsch gebundenen Polyesterkrawatte. Er sah nicht besonders glücklich aus. Die meiste Zeit blieb er stumm und starrte finster vor sich hin, aber sein Gesicht leuchtete auf, sobald jemand mit ihm redete. Unsere Übersetzerin stellte ihn als »lebenden Buddha« und Vorsitzenden der *Tibetan Buddhist Association* vor. Ich schätze, als lebender Buddha war er der richtige Mann für diesen Job. Einmal brach er ein langes Schweigen am Tisch mit dem Vorschlag, auf alle anzustoßen, die so hart an dem Bankett gearbeitet hatten. Er kippte ein Glas Bier hinunter, und außer der Feststellung, dass das Hotel mehr tibetische Dekorationen verwenden sollte, blieb er bis zum Ende ziemlich schweigsam. Er war weitaus die interessanteste Persönlichkeit an unserem Tisch und ich ärgerte mich, dass ich nicht Tibetisch konnte, sonst hätte ich mehr über ihn erfahren können, anstatt banale Scherze in der gestelzten Übersetzung unserer »*Please enjoy yourselves*«-Übersetzerin auszutauschen.

An Tisch acht saßen die Deutschen aus der Lederfabrik von Lhasa. Bundeskanzler Kohl hatte 1987 bei seinem Besuch in Lhasa die deutsche Unterstützung eines tibetischen Projekts zugesagt, und dieses unwahrscheinliche Unternehmen war das Ergebnis. Drei deutsche Techniker und ihre Frauen kämpften gegen alle Widrigkeiten an, um qualitativ hochwertige Lederprodukte aus tibetischen Yakhäuten zu produzieren. Es war ein steiniger Weg. Die meiste Arbeit steckten sie in die Produktion von Schuhen und Jacken für den einheimischen Gebrauch, aber ein kleiner Laden im Hotel brachte einige ausländische Devisen durch den Verkauf von Yaklederartikeln an willige Touristen. Die Deutschen hatten eine Zeit lang im Hotel gewohnt, bis ihre eigene Unterkunft bei der Fabrik am Stadtrand in der Nähe der Armeebaracken fertig gestellt war.

Näher am Hotel wohnten die ausländischen Leiter zweier in Lhasa stationierter Hilfsprojekte oder »NGOs« (*Non Governmental Organisations* – nichtstaatliche Organisationen), wie sie sich gerne nennen. Der englische »*Save the Children Fund*« und die belgischen »*Médecins sans frontières*« unterhielten sehr aktive Büros in der Nähe des Stadtzentrums. Die Anzahl der dort tätigen ausländischen

Mitarbeiter variierte je nach den Erfordernissen der Projekte, aber meistens waren es fünf bis zehn Mitarbeiter aus England, Holland, Belgien und Frankreich. Das Schweizer Rote Kreuz war als einzige andere nichtstaatliche Organisation in Tibet vertreten, hatte aber ihr Hauptquartier in Shigatse, über 300 Kilometer weiter westlich. So absurd es einigen unserer ausländischen Angestellten erschien, für die es keinen primitiveren Ort als Lhasa gab, so kam das Schweizer Paar doch regelmäßig von Shigatse nach Lhasa, um die Stadt der funkelnden Lichter und tausend Einkaufsmöglichkeiten zu genießen.

Die drei überlasteten und unterfinanzierten NGOs rackerten sich ab, um ihre tibetischen Projekte voranzutreiben. Sie bauten Dorfschulen, gaben kübelweise TBC-Impfstoff aus, schulten einheimische Ärzte und bohrten Brunnen in den wasserlosen Dörfern. Es war eines der seltenen Beispiele guter Zusammenarbeit zwischen verschiedenen Hilfsorganisationen, die der tibetischen Bevölkerung wertvolle Unterstützung brachten. Ganz im Gegensatz zu den Anstrengungen im benachbarten Nepal, von wo regelmäßig Geschichten über gigantische Fehlplanungen bei ausländischen Hilfsprojekten herübersickerten. Die ganze nepalesische Wirtschaft ist von Hilfe aus Übersee abhängig und die Gelegenheiten zu Korruption und Missmanagement in großem Maßstab sind enorm.

Wir konnten ab und zu beobachten, wie so genannte ausländische Hilfsorganisationen hier durchrauschten und Geld und Toyota Landcruiser an den Erstbesten verteilten, der die Hand aufhielt. Das Einzige, was für die einheimische Bevölkerung dabei herauskam, war die Tatsache, dass ein paar kleinere Beamte plötzlich mit enormen Geldbeträgen um sich werfen konnten und teure Wagen für ihre Shopping-Touren besaßen.

Die ausländischen Mitarbeiter der NGO's in Tibet waren oft im Hotel und trafen sich mit Diplomaten, die geeignete Projekte suchten, die sie subventionieren konnten. Sie hielten genauso wenig von der Nationalfeiertagsfarce wie wir.

Die einzigen Ausländer, die das Bankett wirklich genossen, waren die Englischlehrer. Sechs Amerikaner lebten unter den härtesten Bedingungen, die ein Ausländer in Tibet antreffen konnte, in der Altstadt und unterrichteten Englisch für ein mageres Taschengeld und zwei Flüge nach Hongkong pro Jahr.

Es war eine sehr gemischte Truppe. Einige waren richtige Lehrer mit einem Hang zum Abenteuer, aber andere hatten undurchsichtigere Motive. Man brauchte nicht lange, um die echten von den falschen zu unterscheiden: Ihre Uniform verriet sie. Kennen Sie die Leute, die an der Tür klingeln und einen fragen, ob man in letzter Zeit einmal die Offenbarung gelesen hat? Und haben Sie sich je gefragt, was diese Leute anhaben, wenn sie nicht mit Anzug und Aktenmappe unterwegs sind? Ich kann es Ihnen sagen: Overalls und Holzfällerhemden. Einige dieser so genannten Lehrer waren grundsätzlich nur in Overalls und Holzfällerhemden zu sehen, liefen mit einem verdächtig praktischen Haarschnitt herum und lächelten jeden in Sichtweite seelenvoll an. Ein eindeutiges Outing.

An dem Tisch direkt neben der Tür saß eine Gruppe von Ausländern, die ich mit Sicherheit noch nie gesehen hatte. Sie sprangen sofort ins Auge mit ihren dunkelroten Kordjacken, deren flappende Revers über Nylonhemden mit Schmetterlingskragen prangten. Dazu trugen sie ausgestellte, knitterfreie Hosen und schmutzige Turnschuhe. Ihre glanzlosen, angedrückten Haare über den langen Koteletten verrieten, dass sie dasselbe Shampoo wie Heather benützten und mit derselben Häufigkeit. Aber damit endete die Ähnlichkeit auch schon, denn sie verfügten über große, buschige Schnurrbärte und runde europäische Augen. Ich fragte unsere Übersetzerin, wer sie waren. »*Please enjoy yourselves. We warmly welcome you*«, zwitscherte sie als Antwort.

Später erfuhr ich von Harry (der auch seine Nachforschungen angestellt hatte), dass es sechs Rumänen waren, die im Rahmen eines Hilfsprojekts der rumänischen Regierung eine Bierfabrik in Lhasa aufgebaut hatten. Sie lebten auf dem Fabrikgelände unterhalb des Klosters Sera und würden bald in ihr Land zurückkehren, nachdem sie die Flaschenabfüllfabrik installiert hatten. Grüne 70-cl-Bierflaschen wurden aus China importiert, zusammen mit dem Hopfen und Wasser. Es war ein weiterer »großer Sprung nach vorne« in der Modernisierung Tibets, diesmal mit Hilfe des fortschrittlichen rumänischen Bruderlandes.

Auf dem Etikett stand »Lasa-Bier«, mit tibetischen und chinesischen Schriftzeichen bedruckt und von zwei springenden Fischen – einem tibetischen Glückssymbol – eingerahmt. Das gab zu mancherlei Vermutungen Anlass, was den Inhalt betraf, aber obwohl der Geschmack bei jeder Flasche anders war, verkaufte sich das Bier gut, besonders bei den Khampas. Es war überwiegend Wasser, manchmal mit einem Anflug irgendeiner schädlichen Chemikalie, vielleicht ein konzentriertes Reinigungsmittel, und ab und zu war es so stark, dass man fast aus den Latschen kippte. Wir tranken es unter dem Vorwand, dass wir die einheimische Wirtschaft unterstützen wollten, und alle Ausländer an Tisch sechs verlangten ein Lasa-Bier bei der Bedienung, die unsere Getränkebestellungen aufnahm.

Plötzlich ertönte ein ohrenbetäubendes Schrillen im Saal. Der Lautsprecher hinter meinen Stuhl hatte einen Luftsprung gemacht, als Mr. Chen ins Mikrofon brüllte. Wir drehten uns alle zu Derek, dem Leiter der technischen Abteilung, um. Er brauchte immer einen Schubs, um in Aktion zu treten, und hatte einen riesigen Vorrat an fantasielosen Ausreden auf Lager, warum er etwas nicht auf die Reihe kriegte.

»Das gehört so«, rief er über den Tisch. Derek, der sein halbes Leben in den Heizräumen diverser Schiffe gearbeitet hatte, war schwerhörig, weshalb es kein Wunder war, dass er den Geräuschpegel erträglich fand. Wir anderen hatten allerdings nicht die Absicht, uns den ganzen Abend von der lautsprecherverstärkten schrillen Stimme der Übersetzerin zudröhnen zu lassen, und so bequemte Derek sich schließlich dazu, die Lautstärke regulieren zu lassen. Er winkte einem seiner Monteure, der neben der Tür am entgegengesetzten Ende des Raums herumstand. Er zeigte auf den Lautsprecher und machte eine Drehbewegung mit seiner Hand, um ihm klarzumachen, dass die Lautstärke heruntergedreht werden sollte. Der Mann in der Monteursuniform winkte Derek zu, nickte und lief zur Tür hinaus.

Derek erzählte jedem, der das Pech hatte, einen seiner endlosen Monologe mitanhören zu müssen, dass seine Leute ihn perfekt verstünden, und er war nun einigermaßen bestürzt über diese Reaktion. »Er muss was falsch verstanden haben«, stotterte er.

Die Lautstärke blieb, wie sie war.

Mrs. Chen, eine Han-Chinesin vom FAO, die jedes Jahr zu diesem Anlass hergekarrt wurde, setzte ihre Vorrede zu der Vorstellung des Ehrentischs fort, ohne sich der Dezibelzahl an Tisch sechs bewusst zu sein. Sie verwendete die üblichen »Chinglish«-Sätze für offizielle Anlässe: »*We warmly welcome all our guests. We warmly welcome you to enjoy yourselves. We warmly welcome you to celebrate.*«

Dank ihrer eigenwilligen Aussprache und einem unglückseligen Lispeln wurde die »*Tibet Autonomous Region of China*« in ihrem Mund zur »*Tibet Anonymous Region of China*«, und diese bemerkenswerte Formulierung, begleitet von mehrfachen »*we warmly welcome you to your comings*«, sorgte bei den Ausländern für vollen Erfolg.

Derek war erleichtert, als der Monteur, den er beauftragt hatte, die Lautstärke herunterzudrehen, an unserem Tisch erschien. »Sehen Sie«, rief er. »Ich muss nicht Chinesisch sprechen, meine Leute verstehen mich auch so.«

Der Mann von der Technik überreichte ihm ein Mikrofon, ein Elektrokabel und eine Ersatzsteckdose. »Nein, nein, das ist nicht das, was ich wollte. Lärm. Runter. Drehen Sie ihn runter.« Er zeigte auf den Lautsprecher. Eine Kellnerin kam zu unserem Tisch, schwer beladen mit einem Tablett voller Lasa-Bierflaschen. Als sie das Durcheinander sah, das an Dereks Platz herrschte, ging sie vorsichtshalber hinten um den Tisch herum und konzentrierte sich darauf, das Tablett gerade zu halten, so wie der Direktor es ihr gezeigt hatte. Dann trat sie vor, um das Tablett auf den Tisch zu stellen, und ihr Fuß krachte mit voller Wucht auf das Elektrokabel, das zum Lautsprecher führte. Ein scharfer Knall wie von einem Gewehrschuss drang aus der Anlage, als der Stecker aus dieser herausgerissen wurde und unser Lautsprecher verstummte.

Leider konnte Derek nicht mehr darauf reagieren. Sein Ausruf »Drehen Sie ihn runter!« erscholl genau in dem Moment, als der Lautsprecher verstummt war und Mrs. Chen eine Pause in ihren Ausführungen machte. Alle Köpfe, einschließlich der des Vize-Gouverneurs, flogen zu unserem Tisch herum, und der blamierte Leiter der technischen Abteilung sank in seinem Stuhl zusammen. Die Militärkommandeure blickten über ihre Schultern und der Direktor fixierte unseren Tisch mit böser Miene.

»*Please enjoy yourselves*«, zwitscherte unsere Übersetzerin wieder, als nichts passierte. Der lebende Buddha lächelte und die erschrockene Kellnerin schenkte Lasa-Bier ein, während die Vorstellung des Ehrentischs weiterging.

Mrs. Chen las die Namen jedes einzelnen Gastes am Ehrentisch vor und die VIPs standen auf, um sich mit einem höflichen Klatschen bei der applaudierenden Menge zu bedanken. Das Problem war, dass die Zuhörer nicht wussten, ob sie nach der chinesischen oder der englischen Vorstellung applaudieren sollten. Die Übersetzerin wiederum wusste nicht, ob sie den Applaus abwarten und dann übersetzen sollte, oder erst übersetzen, in der Hoffnung, dass der Applaus nachfolgen würde. Das Ergebnis war ein Tisch voller verlegener VIP's, die einen steten Strom von schwachem Applaus erhielten, so dass es unmöglich war, ihre genauen Titel zu verstehen. Hin und wieder drang ein Übersetzungsfetzen durch den Lärm: »Der stellvertretende Vorsitzende des ständigen Ausschusses für die inneren Angelegenheiten der anonymen tibetischen Region ... Bitte einen warmen Applaus für das Kommen des Vize-Vorsitzenden des Politbüros der Partei der anonymen tibetischen Region ...«

Nach der Vorstellungszeremonie begannen die Reden, die alle gigantisch waren. Eine Abschrift in Englisch wurde heumgereicht, damit die anwesenden Ausländer nicht auf die gesprochenen Worte der Übersetzerin angewiesen waren, um die weltbewegenden Statements der Redner zu verstehen. Chinglish, eine kombinierte chinesisch-englische Version des Pidgin-Englisch, ist an sich schon komisch genug, aber kommunistisches Chinglish ist eine eigene Kunstform. Diese einzigartige Sprache kennt keine negativen Aussagen, vergisst tunlichst alle Gräueltaten und spricht nur von guten Dingen. Zahlen, vor allem überdurchschnittlich erfüllte Quoten und gesteigerte Produktionsraten, werden großzügig eingestreut, um zweifelsfrei zu beweisen, dass alles der Wahrheit entspricht. Diese Sprache zu beherrschen ist für einen Ausländer, der in China erfolgreich sein will, noch wichtiger, als Mandarin zu lernen. Wer sonst würde auf die Idee kommen, die bewaffnete Invasion Tibets als »friedliche Befreiung« zu bezeichnen oder das Niederschießen unschuldiger Tibeter im Barkhor »einen großen Sieg über die Separatisten im antiseparatistischen Kampf«?

Niemand wagt laut hinauszulachen und die Chinesen und Tibeter nicken alle zustimmend mit dem Kopf, was immer auch gesagt wird. Sie hören gar nicht mehr auf die Worte. Die Ansprachen sind immer gleich, und da man keine Einwände machen darf, ist es besser, einfach still dazusitzen und alles über sich ergehen zu lassen, was die Redenschreiber von sich geben.

Der mächtigste Politiker in Tibet, Mr. Mao Ru Bai – der Vize-Gouverneur – betrat die Bühne, um die Ansprache zum Nationalfeiertag zu halten. Mao Ru Bai war ein wortgewandter Redner mit einer jovialen Ausstrahlung, die ihn zu einem erfolgreichen Politiker gemacht hätte, wenn Wahlen nötig gewesen wären, um ihn an die Macht zu bringen. Sein zurückweichender Haaransatz und die ständig glänzende Stirn verliehen ihm ein ungewöhnlich distinguiertes Aussehen, verglichen mit seinen politischen Freunden, die alle so aussahen, als kämen sie direkt von der Yak-Weide. Mr. Ru Bai lächelte unablässig und strahlte Verständnis und Anteilnahme aus, auch wenn er harte Worte über die Separatisten äußerte. Er gab einen kurzen Redeschwall von sich, zog mit einem Blick auf Mrs. Chen die Wangen ein und wartete, bis sie übersetzt hatte.

Der Beginn der Rede war immer derselbe: »Kameradschaftliche Grüße an alle Arbeiter, Bauern, Hirten, Intellektuellen, Parteigenossen, Soldaten und im Ausland lebenden Tibeter.«

Mit anderen Worten, »ein großes Hallo nach allen Seiten«. Der Hauptteil der Rede handelte von den großen Sprüngen nach vorne und dem Sieg über die Separatisten, auch wenn die letzten Aufstände noch frisch in Erinnerung waren, und hob die großartigen Verbesserungen hervor, die seit der Machtübernahme der Chinesen in Tibet erzielt worden waren. Die Kulturrevolution und die Zerstörung von über 6000 Klöstern wurden geflissentlich übergangen, genauso wie die Frage, ob inzwischen neue Feuerlöscher für die Polizeistation bestellt worden waren.

Es fehlte auch nicht an Warnungen für westliche Zuhörer. Die Rede von 1991 enthielt folgenden Furcht erregenden Satz über den Aufstieg der Chinesen: »Das starke sozialistische China ragt jetzt wie ein Riese im Osten der Welt auf.«

Ebenso traten einige interessante Fakten über die chinesische Politik in Tibet zu Tage:

»Seit der friedlichen Befreiung, unter der korrekten Führung und brüderlichen Weisung des Zentralkomitees und des Staatsrats haben wir einen großen Sieg der demokratischen Reform errungen und eine neue politische Macht installiert – die demokratische Diktatur des Volkes.«

Die Rede, die auf die offizielle Nationalfeiertagsansprache folgt, wird immer vom nepalesischen Generalkonsul verlesen. Er spricht Englisch, aber sein nepalesischer Akzent ist so stark, dass man ihn kaum verstehen kann. Zum Glück halten sich seine Formulierungen an dasselbe Schema wie im kommunistischen Chinglish, so dass die Übersetzerin keine Verständnisschwierigkeiten hat, und alle Tibeter und Chinesen nicken zustimmend, egal was gesagt wird.

Gebetsmühlenartig wird das abgedroschene Thema der guten Zusammenarbeit zwischen den beiden großen Ländern heruntergeleiert. Zugegeben, es ist lange her, seit Tibet das letzte Mal von Krummdolch schwingenden Gurkhas überfallen wurde, aber selbst einem chinesischen Redenschreiber dürfte es schwer fallen, die nepalesischen Exkursionen nach Tibet als völlig friedlich zu bezeichnen, und der nepalesische Generalkonsul vermied sorgfältig dieses Thema.

47 Minuten waren bereits mit Reden vergangen und die Langeweile hatte längst jedes erträgliche Maß überschritten, als plötzlich die Fliegen vom Himmel fielen. Wir hatten so viel Fliegenspray versprüht, dass keine einzige *diptera* in dem Raum eine Überlebenschance hatte. Der Küchenchef schritt an seinem Buffet auf und ab und pflückte die Fliegen heraus, wenn sie landeten. Der nepalesische Generalkonsul tönte im Hintergrund weiter, während wir mit ansahen, wie die erste Fliege auf Tisch sechs notlandete. Sie fiel direkt auf den Rand des Bierglases des lebenden Buddhas und wankte

dort eine Weile gefährlich hin und her. Wir beobachteten sie gebannt: Es stand 50 : 50, ob sie in das Glas oder auf den Tisch fallen würde.

»Zehn Yuan auf das Glas«, flüsterte Harry.

»Zehn Yuan auf den Tisch«, antwortete Derek.

Die Fliege setzte ihren Spaziergang auf dem Bierglasrand fort. Dann rieb sie ein letztes Mal ihre Vorderbeine aneinander, richtete sich auf und fiel mitten in das Glas hinein. Der lebende Buddha blieb ungerührt. Er pulte sie mit einem Finger heraus und legte sie sanft auf seine Serviette, wo sie vertrocknen würde. Die nächste Fliege, die auf dem Tisch auftraf, zog eine eindrucksvolle Spirale in der Luft und landete direkt vor unserer Übersetzerin, die sie geflissentlich übersah. Aber dann folgte eine ganze Schwadron unschuldiger Insekten, die geräuschlos auf den Tisch fielen und dort ihr Leben aushauchten.

Wenn die Langeweile übermächtig wird, erreicht man irgendwann die kritische Phase, in der die Augenlider zusehends schwerer werden. Man kann seinem Gehirn noch so oft einhämmern, dass dies hier nicht der richtige Ort zum Einschlafen ist, die Lider fallen unweigerlich zu und der Kopf kippt nach vorne. Man merkt es erst, wenn man plötzlich hochfährt, die Augen aufreißt und die Person auf dem Platz gegenüber anstarrt. Aber selbst dieser peinliche Schnitzer kann nicht verhindern, dass die Augenlider erneut den Sieg davontragen und der Kopf wieder nach vorne sinkt. An Tisch sechs hatten bereits einige diese Phase erreicht, als Mrs. Chen in ihr Mikrofon kreischte, dass der nepalesische Konsul seine Rede beendet habe und wir jetzt »wärmstens« eingeladen seien, das Buffet zu eröffnen.

Die Gäste am Ehrentisch und an den Tischen in Türnähe standen als Erste auf und es bildete sich eine Schlange von etwa 100 Metern quer durch die Mitte des Raums. Leider wusste die Person an der

Spitze der Schlange nicht, dass man am einen Ende des Buffets beginnt und dann am Tisch entlang weiterrückt, von den Vorspeisen über die Suppen und Hauptgerichte zu den Desserts. Stattdessen ging der Mann zur Mitte des langen Buffets und wusste jetzt nicht, ob er sich nach links zu den Hauptgerichten oder nach rechts zu den Vorspeisen wenden sollte. Die restliche Schlange musste ihm folgen und bald herrschte ein wildes Gedränge am Buffet: Hungrige Gäste schoben sich in beide Richtungen und stießen zusammen, wenn sie die lange Schlange, die jetzt den Mittelteil völlig blockierte, zu durchbrechen versuchten.

Unsere Übersetzerin an Tisch sechs sagte immer noch »*please help yourselves, please enjoy yourselves, warmly welcome you to enjoy yourselves*«, und der lebende Buddha verharrte wieder einmal in langem Schweigen, als wir »wärmstens aufgefordert« wurden, ans Buffet zu gehen und uns in die chaotische Schlange einzureihen. Die Militärkommandeure drängten bereits mit triumphierend voll getürmten Tellern durch die Menge zurück, als wir uns ans Ende der Schlange stellten.

Es gibt viele tief verwurzelte Missverständnisse zwischen Chinesen und westlichen Ausländern, aber nichts ist abstruser als die chinesischen Vorstellungen, wie man ein westliches Buffet angeht. Irgendein westlicher Witzbold muss den Chinesen einmal erzählt haben, dass es bestimmte Regeln gibt, die man befolgen muss, und diese Regeln gelten jetzt als unverbrüchlich:

Man darf nur einen Teller benützen. Eine Suppenschale ist erlaubt, aber nur, wenn sie gleichzeitig mit dem Teller, den man für das Buffet benützt, transportiert werden kann.

Man darf nur einmal ans Buffet gehen und unter keinen Umständen nachnehmen.

Man muss in sich hineinstopfen, was nur geht, aber immer in Übereinstimmung mit den Regeln 1 – 2.

Dank dieser falschen Regeln, die sich unauslöschlich in das Gehirn aller Chinesen eingegraben haben, die an einem westlichen Buffet teilnehmen, entbrennt am Buffettisch immer ein heftiger Wettkampf, wer seinem Teller am meisten aufladen kann. Während wir in der Schlange standen, konnten wir Mr. Pong beobachten (aus sicherer Distanz, versteht sich), wie er sich am Buffettisch entlangschob. Als Experte für westliche Buffets war er aus der T-Formation ausgebrochen und gleich zum Anfang zu den Vorspeisen gegangen, um seinen Teller vollzuladen. Als Erstes ein paar Scheiben von den importierten Wurstwaren und etwas Tomatensalat. Dann eine Schale Schildkrötensuppe und eine Brotscheibe, die auf dem Teller balanciert wurde. Jetzt schuf er Platz für je eine Portion von den warmen Gerichten: ein Löffel scharf gewürzter Auberginen, eine Ladung Froschschenkel, ein Klacks Kartoffelbrei, ein Schweinekotelett, ein Löffel gehackte Hühnerknochen, geschnetzeltes Rindfleisch mit grünen Paprika, ein Yak-Steak. Blieb noch genug Platz für eine zweite Portion Froschschenkel, etwas Kohl, ein Blumenkohlröschen, und ganz obenauf passten gerade noch zwei Kroketten. Das Dessert war immer der schwierigste Teil und hier zeigte sich, wer ein erfahrener Buffetgänger und wer ein Anfänger war. Mr. Pong platzierte geschickt ein großes Stück Sponge Cake auf den abgeflachten Kartoffelbreigipfeln und ertränkte es in einer reichlichen Portion Yak-Jogurt. Eine schwarze Banane wurde um den Tellerrand gelegt, und als er sicher war, dass nichts mehr oben drauf passte, bahnte er sich einen Weg durch die Menge zu seinem Platz zurück.

Das Abtragen der Essensberge auf dem Teller wird in regelmäßigen Abständen von einem chinesischen Brauch unterbrochen, der uns so fremd ist wie den Chinesen die westliche Buffetsitte. Dieser Brauch nennt sich »*gambay*«, was ungefähr mit »hopp und ex« übersetzt werden kann. Das Bankettrinken ist eine ernste Angelegenheit und alles dreht sich um einen bestimmten Schnaps namens »Mao Tai«. Alle paar Minuten ruft jemand am Tisch plötzlich »*gambay*«, und dann muss man sofort alles stehen und liegen lassen und ein kleines Glas Mao Tai trinken. Es ist eines der heimtückischsten Getränke der Welt, eine trügerisch farblose Flüssigkeit, angeblich ein Reiswein, der frappant nach destilliertem Kuhdung riecht und schmeckt – oder jedenfalls so, wie man sich den Geschmack von destilliertem Kuhdung vorstellt. Wenn man die Luft anhält und das winzige Glas auf einen Zug hinunterkippt, bleibt einem der widerliche Geschmack erspart und man spürt nur das Brennen, das der Schnaps hinterlässt, wenn er sich im Verdauungstrakt langsam auflöst. Das Zeug ist unglaublich stark und kann auch den kräftigsten Mann innerhalb von Sekunden sinnlos betrunken machen.

Leider ist das Banketttrinken Ehrensache und niemand darf sich dieser Sitte entziehen. Eine Ablehnung gilt als Zeichen von Schwäche und ist ein Gesichtsverlust für die Arbeitseinheit. Da die wenigsten viel von diesem Gift trinken können, ohne ernstlich krank zu werden, wird hemmungslos gemogelt. Ein gängiger Trick besteht darin, den Mao Tai im Mund zu behalten und so zu tun, als würde man ihn mit etwas Harmloserem wie Orangensaft hinunterspülen, aber wenn man das Glas Saft an den Lippen hat, spuckt man unauffällig den Mao Tai hinein. Das hat den Nachteil, dass das Glas im Lauf des Abends immer voller wird, was ziemlich verräterisch ist, und außerdem behält man den üblen Geschmack des Gebräus im Mund. Am besten fährt man, wenn man sein Mao-Tai-Glas mit Wasser füllt. Das ist eine sehr beliebte Methode, und sollte jemand mit einem bereits vollen Glas zu Ihnen an den Tisch kommen und Sie zum *gambay* auffordern, können Sie getrost davon ausgehen, dass er seins vorher mit Wasser gefüllt hat.

Das Mogeln geht so weit, dass manche Leute die Kellnerinnen bestechen, Mao-Tai-Flaschen mit Wasser zu füllen, damit die Partygäste sehen, dass ihr Glas aus der Flasche gefüllt wird, und es für den echten Stoff halten. Ich habe einmal gesehen, wie ein ganzer Tisch mogelte, indem alle Sprite in ihre Mao-Tai-Gläser gossen. Sie wären auch damit durchgekommen, aber leider wollten die Kohlensäureblasen nicht verschwinden und sie mussten ihre Gläser ständig auf den Tisch klopfen, um sie zu vertreiben. Mogeln ist riskant, denn wer auf frischer Tat ertappt wird, blamiert seine Einheit und muss die schwere Strafe auf sich nehmen, mindestens ein ganzes Glas des echten Stoffs zu trinken.

Der Mao Tai kommt ursprünglich aus einem kleinen Dorf im Süden Chinas, und wie beim Champagner in Frankreich unterliegt die Bezeichnung strengen Kontrollen. Es gibt viele Fälschungen und Imitationen und ein Mao-Tai-Connaisseur kann angeblich den Unterschied zwischen dem echten Kuhdungdestillat und den gefälschten Varianten erkennen.

Da eine Flasche Mao Tai zweimal so viel kostet, wie ein Arbeiter in einer Woche verdient, ist das Bankettrinken ein sehr teurer Zeitvertreib. Zum Glück muss keiner der Beteiligten diesen Exzess aus eigener Tasche bezahlen, denn die Bankette werden immer von den Arbeitseinheiten gegeben.

Die Pekinger Regierung hatte im Zuge ihrer rigorosen Sparmaßnahmen den Ausschank von Mao Tai bei offiziellen Festessen eingeschränkt. Wenn man die Menge des konsumierten Mao Tai bei jedem Regierungsbankett reduzierte, so wurde kalkuliert, könnten Millionen Yuan gespart werden. Aber da Lhasa eine autonome Region ist, drückten die Funktionäre vor Ort in diesem Punkt beide Augen zu. Und nach den Mengen von Mao Tai zu urteilen, die sie beim Nationalfeiertagsbankett tranken, würden sie bald überhaupt beide Augen zudrücken.

Im Gegensatz zu westlichen Ausländern, die sich mit der *gambay*-Sitte schwer tun, haben die Tibeter diese spezielle chinesische

Marotte bereitwillig übernommen. Nach tibetischer Sitte ist es sehr unhöflich, ein Fest zu verlassen, ohne dem Gastgeber zu zeigen, dass man betrunken ist.

Glücklicherweise dauert das Nationalfeiertagsbankett nicht die ganze Nacht und die *gambays* enden ebenso abrupt, wie sie begonnen haben. Kaum ist der letzte Froschschenkel verspeist und der Essensberg auf dem Teller zu einen Häufchen Knochen und Abfällen, die auf den Tisch und den Boden gespuckt werden, reduziert, bedanken sich die VIP-Gäste reihum bei allen für den schönen Abend und treten zügig den Heimweg an. Innerhalb weniger Minuten leert sich auch der restliche Saal. Keine Rede davon, noch zu einem Kaffee, *petit fours* oder Likör zu bleiben, und niemand verlangt einen weiteren Mao Tai. Die zurückgebliebenen Ausländer brüsten sich damit, wie gut sie beim *gambay* gemogelt haben. »Ich hatte vierzehn«, kichert Charlie, »und nur drei echte.« Derek hatte nicht so viel Glück, er war beim Mogeln erwischt worden und musste den echten Stoff trinken. Zum Glück hatten wir nach dem Bankett einen Tag frei.

Ich machte den Fehler, auf dem Weg in mein Zimmer durch die Lobby zu gehen, wo ich in die Fänge einer Gruppe amerikanischer Gäste geriet, die lautstark nach jemandem verlangten, der »verdammt noch mal Englisch« sprach. Obwohl ich bei allen Mao-Tai-*gambays* gemogelt hatte, war eine Konfrontation mit wutschnaubenden Gästen das Letzte, was ich jetzt gebrauchen konnte. Eine Frau in der Gruppe war höhenkrank geworden und sie hatten versucht, ihre Versicherung in Amerika anzurufen, um einen Hubschrauber anzufordern. Ich brachte es nicht übers Herz, sie zu fragen, woher dieser Hubschrauber ihrer Meinung nach kommen sollte. »Wir sitzen hier schon den ganzen Tag fest, und es reicht mir jetzt wirklich mit Ihnen!«, brüllte mich einer aus der Gruppe an.

Ich kannte das bereits bei aufgebrachten Gästen. In der Meute fühlen sie sich stark und es gibt immer einen, der alle anderen aufhetzt.

»Na los, Bert, gib's ihm! Sag ihm, dass sie uns heute nicht zum Barkhor gelassen haben.«

Bert verkündete mir, dass sie trotzdem zum Barkhor gegangen und von der Polizei zurückgeschickt worden seien.

»Ja, genau – von der Polizei! Erzähl ihm mal von dem Typ mit dem Maschinengewehr, den wir gesehen haben. Ich meine, *Jesus Christ*, was ist das eigentlich für ein Laden, den Sie hier führen?«

Die ganze aufgestaute Wut über ihre großen und kleinen Ärgernisse brach jetzt wie eine Sturzflut aus ihnen hervor, weil endlich jemand vor ihnen stand, der einen Anzug trug und Englisch sprach. Die Chinesen in Tibet, Militär auf den Straßen, keine Nachrichten von seinem Büro, seine Frau hatte Kopfschmerzen und er wusste nicht, ob seine Aktien rauf- oder runtergegangen waren, wäre er doch nur nach Aspen gefahren, und alles sei meine Schuld.

Der Anführer der kleinen Gruppe streckte mir drohend seinen Zeigefinger entgegen, während er den Kopf leicht zur Seite neigte und sein Gesicht in Falten legte, als würde er einen unangenehmen Geruch wahrnehmen: »Und wenn ich jetzt nicht *sofort* telefonieren kann ...«

Kapitel 6
EIN FERIENTAG UNTER GEIERN

Die Telekommunikation zwischen Lhasa und der Außenwelt funktionierte alles andere als perfekt. Jedes Zimmer war mit einem großen orangefarbenen Telefon ausgestattet, das zischte, wenn man es anfasste. Das Zischen hörte auf, sobald man den Hörer abnahm, aber im nächsten Moment, wenn man ihn direkt am Ohr hatte, drang ein durchdringendes Pfeifen aus der Leitung, ein Rückkoppelungseffekt, der einen vorübergehend auf einem Ohr taub machte. Es dauerte einige Sekunden, bis das Pfeifen zu einem leisen Summen verebbt war, und dann konnte man die Telefonzentrale des Lhasa-Hotels anwählen und der Telefonistin die Nummer durchgeben, die man anrufen wollte. Die Telefonistin stellte mehrere Fragen in einer feststehenden Reihenfolge, die sie auswendig gelernt hatte. Kurze Stakkato-Wortschwälle mit starkem chinesischem Akzent ratterten durch die Leitung:

Wie ist Ihre Zimmernummer?
In welches Land möchten Sie telefonieren?
Wie ist die Nummer, die Sie anrufen möchten?
Mit wem möchten Sie sprechen?
Warten Sie in Ihrem Zimmer.
Ich rufe Sie zurück.

Alle diese Fragen mussten ordnungsgemäß beantwortet werden, sonst hatte man keine Chance, dass der Anruf durchkam. Anschließend rief die Hoteltelefonistin die zentrale Vermittlung in Lhasa an und gab die Botschaft in Tibetisch oder Chinesisch weiter.

Sofern die Leitung nicht belegt war, rief die Telefonvermittlung von Lhasa in Peking an und gab dort dieselben Informationen in Chinesisch weiter.

Die Telefonvermittlung in Peking rief dann die Nummer an, die man verlangt hatte, und leitete den Anruf über die Zentrale in Lhasa an die Telefonistin des Lhasa-Hotels weiter.

Konnten Sie alldem folgen? Die Telefonistinnen leider nur selten. Es gab endlose Missverständnisse und Fehlschaltungen, und dass man korrekt verbunden wurde, war eher die Ausnahme. Die Leitung von Tibet nach Peking war ständig belegt und die Hoteltelefonistinnen wurden von gnadenlosen Gästen rücksichtslos damit gequält, unmögliche Anrufe in Länder zu tätigen, von denen sie nicht einmal wussten, dass sie überhaupt existierten. Es war ein einsamer und undankbarer Job. Die Mädchen saßen Tag und Nacht in einem kalten Raum, inmitten eines Gewirrs von Kabeln, blitzenden Lichtern und Steckverbindungen. Sie waren in einem separaten Betonblock abseits vom Hauptgebäude des Hotels untergebracht und sahen das Hotel nur von innen, wenn sie hereinzitiert wurden, um einen Rüffel entgegenzunehmen. Zwischen den Anrufen schliefen sie, flirteten mit den Sicherheitsleuten und schlürften Tee aus ihren Bechern.

Die Telefonistinnen in der Zentrale von Lhasa waren viel schlimmer. Sie verschliefen offenbar die meiste Zeit des Tages und die ganze Nacht ab neun Uhr abends. Die Telefonzentrale in Peking arbeitete meist recht effizient, aber es war immer fraglich, ob ein Anruf überhaupt bis dorthin durchdringen würde.

Die erbosten Gäste, die mich nach dem Nationalfeiertagsbankett in der Lobby zur Rede gestellt hatten, warteten seit acht Stunden auf ihr Telefonat mit der Versicherungsgesellschaft. Ihr Anführer funkelte mich böse an, die Mundwinkel nach unten gezogen und die Augen zu Schlitzen verengt. Seine Haut wurde ganz fahl, so dass der kleine Knubbel an seiner Nase noch mehr hervortrat. Meine ausführliche Beschreibung des Telefonsystems von Lhasa hatte ihn kalt gelassen. Er war empört, dass niemand an der Empfangstheke ihm die Faxnummer des Hotels geben konnte. Ich erklärte ihm, das liege vermutlich daran, dass es in Tibet keine Faxgeräte gebe.

»Kein Fax?«, brüllte mich der hässliche Gast fassungslos an, als ob ich ihm gerade erzählt hätte, eine Herde fliegender Yaks sei hinter ihm gelandet, die seine Botschaft weitertragen würde. »Das ist unmöglich!«, stieß er hervor.

Ich staune immer wieder über die zahlreichen Touristen, die gern im malerischen alten Tibet wohnen wollen, in dem die Zeit stillsteht, aber gleichzeitig erwarten, dass sie jederzeit mit ihrem Büro zu Hause telefonieren können.

»Habe ich Sie richtig verstanden? Das Hotel hat kein Fax?«

»Nein.«

»Und es gibt auch kein anderes Fax in Lhasa?«

»Nein.«

»Und das Telefon funktioniert nicht.«

»Nicht sehr gut.«

»Und es gibt keine Telefone in Lhasa, die besser sind als diese hier?«

»Nein.«

»Können Sie mir einen Hubschrauber besorgen?«

»Nein.«

Selbst der hartnäckigste Gast muss irgendwann klein beigeben und der erboste Amerikaner hob schließlich seine Arme in die Höhe und flehte den Himmel um Hilfe an. Wie als Antwort auf seine Stoßgebete – und meine – stürzte ein Mann in einem weißen Kittel durch die Lobby auf uns zu. Es war Dr. Grubby (»Dr. Schmuddel«), der Hotelarzt. Ich hoffte, dass er den Gast unter seine Fittiche nehmen und fortschleppen würde, aber leider kam er nur, um die gute Nachricht zu überbringen, dass die Frau des Gastes unter harmlosen Kopfschmerzen litt, was in den ersten Tagen in großer Höhe normal ist. Kein Grund, in Panik zu geraten, die Versicherung anzurufen oder einen Hubschrauber zu ordern.

Dr. Grubby war ein gütiger Mann mit einem warmherzigen Lächeln und hervorragenden Kenntnissen über die Höhenkrankheit, aber leider war sein Äußeres nicht dazu angetan, ausländische Gäste von seinen medizinischen Fähigkeiten zu überzeugen. Er konnte ein bisschen Englisch radebrechen und war deshalb vom *People's Number One Hospital* dazu abkommandiert worden, die Ambulanz im Hotel zu leiten. Dr. Grubby war ein guter Arzt, aber Körperpflege und Hygiene waren nicht seine Stärken. Wider Erwarten schlug das zu seinem Vorteil aus: Seine ungepflegten Bartstoppeln und der schmuddelige weiße Kittel mit den scheußlichen Flecken schreckten die meisten Gäste ab, so dass sie lieber gesund blieben. Dr. Grubbys Erfolgsquote war, sofern sie gemessen werden konnte, bemerkenswert hoch, da nur wenige Patienten sich ein zweites Mal in die Ambulanz wagten.

Dr. Grubby riet den wütenden Amerikanern, in ihre Zimmer zurückzugehen und die Sauerstoffgeräte des Hotels zu aktivieren. Die Gäste wichen zurück und starrten Dr. Grubby mit aufgerissenen Augen an.

»Das ist schon in Ordnung«, beruhigte ich sie. »Das ist ein Arzt vom *People's Number One Hospital*. Er ist der beste Spezialist für Höhenkrankheit in Lhasa, ein hervorragender Arzt. Wirklich.«

Sie würdigten mich keiner Antwort, sondern strebten den Flur hinunter und rannten im Laufschritt zu ihren Zimmern. »Langsam!«, rief Dr. Grubby hinter ihnen her. »Nicht anstrengen in großer Höhe. Schlecht für das Herz!«

Dann zuckte er mit den Schultern. Diese Ausländer waren schon ein seltsamer Haufen.

Das Hotel hatte zwar kein Fax und kein Tastentelefon, aber dafür eine sehr ausgefallene Errungenschaft, nämlich ein eigenes Sauerstoffnetz. In allen besseren Zimmern war ein Zweigrohr von der Hauptleitung des Hotels unter den Nachttisch verlegt worden. Das Gasgemisch aus sauerstoffangereicherter Luft sprudelte durch das Metallrohr in eine kleine Wasserflasche, und wenn man den Hahn an der Flasche umlegte, strömte das Gemisch durch ein grünes Gummirohr direkt ins Zimmer. Die Sauerstoffkonzentration im Zimmer, die man damit erreichen konnte, war allerdings zu gering, um irgendeine Wirkung zu zeigen, so dass die Gäste – oder »Patienten«, wie Dr. Grubby sie nannte – das grüne Gummirohr direkt vor die Nase halten mussten, wenn sie die sauerstoffangereicherte Luft inhalieren wollten.

In den Zimmern ohne eigenen Sauerstoffanschluss konnte man ein Sauerstoffkissen anfordern. Das bestand aus einem Leinenbeutel, ähnlich einer kleinen Luftmatratze, der mit Sauerstoff aus einem Kanister in der Housekeeping-Abteilung gefüllt wurde. Ein Gummirohr, das aus dem Leinenbeutel herausragte, wurde zu einem Knoten geschnürt, um den Druck in dem Beutel aufrechtzuerhalten, und dieser Knoten konnte bei Bedarf geöffnet werden. Es war natürlich kein reiner Sauerstoff, wie manche Gäste glaubten, denn sonst wäre das Hotel in hohem Bogen in die Luft geflogen, sobald ein Gast oder Patient ein Streichholz angezündet hätte. Wir spielten oft mit dem Gedanken, ein stärker angereichertes Sauerstoffgemisch in die Zimmer zu leiten und abzuwarten, was passierte.

Vor allem die japanischen und taiwanesischen Gruppen nahmen ihre Sauerstoffversorgung sehr ernst. Aus unerfindlichen Gründen litten diese Gäste unter der höchsten »Ausfallquote«.

Harry und ich berechneten diese »Ausfallquote« danach, wie viele Gäste einer Gruppe, die am Nachmittag eincheckte, am nächsten Morgen in der Lobby erscheinen würden, um an der ersten Exkursion teilzunehmen. Abends schlossen wir Wetten ab, nachdem wir die Leute am Gruppenbuffet studiert hatten, und die endgültige Ausfallquote zeigte sich am nächsten Morgen um halb neun, wenn die Gäste sich in der Lobby versammelten und auf ihren einheimischen Führer und den Tourenbus warteten. Bei den japanischen und taiwanesischen Gruppen betrug die Ausfallquote manchmal bis zu 20 Prozent, aber da es keinen bekannten Zusammenhang zwischen Alter oder Fitness und Höhenkrankheit gibt, war es unmöglich, die genaue Zahl vorherzusagen.

Die japanischen und taiwanesischen Gäste machten sich im Allgemeinen mehr Sorgen wegen der Gesundheitsrisiken in großer Höhe, und es gibt eine Theorie, dass die bloße Angst vor Höhenkrankheit bereits die ersten Symptome auslösen kann: heftige Kopfschmerzen und Übelkeit. Möglicherweise sind diese Symptome völlig selbst verursacht. Die Paranoia ging so weit, dass manche japanische Gruppen sogar mit speziellen Pulsbändern ankamen, die den Sauerstoffgehalt im Blutstrom messen, so dass wir sehen konnten, welche Gruppenmitglieder als Erste ausfallen würden.

Als schließlich noch eine Gruppe von 30 taiwanesischen Gästen in der Lobby auftauchte, alle im knallroten Synthetikjogginganzug, eine neongelbe Baseballmütze auf dem Kopf und mit einem Sauerstoffbeutel mit Schläuchen, die sie sich in die Nasenlöcher geklebt hatten, wusste ich, dass ich mal einen Tag hier rausmusste. Das hatte nichts mit der Höhenkrankheit zu tun, aber längere Aufenthalte im Hotel waren meiner Psyche ganz einfach nicht zuträglich.

Die einzige Fluchtmöglichkeit außer dem Barkhor und den großen Klöstern waren die umliegenden Berge. Ich hatte die unsägliche Langeweile des Nationalfeiertagsbanketts überlebt, indem ich aus dem Fenster auf eine kegelförmige Felsformation gestarrt und imaginäre Routen zum Gipfel geplant hatte. Der Gipfel war auf der Südseite des Kyi Chu oder von meinen Platz aus gleich links vom Kopf des Vize-Gouverneurs, oberhalb einer Gruppe von Antennenmasten auf den Personalunterkünften. Ich hatte entdeckt, dass ich nicht der Einzige war, der von einer Flucht in die Berge träumte. Mark Waite, ein Engländer wie er im Buche steht, der den *Save the Children Fund* in Tibet leitete, war auch »wärmstens« zum Nationalfeiertagsbankett eingeladen worden, und während wir beim *gambay* mogelten, verabredeten wir uns zu einem Aufstieg auf »den Großen«, wie wir ihn mangels eines besseren Namens nannten.

Der einzige Tag, der dafür in Frage kam, war ein Sonntag. Jeder andere Wochentag war ein voller Arbeitstag und sogar die Sonntage waren nicht immer heilig. Heather arbeitete an jedem Monatsbeginn einen Dienstplan aus, auf dem sie die Abend- und Wochenendschichten für alle ausländischen Hotelangestellten eintrug. Wir fassten einen Sonntag Anfang November ins Auge. Heather versprach mir, mich an diesem Tag nicht einzutragen, und Mark erteilte sich selber die Erlaubnis, einen Tag von seinem *Save-the-Children*-Projekt freizunehmen.

So trafen wir uns an einem kühlen Sonntagmorgen in aller Frühe, als die Gäste noch in ihren Betten schlummerten, am Nordeingang des Hotels. Die Luft war frostig und unser Atem hinterließ kleine Dampfwölkchen über dem Hotelparkplatz. Das riesige grüne Holiday-Inn-Schild war über Nacht abgeschaltet worden und keine der Straßenlampen machte Anstalten, ihren Zweck zu erfüllen. Ein schwacher Glanz war noch um uns, nicht genug, um den Vorhof des Hotels zu erleuchten, aber so stark, dass wir unsere Augen nach oben richteten und unsere Köpfe in den Nacken legten, wie der Küchenchef, wenn er eine Schildkröte imitierte. Diamanten auf blauem Samt, so funkelten die Sterne am Nachthimmel ... Tausende, Millionen und Abermillionen. Der Große Bär, die Pleiaden, Orion; die Konstellationen, an die ich mich von zu Hause erinnerte, strahlten hell um uns herum. Die Milchstraße zog sich mit ihren Sternenwolken quer über den Himmel, so dicht, dass man das Gefühl hatte, hinaufgreifen und sie berühren zu können.

Mark hatte Dasang, einen tibetischen Fahrer, engagiert, der einen Peking-Jeep zur Verfügung hatte und uns um 4.30 Uhr am Nordeingang abholen sollte, aber um 4.45 Uhr war immer noch niemand zu sehen. Das Sicherheitspersonal des Hotels schlief in den Wachhäuschen und selbst die Hundemeute auf dem Hotelgelände lag noch in tiefem Schlummer. Als wir um die Ecke zum Vordereingang des Hotels bogen, standen wir plötzlich vor drei japanischen Gästen, die ihre Köpfe zum Himmel reckten. Zuerst hielt ich es für eine Art Höhenakklimatisierungstechnik – vielleicht hatten sie die Schläuche zu weit hineingesteckt.

Die Japaner zeigten aufgeregt sprechend zum Himmel und bohrten ihre behandschuhten Hände in die Luft. Ich erkannte in ihnen die drei japanischen Wissenschaftler, die am Samstagnachmittag eingecheckt hatten. Harry hatte gewettet, dass keiner von ihnen am nächsten Morgen zur Frühstückszeit in die Lobby herunterkommen würde, aber er hatte ihre Widerstandskräfte unterschätzt. Sie hatten eine Mission. Ihre Reise sollte sie nach Yambajang führen, ungefähr 150 Kilometer nördlich von Lhasa, wo sie in einem der grässlichsten Regierungsgästehäuser der tibetischen Hochebene untergebracht sein würden. Ihre Aufgabe war es, ein »Observatorium für ultrahochenergetische kosmische Strahlung« zu einzurichten. Es würde das höchstgelegene Observatorium für kosmische Strahlung der nördlichen Hemisphäre sein, mit dem Vorteil gegenüber den Kollegen auf Meereshöhe, dass man 4000 Meter weniger atmosphärischen Staub durchdringen musste, um den Himmel zu erreichen.

Die Japaner kehrten in die warme Lobby zurück und wandten sich in Richtung Frühstücksraum. Mark und ich folgten ihnen in die

Lobby, wo wir im Warmen auf unseren Fahrer warten konnten. Zumindest hatte ich erwartet, dass es in der Lobby wärmer sein würde als auf dem Hotelparkplatz, aber zum ersten Mal erlebte ich das merkwürdige Lhasa-Phänomen, dass die Temperatur in der Hotellobby sogar noch niedriger war als draußen. Der Nachtportier kauerte eingemummt in einen roten Anorak und eine Wollmütze hinter der Empfangstheke. Ich fragte ihn, warum es so kalt sei.

»Keine Heizung«, verkündete er mit einem strahlenden tibetischen Lächeln.

Der erste Schwung Tourengäste an diesem Morgen schlurfte durch die Lobby, auf der Suche nach dem Frühstücksraum. Das Buffet wurde um fünf Uhr morgens eröffnet, damit die Gäste etwas in den Magen bekamen, bevor sie zu ihrem frühen CAAC-Flug aufbrachen, und nicht auf die grässlichen Lunch-Boxen angewiesen waren, die im Flugzeug verteilt wurden. Als die Gäste den Portier sahen, kamen sie herüber und beschwerten sich über die Kälte.

»Keine Heizung«, antwortete er ihnen strahlend. »Ja, wirklich, keine Heizung, es ist wahr«, setzte er hinzu.

Ich wollte gerade eingreifen, als ich ein leises Dröhnen in der Ferne vernahm und das Stottern und Spucken eines kalten Motors, der sich dem Hotel näherte. Die Hundemeute, die sich zwischen den Drehtüren zum Schlafen zusammengerollt hatte, fing an zu knurren und der Mann vom Sicherheitsdienst am Hoteleingang erwachte aus seinem Schlaf. Ein Peking-Jeep mit nur einem Scheinwerfer bog in den Hotelvorhof ein.

»Dasang-la«, rief Mark aus, »da ist unsere Mitfahrgelegenheit in die Berge.«

Ich überließ die grummelnden Gäste in der Lobby den fröhlichen Erklärungen des Nachtportiers und stieg in den Peking-Jeep. Dasang begrüßte uns mit dem strahlenden tibetischen Lächeln, das immer freundlich ist, egal zu welcher Tageszeit und wie niedrig die

Temperatur auch sein mag. Er hatte das charakteristische zerfurchte Gesicht der Tibeter, von der rauen Witterung, der glühenden Sonne und den eisigen Nächten gegerbt. Die tiefen Falten auf seiner Stirn gruben sich noch tiefer ein, als er fragte, ob wir wirklich um fünf Uhr morgens einen Berg besteigen wollten. Er konnte nicht verstehen, warum diese seltsamen Westler so etwas machen wollten, aber Mark hatte ihm versichert, dass wir ihn gut bezahlen würden, und das war Grund genug, zu dieser unchristlichen Stunde aufzustehen und an seinem einzigen Ruhetag mit dem Peking-Jeep seiner Arbeitseinheit herumzudüsen.

Ich hatte gedacht, dass es nichts Unbequemeres auf den Straßen von Lhasa geben könne als die Toyota Landcruiser, aber jetzt stellte ich fest, dass sie geradezu der Gipfel des Luxus waren im Vergleich zu dem Gerüttel eines Peking-Jeeps. Die Peking-Jeeps, die *boneshakers*, wie die NGO-Mitarbeiter sie nannten, zeichnen sich dadurch aus, dass sie praktisch keine Federung besitzen, was man umso mehr zu spüren bekommt, wenn sie mit Abhebgeschwindigkeit von tibetischen Fahrern gesteuert werden. Wir rasten durch die Stadt Lhasa, schossen mit knirschenden Gängen auf die Lhasa-Brücke zu, schwenkten in eine westwärts führende Kurve ab und vom Asphalt herunter auf eine Schotterstraße entlang der südlichen Seite des Kyi Chu. Eine Mondsichel hing über dem Horizont und ließ die Silhouette der fernen Berge aufschimmern, und wir waren auf dieses schwache Mondlicht und Dasangs einzigen Scheinwerfer angewiesen, um unseren Weg auf der unbefestigten Straße zu finden.

Ohne Vorwarnung endete die Spur an einem 20 Meter tiefen Absturz in ein Loch, das von Schlammgräbern gebuddelt worden war. Dasang bemerkte gerade noch den Schatten der ausgehobenen Grube im Licht seines Scheinwerfers und kam mit einer gekonnten Vollbremsung am Rand des Kraters zum Stehen. Wir konnten die tibetischen Flüche, die er von sich gab, nicht verstehen, aber ihre

Bedeutung war klar. Bei Tag plünderten die Schlammgräber die Uferböschungen und schleppten Schubkarren voll Schlamm fort, den sie trockneten und zu Lehmziegeln für den Bau von Mauern und Häusern formten. Der letzte Trupp von übereifrigen Schlammgräbern hatte sich mitten durch die Hauptstraße gewühlt.

Dasang schlängelte sich durch ein Minenfeld von Kratern und Bachbetten, bis die Achsen kreischten, ehe er schließlich eine Spur fand, die uns wieder zum Flussufer hinaufführte und schnurstracks zu einem Militärlager. Mark und ich wechselten einen Blick miteinander. Der Nationalfeiertag war ohne Zwischenfall verlaufen, aber es war keine besonders gute Idee, als Ausländer in einem Militärlager herumzuschnüffeln. Sicherheit war immer noch oberste Priorität für die Chinesen und zwei Ausländer, die vor Morgengrauen in einer geheimen militärischen Einrichtung angetroffen wurden, hätten einiges zu erklären. Dasang fuhr schnurstracks durch das Tor ohne anzuhalten. Zwei bewaffnete Wachen standen an ihren Posten stramm und salutierten, als wir vorbeifuhren. Unser Peking-Jeep war von genau derselben Machart und Marke wie die Jeeps, die vom Militär gefahren wurden, aber ein Blick auf das Nummernschild hätte ihnen verraten müssen, dass wir in einem Zivilfahrzeug saßen.

Dasang erklärte uns in Zeichensprache, er wisse, dass es am anderen Ende des Lagers einen Ausgang gebe. Wir fuhren an einstöckigen Baracken und verschlafenen Soldaten vorbei. Einige standen schlotternd mit ihren Email-Waschschüsseln da, andere beugten sich mit schäumenden Zahnbürsten über die Standrohre. Mark und ich zogen die Köpfe ein, als Dasang in den Haupthof einbog und sein einziger Scheinwerfer über eine niedrige Reihe von Haubitzen schwenkte. Uns schoss der Gedanke durch den Kopf, dass es ein noch schlimmeres Szenario geben könnte, als vor Tagesanbruch in einem chinesischen Militärlager angetroffen zu werden, nämlich vor Tagesanbruch in ein chinesisches Haubitzenmanöver zu geraten. Wir spähten durch die Löcher im Verdeck des Jeeps: Die in Stellung gebrachten Kanonen waren gegen das kalte Wetter gut eingepackt und machten den Eindruck, als würde sich das in nächster Zeit nicht ändern. Als wir uns dem Ausgang des Lagers näherten, kam eine Gruppe von jungen chinesischen Soldaten auf uns zu. Mark und ich saßen stocksteif da. Dasang behielt sein Tempo bei, und während wir das Tor passierten, standen die Soldaten stramm und salutierten.

Nachdem Schlammkrater und Militär glücklich hinter uns lagen, konnten wir uns endlich entspannen und die Fahrt zu dem tibetischen Dorf Lu genießen – soweit die Federung des Peking-Jeeps es zuließ. Mark hatte herausgefunden, dass wir unsere Tour in dem Dorf Tsugar beginnen mussten, das irgendwo im Süden von Lu lag, abseits des Flusses. Wenn wir die Ansammlung von Hütten erreicht hatten, die das Dorf Lu darstellten, brauchten wir nur noch nach links abzubiegen. Dasang bog mehrmals links ab, aber wir landeten jedes Mal in einer Sackgasse, in einem Labyrinth von niedrigen Stein- und Erdmauern. Unmengen von getrocknetem Yakdung, der im Fischgrätmuster aufgestapelt war, säumten die Mauerkronen, und auf den Dächern der geduckten Häuser türmte sich das Winterfutter, das bei der letzten Ernte eingebracht worden war.

Ein paar Hähne krähten in der Dunkelheit und kündigten an, dass die Nacht bald zu Ende ging. In der dritten Sackgasse klopfte Dasang, umringt von Hühnern und Schweinen, an die Tür eines Kuhstalls, um nach dem Weg zu fragen. Obwohl die Hähne bereits krähten, hatte es niemand im Dorf besonders eilig, aus den Federn zu kommen, und so dauerte es einige Zeit, bis Dasang einen freundlichen Dorfbewohner fand, der ihm den Weg nach Tsugar erklärte. Dasang quetschte seinen Peking-Jeep zwischen den weiß getünchten Mauern zweier Kuhställe hindurch und wir fuhren in einem der

Schwerkraft spottenden Winkel bergauf nach Tsugar, bis Dasang zugeben musste, dass der Jeep nicht weiterkam. Wir machten aus, dass er in 13 1/2 Stunden um sieben Uhr abends an dieselbe Stelle zurückkommen sollte, um uns abzuholen.

Die Hähne mochten ja gewusst haben, dass der Tag nicht mehr fern war, aber der Nachthimmel machte noch keine Anstalten, sich aufzuhellen. Der Mond war hinter dem Horizont verschwunden und wir mussten uns im ersten Teil des Aufstiegs beim Licht der Sterne und unserer beiden Taschenlampen zurechtfinden.

Wir stolperten durch ein Bachbett voller Kiesel und fanden einen kleinen Pfad, der die Hauptschlucht hinaufführte. Mark hatte die Route geplant, während er auf seinen Touren für den *Save the Children Fund* die Straße nach Lu entlanggefahren war, und er hatte sich ausgerechnet, dass wir der Schlucht im Süden folgen, den dritten Grasbuckel zur Rechten besteigen und in einem sogenannten Hängetal, einem Nebental, das mit einer Stufe ins Haupttal mündet, hoch oben zwischen den Gipfeln herauskommen mussten und dass unser Ziel – »der Große« – am Ende dieses Hängetals lag. Ganz einfach.

Obwohl wir ein zügiges Tempo vorlegten, verloren wir bald den Weg – ein Phänomen, das zum Markenzeichen unserer gemeinsamen Unternehmungen werden sollte – und folgten stattdessen dem Bach, von dem Mark glaubte, dass er uns zu dem Tal hinaufführen würde. In der Dunkelheit ließ sich nur schwer ausmachen, wo genau wir uns hinbewegten, und als wir endlich den Fuß eines Grasbuckels erreichten, waren wir heilfroh, dass wir den Aufstieg beginnen konnten, fort von dem ohrenbetäubenden Lärm des Baches. Doch im ersten Dämmerlicht um 7.45 Uhr machten wir eine unangenehme Entdeckung. Wir waren einen Grasbuckel zu früh aufgestiegen und weit entfernt von dem Berg, an dem wir hätten herauskommen sollen.

Wir hätten direkt unter dem Hängetal sein müssen, aber stattdessen standen wir vor einer schroffen Geröllhalde fast einen Kilometer weiter östlich. Keiner von uns beiden hatte Lust, die mühsam gewonnene Höhe zu verlieren, also entschlossen wir uns, den Geröllhang zum Hängetal hinüber zu queren. Das Gehen wurde zusehends anstrengender, je mehr wir an Höhe gewannen. Jeder Schritt forderte seinen Tribut.

Die erste Phase einer Bergwanderung hat immer den Effekt, den Geist zu öffnen. Plötzlich wird einem bewusst, wie trivial die ganzen Jobprobleme sind, und man lässt alle weltlichen Sorgen und Ängste weit hinter sich. Der Geist ist frei und kann sich mit wichtigeren Dingen befassen, und so manches globale Problem wurde in den ersten Morgenstunden von einsamen Wanderern gelöst.

Bis 6.30 Uhr hatten Mark und ich die Welt gerettet, Tibet war auf friedlichem Wege von seinen Befreiern befreit worden, der Dalai Lama in den Potala-Palast zurückgekehrt, die globale Erwärmung gestoppt, und es würde niemals wieder Kriege geben. Aber nach etlichen 1000 Schritten weiter aufwärts in der dünnen Luft – wobei bisher unbekannte Muskeln heftig dagegen protestierten, in Gebrauch genommen zu werden – konzentrierte sich unser Geist auf etwas, das noch wichtiger war als die Zerstörung der Welt: die Aufgabe, einen Fuß vor den anderen zu setzen. Bei fast 4800 Metern ist das Reden auf kurze Ausrufe zwischen dem mühsamen Atemholen beschränkt und der Geist verabschiedet sich vom bewussten Denken. Ein gleichmäßiger Rhythmus stellt sich ein. Atmen. Schritt. Atmen. Schritt. Atmen. Schritt.

Über uns kreiste eine Schar Weißkopfgeier, die größten Greifvögel des Himalaya, als wir zu einer Rast anhielten. Wir waren Eindringlinge, und sie beäugten uns neugierig. Wir nahmen die Rucksäcke ab, packten eine Thermoskanne mit Kaffee aus, während sie den Berghang um uns herum bevölkerten, ohne sich im Mindesten vor uns zu fürchten. Diese Geier sind an Menschen gewöhnt, da sie jeden Tag im Morgengrauen welche zum Frühstück verspeisen.

Die Tibeter haben eine Methode, ihre Toten zu begraben, die in westlichen Augen etwas unkonventionell erscheinen mag, aber in Wahrheit eine sehr vernünftige Sitte ist. Die Leichen werden im Morgengrauen hinausgeschafft, auf einen großen Felsen gelegt, von einem speziell mit diesem Amt betrauten Metzger in kleine Stücke gehackt und an die Geier verfüttert. Man nennt das, etwas glorifiziert, »Himmelsbegräbnis«. Die Geier sitzen in einer strengen Hackordnung um den Begräbnisfelsen herum, und angeblich sind sie so gut dressiert, dass sie Fleischbrocken vom Metzger entgegennehmen, wenn er sie bei ihrem Namen ruft. Die tibetischen Geier haben ebenso wenig Veranlassung, in den Bergen nach toten Mäusen zu suchen, wie die Tauben am Trafalgar Square nach wildem Korn suchen müssen.

Es gibt auch andere Begräbnisformen in Tibet, die aber nicht so beliebt sind. »Wasserbegräbnisse«, die im Wesentlichen darin bestehen, die Leichen einfach ins Wasser zu werfen, sind im Allgemeinen nur den Ärmsten der Armen und sehr kleinen Kindern vorbehalten, und zum Glück für die Leute, die unten am Fluss leben, sind sie nicht sehr verbreitet. Verbrennungen stehen am oberen Ende der Skala, aber weil Holz und guter, brennbarer Yakdung knapp sind, werden sie nur bei hohen Würdenträgern und Lamas praktiziert.

Auf den ersten Blick mag das Himmels- oder Luftbegräbnis etwas makaber anmuten, aber in Wahrheit ist es eine äußerst umweltfreundliche Methode, die Toten zu entsorgen. Oder gibt es eine bessere Möglichkeit, einen Körper der Erde zurückzugeben, als auf diesem direkten Weg in Form von Geierkot? Heutzutage, wo uns die Erhaltung des Planeten am Herzen liegen muss, ist das tibetische System sicherlich zukunftsträchtiger als unsere egoistische westliche Methode, gutes Land zu vergeuden, um die Toten in Holzkisten zu beherbergen.

Im Westen erobern immer mehr Vögel die Städte; Turmfalken nisten in Hochhausblocks, Möwen auf Dachfirsten, aber ich bezweifle, ob wir es je erleben werden, dass eine neue Brut von urbanisierten Weißkopfgeiern über den Leichenbestattern in unseren Städten kreist.

Die tibetischen Weißkopfgeier verloren das Interesse an uns, als sie sahen, dass wir uns noch bewegten. »Ihr werdet schon noch eine Weile warten müssen!«, riefen wir ihnen nach, als sie höher stiegen und sich von einem Aufwind zu den zerklüfteten Klippen über uns tragen ließen. Wir tranken unseren Kaffee so langsam wie möglich, um den nächsten Teil unserer Route noch etwas hinauszuzögern. Wir waren an einem Punkt angelangt, an dem wir nicht mehr weiterkamen, sondern über die Felsblöcke hinüberkraxeln mussten, die uns zu dem Hängetal führen würden. Riesige, mit Erde zementierte Brocken versperrten uns den Weg. Gestärkt vom Kaffee, schulterten wir unsere Rucksäcke und kletterten auf die erste Granitplatte hinauf.

Nach zwei Minuten waren wir bereits wieder erschöpft. Der Höhenmesser zeigte 5150 Meter an und unser Atem sagte uns, dass unsere Lungen mehr Sauerstoff brauchten als zu Beginn der Tour. Wir hatten anfangs nach jeder Stunde zehn Minuten Pause eingelegt, aber die Abstände zwischen den Pausen wurden kürzer und die Pausen länger. Die Felsblöcke, für die wir 30 Minuten veranschlagt hatten, kosteten uns zwei Stunden. Zwischen den Felsen umherhuschende Berghasen waren unsere einzigen Begleiter. Die Weißkopfgeier hatten sich weiter oben an den zerklüfteten Klippen niedergelassen, um ihre nachmittägliche Siesta zu halten und ihr Frühstück zu verdauen.

Um neun Uhr sprangen wir von der letzten Felsplatte auf den Gipfel des Grasbuckels direkt unterhalb der Öffnung des Hängetals. Nach ein paar weiteren Schritten die vereiste, unter unseren Füßen knirschende Grasnarbe hinauf standen wir am Eingang des Tals. Der Blick war atemberaubend. Es sah aus, als hätte ein Riese mit einem Buttermesser eine kreisrunde Mulde in die Spitze der Bergkette geschnitten und sein Messer an der Kuppe des Grasbuckels abgezogen. Okay, es hätte auch ein Gletscher sein können, der diese Formation geschaffen hatte, aber in Tibet ist es erlaubt, jedes wie auch immer geartete Naturphänomen auf übernatürliche Weise zu erklären.

Die von der Sonne verdorrte Weide des Tals, durch eine vereiste Bachrinne in zwei saubere Hälften geschnitten, ging in eine Geröllmoräne und dann in die zerklüfteten Felsen über, die unser Ziel darstellten. Was wir am Nationalfeiertagsbankett sehnsüchtig ins Auge gefasst hatten, der kleine Punkt am Horizont über der Schulter des Vize-Gouverneurs von Tibet, stand jetzt vor uns, überlebensgroß, und das Eis zwischen den Felsen glitzerte in der Sonne.

Wir setzten uns zu einer langen Rast mitten unter die abgestorbenen Blütenköpfe von Enzian und Primeln, die im Sommer einen farbenprächtigen Teppich auf der Weide bilden. Die Stadt Lhasa lag tief unten zu unseren Füßen. Die Tempeldächer des Yokhang-Klosters funkelten golden im Sonnenlicht. Hinter dem Gold bewegten sich Armeelaster als winzige Punkte auf der geraden Straße entlang zum Militärkrankenhaus. Unmittelbar rechts daneben ragte vor den ausgedörrten Vorbergen das frisch getünchte Dreieck des Gebäudekomplexes, der das Kloster Sera bildet, auf.

Die Sommerregen waren längst versiegt und der Kyi Chu River bis auf ein kleines Winterrinnsal ausgetrocknet. Sandbänke und Kiesstrände erstreckten sich in Wirbeln nach Westen, an dem Denkmal des unbekannten Straßenbauers vorbei und zwischen den Militärlagern hindurch zur Flussgabelung, wo der Kyi Chu in den Brahmaputra fließt. Das Gold und Ocker des Potala-Palastes zog sich vom Talboden neben dem Chagpori hinauf auf den Eisenhügel, wo einst die Medizinschule Tibets stand. Sie war 1995 während des »Aufstands der reaktionären Oberschicht« das Zentrum schwerer Kämpfe gewesen und inzwischen durch einen attraktiven Fernsehmast ersetzt worden, der den tibetischen Nomaden und Yaks die Wohltat des chinesischen Fernsehens bringt.

Wir blickten auf die Berge über dem Lhasa-Tal hinaus und sahen, dass wir uns jetzt auf gleicher Höhe befanden wie die Gipfel der umliegenden Bergketten. Ein Gefühl des Stolzes erfüllte uns. Waren wir die ersten Menschen, die zu diesem abgelegenen Hängetal hinaufgestiegen waren? War je ein Menschenfuß auf dem weichen Gras gegangen, das diese Hochgebirgswiese säumte?

»*Tashi Delai!*«

Unser Ruhm währte nicht lange. Als wir den Blick nach oben richteten, sahen wir einen tibetischen Jungen, der uns vom anderen Ende des Tals zurief.

»*Tashi Delai!*«, rief er noch einmal. Er rannte zu uns herunter, gefolgt von einer Herde Yaks, die hinter den Felsblöcken auftauchten. Es war schwer zu sagen, wer von uns überraschter war: Mark, ich selber, der tibetische Junge oder die Yaks.

Wo war er hergekommen? Wo wollte er hin? Er redete pausenlos auf uns ein und wahrscheinlich stellte er uns die gleichen Fragen, die wir an ihn hatten, aber wir verstanden nur wenig von seinen Worten. Mit unseren paar Brocken Tibetisch gaben wir ihm zu verstehen, dass wir Engländer seien. Er lächelte, als ob das alles erklärte, und mit einem Winken verschwand er um die Ecke des Berghangs, so schnell wie er gekommen war. Die Yaks folgten ihm, nickten beim Gehen mit den Köpfen, hielten aber ihre Augen auf uns gerichtet, bis sie über den Rand des Hängetals hinaus und auf dem Weg zu den unteren Weiden waren. Der Wind trug das Läuten der Yakglocken herüber, noch lange nachdem sie außer Sicht waren. Die dampfenden Dunghaufen mahnten uns beständig, dass wir nicht so vermessen sein und uns einbilden sollten, wir hätten den Ort entdeckt. Was sollte daran auch zu entdecken sein? Das Hängetal gab es seit der letzten Eiszeit und die Tibeter hatten ihre Yaks auf diesen Hochalmen weiden lassen, lange bevor man im Westen überhaupt etwas von einem Land namens Tibet gehört hatte.

Als wir das Ende des Tals erreichten, wo die Weide in die Geröllhalde mündete, die sich vom Bergkegel herunterzog, wurde das Atmen noch mühsamer und unsere Gespräche verstummten ganz. Es dauerte eine Stunde und 20 Minuten, bis wir den Gipfel erreichten. Ich hätte jederzeit aufgeben können. Bei jedem Felsen musste ich nach Atem ringen und 30 Sekunden ausruhen, ehe ich den nächsten in Angriff nehmen konnte. Ich fand mich mit der Tatsache ab, dass ich nie den Everest besteigen würde. Ich dachte an Greg und Dave und die Seilschaften, die in dieser Klettersaison hier gewesen waren. Hatten sie es auf den Gipfel geschafft? Ich hatte von einem Todesfall in einer japanischen Gruppe gehört und ein Bergsteiger, der via Lhasa zurückgekehrt war, hatte den teilweise verbrannten Leichnam eines Bergsteigers im Basislager gesehen. Bei diesen Gedanken zog sich in mir alles zusammen und ich schaute zu Mark hinüber.

Er rang genauso heftig nach Atem wie ich, und das Einzige, was wir zu Stande brachten, war ein Nicken, mit dem wir uns verständigten, dass wir durchhalten würden. So nahe vor dem Ziel konnten wir unmöglich umkehren, egal wie erschöpft wir waren, und am Ende trug uns ein letzter Energieschub auf den Gipfel hinauf. Wir hatten siebeneinhalb Stunden gebraucht und eine Höhe von 5480 Metern erreicht.

Der Blick war überwältigend – das ganze Lhasa-Tal breitete sich im Norden vor uns aus und nach Süden hin reihten sich die Bergketten wellenartig hintereinander. Kein Fleckchen Grün war vom Sommer geblieben und der frische Schnee des diesjährigen Winters war noch nicht gefallen. Um uns herum war alles nackter Fels und Sand. Wir standen höher als auf dem Gipfel des Montblanc, aber wir blickten auf eine trockene, aride Landschaft hinunter. Nur in der Ferne schimmerten die Schneekuppen der über 6000 Meter hohen Giganten zu uns herüber.

Wir breiteten zwei weiße Schals über einen flachen Felsen neben einem moosbedeckten Steinhaufen und holten unsere Lunchpakete aus den Rucksäcken. »Was macht dieser Steinhaufen hier?«, fragte Mark zwischen zwei japsenden Atemzügen.

Es war ein weiteres Zeichen, dass wir keineswegs die Ersten waren, die auf dieser Felsnase standen. Vielleicht war hier einmal eine Kultstätte gewesen, oder ein gelangweilter Yakhirte hatte ein paar Steine gesammelt, um sich die Zeit zu vertreiben. Wer immer es gewesen war, wir fühlten uns geehrt, dass wir dieses Erlebnis und den Ausblick mit ihnen teilen konnten, auf ihrem Berg.

Ein Himalaya-Weißkopfgeier glitt schwerelos an uns vorüber und ließ sich von einem Aufwind zu dem Tal im Süden tragen. Wir wickelten unser Mittagessen aus und verdrängten schnell den Gedanken, was der Geier gerade gefressen hatte. Große Höhen dämpfen irgendwie den Appetit und ehe wir zu essen anfingen, starrten wir eine ganze Weile auf unsere Tafel mit chinesischem Dosenfleisch, platt gedrückten trockenen Brötchen und Apfelschnitzen. Selbst die Schweizer Schokolade, die uns von einem großzügigen Kuoni-Tourenführer gespendet worden war, schmeckte nicht so gut wie in tieferen Lagen.

Stattdessen quälte uns unablässig der Durst. Durch die tiefen Atemzüge, die wir machten, um die Lungen mit der dünnen Luft zu füllen, war unser Mund völlig ausgetrocknet und wir schafften es kaum, ausreichend zu trinken. Auf dem Weg nach oben hatten wir bereits eine Thermoskanne Kaffee und zwei Dosen geleert. Zum Mittagessen öffneten wir unsere dritte Dose Jan Li Bao, das chinesische Orangen-Honig-Sprudelgetränk – laut Etikett hervorragend für Hochleistungssportler wie uns geeignet.

Die Sonne brannte, aber der Wind war kalt und nach einer Stunde auf dem Gipfel sagten wir dem Steinhaufen und dem flachen Granitblock, der uns als Esstisch gedient hatte, widerstrebend Lebewohl.

Der Abstieg verlief viel schneller als der Aufstieg, aber nicht leichter. Wir nahmen die Route durch das Hängetal und über den Rand zu dem Grashügel, den wir auf dem Weg nach oben hätten nehmen sollen. Als wir den Hügel erreichten, stellten wir fest, dass er nicht mit Gras bewachsen war, wie wir geglaubt hatten, sondern mit Zwergrhododendron. Die Sträucher waren bis auf die gefrorene Erde zurückgestutzt, denn die Tibeter ernten den Rhododendron. Die getrockneten Stängel werden im Barkhor an Pilger und Stadtbewohner verkauft, die keine Zeit oder Lust haben, selbst hinaufzusteigen. Sie werden in den Räucherpfannen um den Barkhor und an anderen heiligen Stätten verbrannt, als Opfer für die Gottheiten.

Es dämmerte bereits, als wir den Talboden erreichten, wo wir auf unseren Hirtenfreund stießen, der laut singend seine Yaks ins Dorf zurückbrachte. Zwischendurch brüllte er sie an und sammelte geeignete Steine für seine Yakhaarschleuder. Sobald ein Tier zurückfiel oder den Fehler machte, den Hang hinaufzuklettern, anstatt dem Bach zum Talgrund zu folgen, wirbelte er seine Schleuder in der Luft herum und schoss den Stein mit einer solchen Wucht und Präzision ab, dass er direkt hinter den Fersen des Yaks auf den Boden knallte und das Tier Hals über Kopf den Hang hinunter zur restlichen Herde flüchtete. Er grinste uns jedes Mal zu, wenn er einen

Stein abschoss, sichtlich stolz auf seine Kunst. Leider ist das Schleuderschießen keine olympische Disziplin, sonst wären die Tibeter ganz vorne im Rennen. Der Junge war bester Laune und sang aus voller Kehle. Sicher hatte er nicht oft die Gelegenheit, eine so gute Geschichte wie die von den zwei Ausländern, die er auf dem Berggipfel angetroffen hatte, am Yakdungfeuer zu erzählen: »Komische Leute mit hässlicher weißer Haut, sie wussten gar nicht, wo sie hinwollten, und sie konnten nicht einmal richtig sprechen ...«

Als wir die Stelle erreichten, an der wir vor 13 1/2 Stunden aufgebrochen waren, erkannten wir in der Ferne eine Staubwolke, die sich hinter einem winzigen Peking-Jeep her wälzte. Dasang war auf dem Weg zu uns. Aber noch vor seiner Ankunft hatte sich das unvermeidliche Publikum aus dem Dorf eingefunden.

Wo immer man in Tibet hinkommt und fünf Minuten verweilt, taucht eine kleine Schar tibetischer Jungen und Mädchen aus dem Nichts auf. Sie setzen sich eng aneinander gedrängt etwa 20 Meter entfernt auf den Boden und beobachten alles, was man macht, flüstern sich Bemerkungen zu und kichern. Es hatte sich schnell herumgesprochen, dass die beiden Ausländer, die am Morgen durchgekommen waren, an der Straße warteten, und aus allen Richtungen rannten kleine Kinder herbei und mischten sich unter die Menge. Die Jungen sind meistens die Mutigeren und einige riefen uns etwas zu. Sobald wir antworteten, senkten sie alle verlegen die Köpfe und die Mädchen versteckten sich hinter den Jungen. Das chinesische Fernsehen, das über die Antenne in Chagpori ausgestrahlt wurde, hatte keine Chance gegen uns – wir waren die Attraktion des Abends. Wir zeigten auf den Berggipfel und erklärten ihnen in Zeichensprache, dass wir gerade dort oben gewesen waren. Sie hielten es für das Dümmste, was ein Mensch nur machen konnte, und wälzten sich im Gras vor Lachen.

Als Dasang in seinem Peking-Jeep eintraf, wich die Menge ein Stück beiseite. Er hievte die Rücksitze heraus und zauberte aus einem verbeulten Stauraum über der Hinterradfederung ein komplettes tibetisches Menü hervor: Reis in Yakbutter und Zucker, Fladenbrot, Yakjogurt, Yakfleisch mit gekochten Kartoffeln und eine Thermoskanne mit Yakbuttertee. Die Gastfreundlichkeit der Tibeter ist legendär, kommt meist unerwartet und ist, sofern es sich um Yakbutter handelt, leider nicht sehr willkommen.

Es gibt Ausländer, die behaupten, dass sie gern Yakbuttertee trinken, aber das kann unmöglich die Wahrheit sein. Sie sagen, dass man sich an den Geschmack gewöhnen müsse, aber unter welchen Qualen, davon ist nicht die Rede. Um eine Vorstellung zu bekommen, wie echter Yakbuttertee schmeckt, muss man sich nur die einzelnen Schritte seiner Zubereitung vergegenwärtigen, wie sie in der tibetischen Küche üblich sind:

Wasser in einem geschwärzten Topf über einem Yakdungfeuer kochen. Letzteres gibt keinen Geschmack an das Wasser ab, imprägniert aber die Kleider mit dem Geruch von verkohltem Yakdung und schafft das richtige Ambiente für eine gemütliche Teestunde.

Einen chinesischen Teeziegel nehmen, die Hälfte abbrechen und ins Wasser geben. Das Ganze viel zu lange kochen.

Jetzt mehrere Löffel Salz dazugeben.

Einen Schuss Mineralwasser dazugeben.

Die köstliche Mischung in einen hölzernen Teebereiter gießen. Zum Regal gehen und die Schale mit der letztjährigen ranzigen Yakbutter hervorholen. Eine Hand voll herausklauben und in den Tee werfen. Hände an der Schürze abwischen. Die Flüssigkeit und die ranzige Yakbutter verquirlen, bis die Klumpen im Tee geschmolzen sind.

Das Gebräu in eine chinesische Thermoskanne gießen und warten, bis ein paar ahnungslose Ausländer auftauchen.

Während die meisten Ausländer den Geschmack absolut widerlich finden, ist Yakbuttertee das Grundnahrungsmittel der Tibeter, zusammen mit *tsampa* (Gerstenmehl). Er ist ein wesentlicher Bestandteil der tibetischen Küche und jeder Tibeter wird Ihnen sagen, dass es unklug ist, den Tag ohne eine große Schale Yakbuttertee zu beginnen. Es heißt, dass Tibeter bis zu 50 Tassen am Tag trinken können.

All diese Fakten nützen Ihnen wenig, wenn Sie vor einer frisch eingeschenkten Schale sitzen und ein wohlmeinender Gastgeber Sie mit seinem warmen Lächeln anstrahlt und zum Trinken auffordert. Wenn der Yakbuttertee erst einmal eingeschenkt ist, gilt es als äußerst unhöflich, die Schale unberührt zu lassen. Und an diesem Punkt kommt man in die Bredouille, denn die Tibeter sind ein so unglaublich freundliches und gastliches Volk, dass man sie unter keinen Umständen kränken darf. Der Gastgeber schwirrt unablässig um Sie herum und versucht Ihre Schale aufzufüllen, während er sie anlächelt und zum Trinken auffordert.

Nur Nippen ist keinesfalls ein Ausweg, weil man sonst den Geschmack im Mund hat und die Schale automatisch wieder aufgefüllt wird, deshalb habe ich es mit der Technik probiert, das Gebräu in einem Zug hinunterzukippen. Das ist ein Fehler, auch wenn Ihr Gastgeber strahlt wie ein Honigkuchenpferd, denn er füllt Ihre Schale unverzüglich randvoll auf, und Sie sind wieder dort, wo Sie angefangen haben – nur mit dem Unterschied, dass Sie bereits eine Schale von dem grässlichen Gebräu im Bauch haben.

Ich habe herausgefunden, dass es am besten ist, die Schale an den Mund zu führen, ohne etwas zu trinken. Das verwirrt Ihren Gastgeber zunächst ein bisschen, weil er trotzdem nach jedem Schluck nachschenken will. Erst ganz am Schluss, wenn Sie aufstehen und gehen, halten Sie die Luft an und kippen die Schale in einem Zug hinunter. Der Gastgeber rauft sich dann die Haare, dass er Sie nicht besser bewirten konnte, aber das ist weniger schlimm, als wenn sie ihn gekränkt zurücklassen müssten. Als Alternative kann man natürlich den Versuch machen, sich an Yakbuttertee zu gewöhnen, aber in dieser Hinsicht musste ich leider passen.

Der Rest von Dasangs Festmahl war köstlich. Yakfleisch ist nicht so schlecht, wie es sich anhört; es ist etwas sehnig, aber der Geschmack erinnert an gutes Rindfleisch. Unser Appetit war zurückgekehrt, und obwohl wir Dasang mit unserem symbolischen Nippen am Yakbuttertee enttäuschten, war er sichtlich zufrieden, dass uns das Essen so gut schmeckte.

Die Kinder hielten immer noch Abstand und schauten uns beim Essen zu. Sie johlten laut, als eine alte Frau aus dem Dorf mit einem Glas und einem Kessel Chang auf uns zukam. Chang, ein Gebräu aus vergorener Gerste, ist das beliebteste »Party«-Getränk in Tibet. Sein Alkoholgehalt ist sehr niedrig und die ersten paar Gläser kann man hinunterkippen, ohne viel zu merken – abgesehen von der aufsteigenden Übelkeit. Die Farbe ist ein wolkiges Grün und der Geschmack eine Mischung aus Cidre, Met, herbem Yogurt und *Robinson's Barley Water*, einem in England weit verbreiteten Erfrischungsgetränk. Es war ein gelungener Abschluss unserer Exkursion und wir dehnten unser improvisiertes Picknick aus, bis die Nacht anbrach und Bodenfrost einsetzte. Die Kinder jagten den ganzen Weg zum Dorf Lu hinter unserem Peking-Jeep her und winkten, bis wir im Militärlager verschwunden waren.

Dasang und Mark setzten mich beim Hotel ab und ich ging durch die Lobby, ohne von den Gästen bemerkt zu werden. Es war spät und ich freute mich auf eine lange Nachtruhe. Als ich die Tür zu meinem Zimmer aufstieß, fand ich eine Nachricht auf dem Boden vor, die meinem Traum von acht Stunden Schlaf ein abruptes Ende setzte.

Ich stellte den Wecker auf fünf Uhr.

Kapitel 7
VON DEN MISSIONAREN ZU MAO TSE-TUNG

»Warum sprechen Ihre Angestellten kein Englisch?« Diese drohende Frage wurde mir tagein, tagaus von ärgerlichen Gästen gestellt. Ich konnte es allmählich nicht mehr hören und hätte am liebsten gesagt: »Und warum sprechen Sie kein Tibetisch? Bleiben Sie doch einfach nächstes Mal zu Hause, Sie alte Spinatwachtel!«, aber das war leider nicht möglich in einem internationalen Hotel. Stattdessen rang ich mir eine höfliche Entschuldigungsfloskel ab: »Oh, es tut mir sehr Leid, wir sind immer bemüht, den Service für unsere Gäste zu verbessern, und ich danke Ihnen, dass Sie uns darauf hingewiesen haben.«

Das Absurdeste, was ich in puncto Beschwerden über »mangelnde englische Sprachkenntnisse« erlebte, kam von einem Investmentbanker, der nach Tibet eingeladen worden war, um mit der örtlichen Regierung über wichtige finanzielle Projekte zu verhandeln. Wir hatten Anweisung, ihn mit Samthandschuhen anzufassen, und der Direktor begleitete den Banker und seine Ehefrau höchstpersönlich in die beste Suite des Hotels. Der Mann befürchtete, dass seine Frau, die sich während seiner Meetings mit den Regierungsvertretern in Lhasa umsehen wollte, höhenkrank werden könnte, und suchte im Zimmer nach dem Sauerstoffanschluss. Er fand die Flasche unter dem Nachttisch und wollte den Sauerstoff ins Zimmer leiten, aber es sprudelte keine sauerstoffangereicherte Luft durch das Wasser, wie es in der Bedienungsanleitung beschrieben war. Er rief die Telefonistin an und bat sie, jemanden zu schicken, der den Sauerstoffanschluss prüfen sollte. »Ja«, antwortete die Telefonistin und legte den Hörer wieder auf. Er wartete geduldig in seiner Suite auf den versprochenen Monteur. 15 Minuten später war immer noch niemand erschienen, seine Frau klagte über Kopfschmerzen und er schritt in der großen Suite auf und ab und ärgerte sich, dass der Service so langsam war, bemühte sich aber immer noch, ruhig zu bleiben. Er rief noch einmal die Telefonistin an und fragte nach dem Sauerstoff. »Ja, warten Sie einen Moment, ich prüfe es für Sie nach«, lautete die abrupte Antwort.

Wieder verging eine Viertelstunde, ohne dass jemand kam – die Kopfschmerzen seiner Frau verschlimmerten sich und seine Stimmung erreichte allmählich den Siedepunkt. Er riss den orangefarbenen Telefonhörer hoch, zuckte zurück, als ihm das Pfeifen der Rückkoppelung in sein rechtes Ohr zischte, und wählte die 2222, die Nummer der Hotelzentrale, um die Telefonistin zu fragen, warum es keinen Sauerstoff gab. Die Telefonistin war kurz angebunden – er stahl ihr die Zeit: »Ja, ich habe es für Sie nachgeprüft, aber im Hotel wohnt kein Mr. Oxygen (Sauerstoff). Kein Gast mit diesem Namen.«

Es war offensichtlich, dass das Hotel einen Englischlehrer brauchte. Der Investmentbanker stauchte den Direktor zusammen, der wiederum jeden anbrüllte, der auch nur entfernt für das Problem des VIP verantwortlich gemacht werden konnte. Derek wurde in sein Büro gerufen und wegen des defekten Sauerstoffanschlusses abgemahnt. Charlie wurde gefragt, warum seine Zimmermädchen den Fehler nicht entdeckt hatten, und Harry wurde des Langen und Breiten verhört, warum er das Gerät nicht persönlich geprüft hätte, als er dem Investmentbanker das Zimmer zugewiesen hatte. Es reichte einfach nicht, einen Portier hinaufzuschicken, um ein VIP-Zimmer zu überprüfen. Ich hörte das Gebrüll draußen vor dem Büro des Direktors, wohin auch ich zitiert worden war. »Wie soll ein Tibeter, der sein Leben lang nur in Schmutz und Elend gelebt hat und nichts anderes kennt als Schlamperei und Inkompetenz, nachprüfen können, ob das Zimmer für einen europäischen Top-Banker in Ordnung ist?«

Harry war offiziell auch für die Telefonistinnen zuständig, so dass er doppelt schuld an dem Desaster war. Als ich endlich zum Direktor vorgelassen wurde, hatte er vergessen, was er von mir wollte, und war so erschöpft vom Brüllen und Auf-den-Tisch-Hauen, dass er mich nur noch fortwinkte. Harry schickte Dr. Grubby nach oben in die Suite, damit er sich um die Kopfschmerzen der Dame kümmerte, woraufhin diese sich schlagartig und wundersam erholte.

Aber der Banker hatte das Blaue-Punkte-Englisch-System des Hotels auffliegen lassen – es funktionierte einfach nicht. Dieses System war vom ersten ausländischen Stab des Holiday Inn eingeführt worden und hatte sehr hoffnungsvoll begonnen. Jeder Angestellte erhielt blaue Punkte auf seinem Namensschild, die den Stand seiner Englischkenntnisse anzeigten. Drei Punkte bedeuteten »gutes Englisch«, zwei Punkte »etwas Englisch« und ein Punkt »ein paar Worte Englisch«. Die große Mehrheit des Personals hatte keinen Punkt, was »überhaupt kein Englisch« bedeutete. Nichts. Sparen Sie sich die Mühe und fragen Sie mich lieber nichts, weil ich Sie sowieso nur verständnislos anstarren werde.

Das Blaue-Punkte-System war bei den Hotelgästen sehr beliebt, weil sie auf diese Weise einschätzen konnten, wer in der Lage war, auf ihre Fragen zu antworten, und bei wem es reine Zeitverschwendung war, ihn anzusprechen. Aber leider war das Blaue-Punkte-System in den Augen des Personals ein Druckmittel der Hotelleitung, um sie zu etwas Undenkbarem zu zwingen – zum *Arbeiten*. Da war es zehnmal besser, sich hinten an die Wand der Empfangstheke zu drücken und die Leute fortzuwinken, weil man keine Punkte hatte, anstatt in vorderster Reihe zu stehen und womöglich arbeiten zu müssen. Umso mehr, als es fast immer etwas Brenzliges war, wenn ein Gast das Personal ansprach: »Wo kann ich ein Fax abschicken? Warum funktioniert die Heizung nicht? Warum gibt es keine Zeitung? Warum sind meine Fotokopien schwarz? Warum sind wir heute im Hotel eingesperrt? Was halten Sie von den Menschenrechten in Tibet?«

In der kommunistischen Ära, als alle gleich waren, hatte das Management keine Möglichkeit, dem Personal mit Punkten einen echten finanziellen oder beruflichen Anreiz zu geben. Ob man Karriere machte oder nicht, hing davon ab, welche Position und welche Beziehungen man in der Partei hatte – es war undenkbar, einem Angestellten mehr zu bezahlen, weil er besser arbeitete. Das wäre ungerecht gewesen. Folglich kratzte das Personal die blauen Punkte ab, sobald sie ihnen verliehen wurden, und das Punkte-System wurde ein echter Anreiz, *nicht* Englisch zu lernen.

Die Beschwerde des Investmentbankers hatte die örtlichen Behörden in große Verlegenheit gebracht und daher zu einem schweren Gesichtsverlust geführt. Es war der richtige Moment, die Hotelbesitzer, die zufällig mit der Regierung identisch waren, um die Genehmigung zu bitten, einen Englischlehrer einzustellen. Das übliche bürokratische Tauziehen und die Weigerung, zusätzliches ausländisches Personal im Hotel einzustellen, wurde diesmal außer Acht gelassen und die Genehmigung sofort erteilt. Es war ein Sieg für Partei B und der Direktor schickte ein Telex nach Hongkong und verlangte, dass sobald wie möglich ein Englischlehrer engagiert wurde.

Die Antwort kam schneller als erwartet. Ein junges Paar hatte in der Hauptverwaltung angerufen, ob im Holiday Inn Lhasa zufällig eine Lehrerstelle vakant sei. Die Personalabteilung in Hongkong hatte das Paar als »sehr nett« und »sehr motiviert« eingestuft, und vor allem seien sie bereit, für ein »sehr niedriges« Gehalt zu arbeiten. Allein dies hätte alle Alarmglocken in Gang setzen müssen, aber stattdessen wurden die beiden »Neuen« umgehend mit einem CAAC-Flug via Chengdu nach Lhasa verfrachtet.

Ich lag in meinem warmen Bett, als der Wecker klingelte, und spähte unter den Decken hervor, um mich zu vergewissern, ob es wirklich schon fünf Uhr war. Die Nachricht des Direktors, die unter meiner Tür gelegen hatte, besagte, dass die Englischlehrer am Montagmorgen eintreffen würden, und ich sollte mit Dorje zum Flughafen fahren, um sie abzuholen.

Ich versuchte im Landcruiser weiterzuschlafen, aber mit Dorje am Steuer war das ein aussichtsloses Unterfangen. Ich klammerte mich an Türgriff und Armaturenbrett, um wenigstens auf dem Vordersitz zu bleiben. Dorje fuhr mit abgeblendeten Scheinwerfern, blendete aber voll auf, sobald uns ein anderer Lastwagen oder ein Auto entgegenkam. Es war eine interessante Methode, die von allen praktiziert wurde, die auf dem tibetischen Plateau unterwegs waren – die entgegenkommenden Fahrzeuge blenden, um ihnen zu zeigen, dass man da war. Ich überlegte, ob ich ihm erklären sollte, dass man im Westen normalerweise aufgeblendet fährt und nur abblendet, wenn ein anderes Auto entgegenkommt, aber bei der Vorstellung, wie viel Aufwand an Zeichensprache das im Dunkeln bei 120 Kilometer pro Stunde kosten würde, gab ich auf und sagte mir, dass es besser war, mich einfach in den Sitz zu drücken und Dorje in Ruhe zu lassen, damit er sich auf die Straße vor uns konzentrieren konnte.

Wir kamen an einem verunglückten Peking-Jeep in einer der schlimmsten Kurven auf der Kyi-Chu-Straße vorbei. Weiß gestrichene Steinquader, die ungefähr 15 Zentimeter hoch über den Asphalt hinausragen, sind als Trennlinie entlang der Straßenmitte aufgestellt, um die Fahrer zu zwingen, in der Kurve auf der richtigen Seite zu bleiben. Wenn ein Fahrzeug einen dieser Steine rammt, wird es in die Spur des entgegenkommenden Verkehrs geschleudert, schlägt einen Salto und rutscht manchmal ganz auf die andere Seite und in das Flussbett hinunter. Dorje bremste ab, als wir an dem umgestürzten Jeep vorüberkamen. Vier chinesische Soldatenmützen, die neben einer Blutlache übereinander gestapelt waren, legten ein düsteres Zeugnis über das Schicksal der Insassen des Jeeps ab. Niemand war zu sehen. Was immer von den Soldaten übrig geblieben war, hatte man offensichtlich zum nächsten Militärkrankenhaus abtransportiert. Dorje schüttelte den Kopf und trat aufs Gas, um so schnell wie möglich diesen Ort des Grauens hinter sich zu bringen. Blutbäder auf der Straße zum Flughafen waren nichts Ungewöhnliches und bei Tagesanbruch war der Straßenrand mit den Unfalltrümmern der letzten Nacht übersät.

Am Flughafen von Lhasa herrschte das übliche Chaos. Toyota Landcruiser, Peking-Jeeps und Tourenbusse kämpften um die beste Position für das Rennen zurück nach Lhasa. Ich stieg aus dem Wagen und schlenderte die Rollbahn entlang, wo die Tourenführer sich mit ihren Zettelschildern versammelten. Sie standen dicht gedrängt, die Augen himmelwärts gerichtet, um die erste der beiden Boeing 707 auszumachen, die sich im Landeanflug befanden.

»Hallo, Mr. Alec«, sagte eine freundliche Stimme. »Mein Name ist Renchen. Wie gefällt Ihnen Tibet?«

Ich hatte von den wenigen Gästen, die das Glück gehabt hatten, Renchen als Tourenführer zugeteilt zu bekommen, von ihm gehört, war ihm aber noch nie begegnet. Manche Gäste, die weniger Glück hatten, bezahlten Tausende von Dollars, nur um von einem frisch importierten Chinesen in Empfang genommen zu werden. Die Englischkenntnisse dieser chinesischen Führer waren oft schlecht, ihr Wissen über Tibet gleich Null und ihr Mangel an Respekt vor der tibetischen Kultur ein Skandal.

»Tibet ist wunderschön«, sagte ich zu Renchen und er grinste mich an. Die Menge geriet in Bewegung, ein Flugzeug war erspäht worden, und bald war das gewaltige Dröhnen der 707-Triebwerke zu hören und die Maschine donnerte über das Rollfeld auf uns zu.

Ich beobachtete, wie die Passagiere aus dem Flugzeug stiegen und keuchend die kalte, dünne Luft des Gonggar-Tals einatmeten. Tibetische Familien mit ihren Bündeln, düster blickende chinesische Soldaten, die hier ihre Dienstzeit ableisten mussten, kleine Gruppen von verwirrten Touristen, und dann sie: Zwei Gestalten in Latzhosen und Holzfällerhemden sprangen die Stufen herunter. Da fiel der Groschen. Ich starrte auf die beiden Köpfe mit dem vernünftig-praktischen Haarschnitt, die in der frühen Morgenbrise auf mich zugewippt kamen.

»Oh, hallo. Das ist aber nett von Ihnen, dass Sie zum Flughafen gekommen sind. Vielen, vielen Dank«, flötete Nancy zur Begrüßung. »Ach, ist Tibet nicht wundervoll? Wir sind ganz hingerissen, und dabei sind wir gerade erst angekommen! Wir haben 24 Koffer dabei, die wir noch einsammeln müssen, aber den hier habe ich mit ins Flugzeug genommen.« Nancy kicherte und drückte ihre kostbare Tasche an sich. »Das sind unsere Mr.-Smiley-Sticker!«

Ich schauderte. Zwei Undercover-Missionare waren in die Hauptstadt von Tibet eingedrungen. Aber es war beileibe nicht das erste Mal, dass die Tibeter von bibelschwingenden Besuchern infiltriert wurden, und wie die Geschichte zeigte, war selbst der tiefste Materialismus der Kulturrevolution machtlos gegen den Glauben der Tibeter gewesen.

Über 300 Jahre, bevor Nancy und Bob die Stufen des CAAC-Flugzeugs herunterhüpften, waren zwei Jesuiten-Missionare, Albert d'Orville aus Belgien und Johan Grueber aus Österreich, mit denselben Absichten in den Barkhor marschiert. Das Reisen war damals, um die Mitte des 17. Jahrhunderts, um einiges langsamer und beschwerlicher; die Missionare hatten drei Jahre gebraucht, um

Yakbuttertee-Verkäuferin in Pabunkga bei einer kleinen Pause von der Arbeit.

Eine Aufführung der tibetischen Oper beim Shoton-Fest im Kloster Drepung.

Tibetische Hörner über der *Thangka*-Wand im Drepung-Kloster beim Shoton-Fest.

Sommer in Tibet: Oberhalb des Ganden-Klosters spielt ein junger Mönch mit einem Käfer.

Erntezeit am Yamdrok-See – dem Türkissee.

Nonne mit Foto des Dalai Lama.

Khampa-Frau bei der Inthronisationsfeier des Kharmapa. Kloster Tsurpu.

Eine Kongpo-Frau dreht eine große Gebetsmühle im Barkhor.

Der Rikscha-Taxi-Stand vor dem Holiday Inn Lhasa.

Der Potala-Palast in der kalten, klaren Winterluft.

Kleine Mädchen sammeln auf den Hängen zum Kamba La Yakdung.

Der Eingang zum Jokhang-Tempel im Zentrum des Barkhor.

Der riesige *thangka* wird für ein paar kostbare Stunden im Morgengrauen des ersten Tages des Shoton-Fests enthüllt. Kloster Drepung.

Tibetische Kinder mit dem Autor neben den Ruinen am Ufer des Yamdrok-Sees.

Die Ruinen des Lhalu-Hauses, einst eines der fünf Wunder von Lhasa.

von China nach Lhasa zu wandern. Auf dem weiteren Weg nach Westen, zurück in Richtung Rom, erlag d'Orville den Härten des damaligen Reisens und trat in Indien vor seinen Schöpfer. Ich habe mich oft gefragt, ob die Pater auch so unerträglich reizend waren, aber irgendwie stelle ich mir d'Orville und Grueber als Feuer speiende, gottesfürchtige Männer vor, und nicht mit einer Tasche voll Mr.-Smiley-Stickern beladen.

Im 18. Jahrhundert kamen Kapuzinermissionare nach Tibet und errichteten eine zweite Mission in Lhasa, die mit den vor kurzem etablierten Jesuiten rivalisierte. Die Tibeter waren im Allgemeinen tolerant gegenüber anderen Religionen und es gibt zwar heute keine christlichen Kirchen in Lhasa, aber eine Moschee im Osten des Barkhor, die die islamischen Händler und Siedler aus den Provinzen Xinjiang und Quinghai zum Gebet ruft. Es kam selten vor, dass ausländische Missionen niedergebrannt und ihre Bewohner abgeschlachtet wurden, und im Allgemeinen nur in den Randgebieten Tibets, wo Banditen und leicht aufzuwiegelnde Tagelöhner durch das Land zogen.

Die Missionare in Lhasa wurden von den Tibetern akzeptiert, aber die Massenbekehrungen ließen länger auf sich warten, als die ersten Jesuiten gehofft hatten. Tatsächlich sind nur sieben überliefert. Die Rivalität zwischen Jesuiten und Kapuzinern verschärfte sich und schließlich musste der Papst angerufen werden und eine Entscheidung treffen, welcher der beiden Orden die Bekehrungsrechte in Tibet erhalten sollte. Die Kapuziner siegten, aber es nützte ihnen nicht viel, da die Chinesen 1745 die Tibeter dazu aufhetzten, alle Ausländer aus dem Land zu jagen, unter dem Vorwand, dass ihre kostbare buddhistische Religion für immer zerschlagen würde, wenn Ausländer ins Land kämen. Ziemlich absurd, wenn man bedenkt, wie die freundlichen Chinesen später selbst mit dem tibetischen Buddhismus umgingen.

Die Tibeter wurden ständig von den Chinesen vor der ausländischen Gefahr gewarnt und waren daher im Gegensatz zur heutigen Zeit extrem fremdenfeindlich. Soldaten patrouillierten auf den abgelegenen Pässen und den Zugangswegen nach Lhasa und hielten nach ausländischen Entdeckern, Exzentrikern, Missionaren und Verrückten Ausschau, die sich in allen erdenklichen Kostümierungen in die heilige Stadt einzuschleusen versuchten.

Den Briten in Indien war die Schließung Tibets ein besonderer Dorn im Auge, da sie 1860 bereits den gesamten indischen Subkontinent kartografiert hatten und jetzt ihr geheiligtes Kartografierungsrecht über den Himalaya hinaus nach Tibet auszudehnen gedachten. Der große weiße Fleck auf der Weltkarte, mit dem Wort »unerforscht« beschriftet, war eine Herausforderung, der kein abenteuerlustiger Untertan des Empire widerstehen konnte. Es war einfach ein Skandal für die Briten, dass sie in der zweiten Hälfte des 19. Jahrhunderts immer noch keinen genauen Breiten- und Längengrad für Lhasa ermittelt hatten. Irgendwie mussten sie dorthin kommen und die Messungen vornehmen. Die Russen hatten es von Norden her versucht, ein Amerikaner von Osten und die Franzosen aus allen nur denkbaren Richtungen. Die Briten probierten es nun von Süden, aber trotz vieler listenreicher Versuche war keine Tarnung gut genug, um einen Weißen über die tibetische Grenze in die verbotene Stadt zu schleusen.

Schließlich ersannen sie einen raffinierten Plan, wie sie ihr Ziel vielleicht doch noch erreichen konnten: loyale Untertanen des britischen Empire über die Grenze schicken. An den Südhängen des Himalaya wurden indische Pandits rekrutiert und in heimlichen Kartografierungstechniken ausgebildet. Geniale Erfindungen, die James Bond und Q alle Ehre gemacht hätten, wurden eingesetzt. So versteckte man zum Beispiel Sextanten im doppelten Boden einer Pilgerkiste und Quecksilber im Knauf eines Spazierstocks. Selbst die bedruckte Gebetsrolle in den Gebetsmühlen wurde durch weißes Notenpapier ersetzt, das dazu diente, illegale Messungen zu notieren.

Jeder der Pandits erhielt zur größtmöglichen Sicherheit einen Decknamen. Die Spione lernten, mit gleichmäßigen, abgemessenen Schritten zu gehen und die Anzahl ihrer Schritte anhand eines falschen Rosenkranzes, der 100 Perlen statt 108 hatte, aufzuzeichnen. Eine Perle entsprach 100 Schritten, ein ganzer Rosenkranz also 10.000 Schritten. Indem sie jeden Schritt auf ihrem Weg und um Tibet herum zählten, kartografierten die indischen Vermessungsagenten eine Strecke von etwa 5000 Kilometern, wobei sie über 500 Millionen Schritte aufzeichneten.

Von allen Heldentaten, die diese tapferen, selbstlosen Männer vollbrachten, sei hier die erstaunlichste Geschichte wiedergegeben, die einem gewissen Kintup, Deckname »KT«, widerfahren ist. Falls er sich das Agentendasein als einen Wirbel von schönen Frauen und aufregenden Abenteuern in teuren Luxushotels vorgestellt hatte, muss er bitter enttäuscht gewesen sein. Er brach im August 1880 nach Tibet auf, als Diener eines mongolischen Lamas verkleidet, mit dem Auftrag, das Rätsel des Brahmaputra zu lösen. Es war ein Rätsel, das jeden Engländer in Indien umtrieb und den Mitgliedern der Royal Geographical Society viele schlaflose Nächte bereitete. Der große Tsangpo-Strom lief an der Nordseite des Himalaya entlang und der noch größere Brahmaputra in der entgegengesetzten Richtung am Südrand des Himalaya und in den Golf von Bengalen hinaus. Aber waren die beiden miteinander verbunden? Machte der Tsangpo am Ende des Himalaya eine Kehre und wurde zum Brahmaputra? Und wenn ja, wo und wann? Das musste unbedingt erforscht werden.

Die Lösung des Rätsels wurde von Kintup und dem mongolischen Lama erhofft, dem Spionage-Team, das zehn Tage lang täglich 50 markierte Stämme in den Tsangpo werfen sollte. Der Brahmaputra an der Südseite des Himalaya sollte zur selben Zeit von britischen Offizieren observiert werden, um zu klären, ob die markierten Stämme den Fluss heruntertrieben. Einfache Methode.

Kintup und der Lama kamen problemlos über die Grenze, aber der Plan scheiterte auf katastrophale Weise, als der Lama seine Kartografierungsabsichten aufgab, das ganze Geld der Expedition an sich nahm und in die Mongolei verschwand, nicht ohne Kintup vorher als Sklaven an einen skrupellosen kleinen Beamten in der abgelegenen Stadt Tongkyuk Dzong zu verkaufen. Das brachte Kintup, milde ausgedrückt, in eine unangenehme Lage. Nach sieben Monaten Zwangsarbeit entkam er, wurde aber von den Häschern des Beamten wieder eingefangen. Die traditionelle Strafe für einen entlaufenen Sklaven war Abhacken einer Hand oder eines anderen Körperteils, mindestens aber eine dauerhafte Verstümmelung, indem man die Sehnen der Beine durchtrennte. Kintup hatte jedoch Glück: Er wurde seinen Peinigern von einem freundlichen tibetischen Abt abgekauft, der ihn gut behandelte und ihn vorübergehend von seinem Sklavendasein befreite, um ihm die Möglichkeit zu Pilgerreisen zu geben. In den nächsten drei Jahren verfolgte Kintup unter dem Deckmantel der Pilgerreisen seinen britischen Geheimauftrag weiter, die Lösung des Brahmaputra-Rätsels zu finden. Er fällte Baumstämme, markierte sie mit Schildern und ging nach Lhasa, um einen sikkimesischen Händler zu bitten, den Engländern in Indien eine Botschaft zu überbringen, an welchem Datum er die Stämme ins Wasser zu werfen gedachte. Im nächsten Jahr entließ der freundliche Abt Kintup ganz aus der Sklaverei und er konnte endlich seine Baumstämme in den Fluss werfen. Die direkte Route nach Sikkim wurde von wilden Volksstämmen unsicher gemacht und so kehrte er zu Fuß über Lhasa zurück und kam ungefähr vier Jahre nachdem er aufgebrochen war, nach Hause.

Bei seiner Heimkehr wurde ihm nicht der triumphale Empfang zuteil, den er verdiente. Seine Mutter war gestorben, seine Nachricht nie angekommen, niemand hatte nach seinen Baumstämmen Ausschau gehalten, von denen keiner je geborgen wurde, das Rätsel Tsangpo/Brahmaputra war in seiner Abwesenheit bereits gelöst worden und zu allem Übel glaubte ihm niemand seine Geschichte.

Es vergingen nach Kintups Heimkehr noch 20 weitere Jahre, bis westliche Ausländer die Straßen von Lhasa betraten. Viele hatten versucht, die heilige Stadt zu erreichen, aber alle waren von den fremdenfeindlichen Tibetern, den Chinesen, den Banditen oder den Naturgewalten, die das tibetische Plateau beherrschen, zurückgeschlagen worden. Für die Briten waren diese Kräfte jedoch kein Hindernis; um das Empire in Indien zu schützen und die Russen auf Distanz zu halten, drangen sie schließlich unter dem Vorwand in Tibet ein, einen Handelsvertrag mit den Tibetern abschließen zu wollen. Es war keine ganz friedliche Invasion, aber da die Engländer nicht als feindliche Besatzungsmacht angesehen werden wollten, gaben sie ihrem Unternehmen den sportlichen Namen »Expedition«.

Unglücklicherweise entflammten unterwegs schwere Kämpfe und viele Tibeter blieben tot oder sterbend zurück. Die verwundeten Tibeter rechneten mit dem sicheren Tod, wenn die britischen Truppen nach den Kämpfen über das Schlachtfeld ausschwärmten, denn obwohl die Behandlung von Gefangenen durch die Tibeter in den einzelnen Regionen variierte, führte sie doch unweigerlich zu einem schlimmen Ende. Die Khampas zogen die Enthauptung vor, während die gefürchtetsten Gegner, die Glak-lo Nagpo (die »schwarzen Wilden«), ihre Gefangenen angeblich verspeisten. Ganz anders der Umgang der Engländer mit ihren Kriegsgefangenen, ein Phänomen, das den Tibetern völlig unverständlich war. Nach jedem Scharmützel schwärmten die Invasoren sofort auf dem Schlachtfeld aus, hoben die Verletzten auf eine Bahre, flickten sie nach allen Regeln der Kunst zusammen und pflegten sie gesund. Für die Tibeter war das absurd. Wozu sollte es gut sein, einen Feind am Morgen zu erschießen und am Nachmittag wieder zusammenzuflicken?

Colonel Younghusband, der die Expedition anführte, marschierte mit seinen Männern am 3. August 1904 durch das Westtor in Lhasa ein. Dieser prächtige Zugang zur Stadt wurde von einem Felsvorhang eingerahmt, der die beiden Hügel von Lhasa verband; den Mepori mit dem Potala und den Chagpori mit der Medizinschule. Das steinerne Tor wurde von einem großen *Tschorten* gekrönt – einem Steinkegel, der heilige Reliquien enthält.

Das Tor und der Tschorten sind längst verschwunden, von den Chinesen im Zuge ihres Straßenmodernisierungsprogramms in die Luft gesprengt. Heute markieren Gebetsfahnen die Stelle, wo das Tor gestanden hat, und ein alter Tibeter mit einer dicken Brille sitzt mit gekreuzten Beinen auf dem Pflaster und schnitzt die tibetischen Schriftzeichen für »Om Mani Padme Hum« auf Steintafeln. Dieser Satz bedeutet grob übersetzt: »Heil dem Juwel in der Lotosblüte« und ist das bedeutendste und heiligste Mantra des tibetischen Buddhismus. Man sagt, es kann »den Himmel öffnen und die Hölle verschließen« und die Tibeter beweisen viel Ausdauer, wenn sie es singen, denn sie erwerben damit jedes Mal einen weiteren Verdienstpunkt, der am großen Tag der Abrechnung zu den restlichen Punkten addiert wird und über den Auf- oder Abstieg bei der nächsten Wiedergeburt entscheidet.

Younghusband war fasziniert von den tibetischen Glaubensvorstellungen, und während er darauf wartete, dass der Handelsvertrag unterschrieben wurde, studierte er mit seinen Offizieren die Religion, Kultur, Fauna und Flora der Hauptstadt, und natürlich nahm er sich Zeit für die obligatorische Kartografierung. Das unerforschte Gebiet auf der Karte wurde kleiner, aber es gab immer noch ein paar verlockende weiße Flecken, die nach Entdeckung schrien.

Insbesondere der Unterlauf des Tsangpo, wo es im Gebiet der gefürchteten »schwarzen Wilden« Wasserfälle geben sollte, die größer als die Niagarafälle waren. Colonel Waddell, der Stabsarzt der Expedition, erhielt noch mehr faszinierende Informationen von den verwundeten Tibetern, die er wieder zusammenflickte. Wie es scheint, verspeisten die Glak-lo-Nagpo nicht nur ihre Gefangenen, sondern »töten und essen bei Hochzeitsfeiern die Mutter der Braut, wenn sich keine andere Person zur Verfügung stellt«.

Die 650 britischen Soldaten mit ihrem Tross von 4000 indischen Infanteristen schlugen ihre Zelte auf der ausgedörrten Ebene nördlich der Stadt in Richtung des Sera-Klosters auf. Younghusband und das Hauptquartier der Expedition wurden näher am Potala-Palast im Lhalu-Haus stationiert, der Residenz einer der reichsten Familien Tibets – die zufällig auch zwei Reinkarnationen des Dalai Lama gestellt hatte.

Die Lhalu-Residenz mit ihren großen Gärten, prächtigen Steingebäuden und großen Höfen, war als eine der fünf Schönheiten Lhasas bekannt. Auf einer Insel in dem großen Teich des Anwesens wurden Feste gefeiert und es hieß, dass der beste Chang in Lhasa aus der Gerste ihres Guts und dem reinen Wasser, das in einem kristallklaren Bach unter dem Haus floss, gebraut wurde.

Tibetische Tänze wurden im Hof der Lhalu-Residenz aufgeführt und die Briten veranstalteten *durbars* (Galaempfänge) und *gymkhanas* (Sportfeste), um die Freundschaft der Tibeter zu gewinnen und sie zum Unterzeichnen des Handelsvertrags zu bewegen. Sie schienen die Festivitäten zu genießen, obwohl in manchen Bereichen keine Verständigung zwischen den so unterschiedlichen Kulturen möglich war. Wetten war ein beliebter Sport bei den Gymkhanas, aber Younghusband berichtete, dass die Tibeter nicht verstehen konnten, warum nur der Erste, der über die Ziellinie ging, eine Medaille erhielt, da doch alle das Wettrennen beendet hatten.

Es dauerte eineinhalb Monate, bis Younghusband die Tibeter dazu brachte, den Handelsvertrag zu unterzeichnen. Endlich konnte er aus dem Lhalu-Haus ausziehen und die britischen und indischen Truppen über den Himalaya zurückbringen, während die Tibeter wieder sich selber überlassen blieben. Chinesische Reiche kamen und gingen und nach dem Sturz der Mandschus 1913 durften die Tibeter sich endlich als unabhängig betrachten. Sie erlaubten den Briten, mehrere Expeditionen durchzuführen, unter anderem das Unternehmen des Colonel Bailey, der den Lauf des Tsangpo im Land der »schwarzen Wilden« erforschte. Die einzigen Aufzeichnungen über diese Region waren fast 30 Jahre zuvor von Kintup gemacht worden, und an diesen orientierte Bailey sich nun und stellte fest, dass sie erstaunlich genau waren. Nach seiner Rückkehr machte er sich auf die Suche nach Kintup, der nach seiner heldenhaften Odyssee aus dem Geheimdienst entlassen worden war. Wie sich herausstellte, lebte Kintup als einfacher Schneider in Darjeeling und Bailey setzte sofort alle Hebel in Bewegung, um Kintup eine Regierungspension zu verschaffen, was aber fehlschlug. Stattdessen erhielt er eine einmalige Belohnung von 1000 Rupien. Dies war letzten Endes mehr, als er jemals in Form einer Pension erhalten hätte, denn nur einen Monat nachdem er die Belohnung erhalten hatte, starb er.

Das Leben in Tibet ging ohne die Herrschaft der Mandschu-Gouverneure weiter, der so genannten *ambans*, und die chinesischen Unterdrücker wurde rasch durch tibetische ersetzt. Leider trugen die Machtkämpfe, die Korruption und Inkompetenz der tibetischen Regierung in dieser Zeit der *de-facto*-Unabhängigkeit nichts dazu bei, Tibet auf den unvermeidlichen Übergang ins 20. Jahrhundert vorzubereiten. Das »gute alte Tibet«, das von westlichen Ausländern so verklärt wurde, unterschied sich im Grunde genommen nur wenig vom mittelalterlichen Europa, das heißt, die Macht war in den

Händen einer kleinen Oberschicht konzentriert, die einzig ihre persönlichen Interessen verfolgte. Regierungsstellen wurden ge- und verkauft, Menschenrechte existierten nicht und die Ausbeutung der Massen war an der Tagesordnung. Politische Gegner konnten erdolcht und enthauptet werden, man stach ihnen die Augen aus, schickte Paketbomben oder vergiftete sie. Die Traditionalisten wird es freuen, dass manche dieser Bräuche auch im heutigen Tibet noch existieren. Enthauptungen sollen nach wie vor die Spezialität der Khampas sein, während das kosmopolitischere Stadtvolk eher mit Gift operiert, um einen unerwünschten Ehepartner oder Gegner loszuwerden.

Ganden, Sera und Drepung, die drei großen Klöster von Lhasa, die insgesamt über 20.000 Mönche beherbergten, sorgten dafür, dass die Nation im Mittelalter stecken blieb. Jede Veränderung, die weitblickende Adlige vorschlugen, wurde sofort von den Klostervorstehern gestoppt, die sich nicht in ihre Lebensweise und die Erziehung der jungen Mönche hineinreden ließen.

Das mag ein ziemlich düsteres Bild sein, aber es herrscht die Meinung vor, dass die Tibeter überraschend zufrieden mit ihrem Los waren. Das Leben ging unter glücklichen Auspizien weiter, mit einer Drehung der Gebetsmühle, einem fröhlichen »Om Mani Padme Hum«-Chor, einem freundlichen Lächeln und viel Gelächter. Ein hartes, aber frommes Leben war verdienstvoller und verbesserte somit die Aussichten auf eine vorteilhafte Wiedergeburt, so dass individuelle Schicksalsschläge leichter zu ertragen waren.

Manche wagten sich sogar auf die Schnellstraße ins Nirwana, indem sie freiwillig unvorstellbare Entbehrungen auf sich nahmen. Die »Brickie«-Eremiten (*brick* – Backstein) glaubten die ultimative Abkürzung zur Erleuchtung zu wählen, indem sie sich in kleinen Höhlen einmauern ließen. Es gab Vorstufen auf diesem Weg für die Schwachen oder Unentschlossenen, die es erst mit einer Probezeit versuchen wollten, ehe sie sich endgültig entschieden. Zuerst ein Sechs-Monats-Durchgang, dann drei Jahre, drei Monate und drei Tage, aber der einzige direkte Weg ins Nirwana, ohne über »Los« zu gehen oder den ewigen Kreislauf von Tod und Wiedergeburt zu erleiden, war das volle, freiwillig auf sich genommene »Lebenslänglich«, bei dem man nicht ein paar Stunden oder ein paar Tage, sondern ein Leben lang eingemauert blieb. Der einzige Kontakt mit der Außenwelt bestand darin, dass einmal täglich an ein kleines Holzgitter geklopft wurde, um eine Schale mit Essen durchzureichen, das vom Eremiten-Hüter zubereitet wurde. Aber selbst eine solche Isolationshaft bis zum Tod reichte nicht aus, um ins Nirwana einzugehen, der Eremit musste auch noch sein Schweigegelübde halten und durfte nicht durch das Holzgitter hinausspähen, so verlockend es auch sein mochte, da völlige Dunkelheit ebenfalls zu den Voraussetzungen für die direkte Straße ins Nirwana gehörte.

Hätten die »Brickies« Radios in ihren Zellen gehabt, so hätten sie von den Sturmwolken erfahren, die sich im Osten zusammenbrauten, und von der nahenden Gefahr, die nicht nur ihre eigene extreme Lebensweise, sondern die Existenzgrundlagen aller Tibeter bedrohte. Den Buddhisten stand eine böse Überraschung bevor.

Die kleine Gruppe von Ausländern in Lhasa hatte ängstlich die Ereignisse verfolgt, die sich im Mutterland China abspielten. Zur ausländischen Gemeinde gehörten auch einige Engländer unter Sir Hugh Richardson, der neun Jahre lang eine britische Handelsmission in Lhasa leitete. Auch Heinrich Harrer und Peter Aufschnaiter, ein Österreicher und ein Deutscher, denen eine spektakuläre Flucht aus einem britischen Internierungslager in Indien geglückt war und die sich nach Tibet durchgeschlagen und dort sieben Jahre gelebt hatten, befanden sich noch in Lhasa. Alle waren entschlossen, die Stadt zu verlassen.

Die Kommunisten hatten den Kampf gegen Chiang Kai-shek in China gewonnen und am 1. Oktober 1949 verkündete Mao Tse-tung die Gründung der Volksrepublik China: ein Land ohne Unterdrückung oder Knechtschaft, ein Land, in dem niemand verleitet wurde, sich einmauern zu lassen. Maos nächstes Befreiungsziel war klar und 1950 schickte er seine siegreichen chinesischen Truppen, um die tibetischen Volksgenossen von der Unterdrückung zu befreien – die »friedliche Befreiung« wurde jetzt ernsthaft in Angriff genommen.

Lhalu Shape, der in Chamdo in Osttibet stationiert gewesen war, kehrte nach Lhasa zurück und wurde durch den jungen Ape Ngapoh Renchen ersetzt. Die Tibeter waren das Kämpfen gewöhnt – gegen sich selber, gegen die »schwarzen Wilden«, die Nepalesen, die Briten und die chinesischen Warlords, aber noch nie zuvor waren sie mit derart unfairen Kampftechniken konfrontiert gewesen, wie sie die Kommunisten anwandten. Es war ein schmutziger Krieg. Die Kriegsgefangenen sollten öffentlich über erlittene Ungerechtigkeiten sprechen, sie wurden über die Gleichheit der Menschen belehrt und über die Vorteile, die eine gerechte Verteilung der Bodenerträge durch das Proletariat mit sich brachte. Zu guter Letzt wurden sie nach ihrer Umerziehung freigelassen und jeder durfte eine Silbermünze mit nach Hause nehmen. Das klang alles sehr gut und am 23. Mai 1951 wurde ein 17 Punkte-Abkommen von Ngapoh unterzeichnet, das Tibet zu einem Teil des Mutterlandes China erklärte und die Garantie enthielt, dass die Religion, die Regierung und der Dalai Lama von Tibet unangetastet bleiben würden.

Die Frage, wie der Kommunismus in die Praxis umgesetzt werden sollte, solange die Macht in den Händen der alten Regierung und der Klöster lag, blieb ungelöst, und die Chinesen brachen bald Punkt für Punkt die Vereinbarung, um die Reformen voranzutreiben und Tibet mit Peking gleichzuschalten. Robert Ford, ein englischer

Funker, der für die tibetische Regierung in Chamdo arbeitete, war unter den Ersten, die die wahre Natur der »Befreier« Tibets anprangerten. Er wurde fünf Jahre lang in kommunistischen Lagern festgehalten und »umerzogen«, bis er die Machthaber überzeugen konnte, dass er bekehrt war.

1959 hatten die Tibeter genug von ihren Befreiern und es kam zu einem Massenaufstand gegen die chinesische Bevormundung, der von Khampa-Kriegern angeführt wurde. Die Folge war, dass die Chinesen jeglichen Anspruch, die Vereinbarungen einzuhalten, über Bord warfen und mit allen anderen als friedlichen Mitteln die »reaktionäre Clique der Oberschicht«, wie ihre Redenschreiber es nannten, rücksichtslos ausschalteten. Das Feudalsystem wurde von seiner Antithese, dem Kommunismus, in Bausch und Bogen zerschlagen. Der 16-jährige Dalai Lama und schätzungsweise 100.000 Tibeter flohen über den Himalaya ins Exil und in eine ungewisse Zukunft. Dem Adel blieb nur die Wahl, zu kämpfen und getötet zu werden, Tibet zu verlassen und ein neues Leben zu beginnen oder in der Heimat zu bleiben und unter dem neuen Regime das Beste für ihr Land zu tun.

Letztere benützten die Chinesen, um mit ihrer Hilfe das Land zu führen, denn ein offiziell zum Kommunismus bekehrter Adliger war ein gutes Vorbild für die restliche Bevölkerung und der Ex-Adel konnte immer noch auf den Respekt der Bevölkerung zählen. Selbst heute, wo die Außenwelt einhellig der Überzeugung ist, dass die Han-Chinesen Tibet völlig unter Kontrolle haben, verfügt ein großer Prozentsatz der alten tibetischen Aristokratie, die Nachkommen der Unterzeichner des 17-Punkte-Abkommens, über ein Mitspracherecht bei der direkten Verwaltung der Alltagsprobleme des tibetischen Volkes.

Adlige, die sich nicht schnell genug für die Veränderungen ausgesprochen hatten, wurden wegen ihrer dekadenten Lebensweise bloßgestellt. Die Lhalu-Residenz, in der Younghusband um die Jahrhundertwende gewohnt hatte und wo in der Zeit der Unabhängigkeit rauschende Feste gefeiert worden waren, wurde wegen der Rolle, die Lhalu Tsewang Dorje in dem Aufstand gespielt hatte, konfisziert. Die Kommunisten gaben das Land den Bauern – mit dem Slogan: »Die Ernte den Feldarbeitern« – und hielten ominöse »Leibeigenen-Feste« im Hof der Lhalu-Residenz ab. Diese waren die Basis der kommunistischen Bestrebungen, das Feudalsystem abzuschaffen. Ein amerikanischer Journalist, der entschieden pro-kommunistisch war, nahm als Beobachter an dem »Leibeigenen-Fest« im Lhalu-Haus teil. Er ging durch die verlassenen Räume des Anwesens und schrieb über die »verruchten Anzeichen von Macht, Sex und Religion und ausländischen Kontakten.« Es muss entsetzlich gewesen sein.

Dem Journalisten zufolge wurde Lhalu in den Hof gerufen und musste sich dort aufstellen, den Oberkörper so weit nach vorne gebeugt, dass er einen rechten Winkel zu den Beinen bildete. Eine Menge von fast tausend Tibetern saß im Schneidersitz um ihn herum, provozierte und verspottete ihn und rief: »Gestehe! Gestehe!« Jeder in der Menge durfte aufstehen und Lhalu seine Anklage entgegenschleudern. Ein Mann mit einem verkrüppelten Rücken richtete sich langsam auf und wartete geduldig, bis er an die Reihe kam. »Lhalu, erinnerst du dich an mich?«, fragte er. Lhalu, der leicht zitterte, schwieg. »Du hast mich gezwungen, meine beiden Pferde und den Schmuck meiner Frau zu verkaufen, und mich zum Bettler gemacht! Ich habe alles verloren, was ich mir erarbeitet hatte, und du bist schuld, dass ich verkrüppelt bin.«

Es war eine weit verbreitete Behauptung, dass strebsame Bauern, die mit anständigen Mitteln einen gewissen Wohlstand erlangt und die Grundlagen für eine tibetische Mittelschichtsexistenz gelegt hatten, vom Adel systematisch »an den Bettelstab« gebracht wurden. Dieser Vorwurf galt als noch schlimmer als die zweite landläufige Anklage, von Geistlichen missbraucht worden zu sein, da »zum Bettler gemacht werden« bedeutete, dass eine ganze Familie dazu verurteilt war, auf der Straße zu leben, ohne Hoffnung, dass künftige Generationen jemals wieder in die tibetische Gesellschaft aufsteigen konnten.

Es gab nur noch eine Gruppe in Tibet, die genauso verachtet oder sogar noch niedriger stand als die Bettler: die *ragyapas*. Es gibt ein Paradox, das bis heute in der buddhistischen Gemeinschaft in Tibet weiterbesteht: Buddhisten dürfen nicht töten, aber da sie Fleisch essen, muss jemand anders das Töten für sie besorgen, eine Aufgabe, die den Ragyapas zufiel. Sie galten als so unrein, so niedrig, dass sie nicht in der heiligen Stadt leben durften, sondern sich als Geächtete vor Lhasas Westtor ansiedeln mussten, in einer Art kleinem Dorf, das Waddell 1904 als »aus den Hörnern von Yaks und Schafen und anderen Schlachtabfällen erbaut« beschrieb. Die Arbeit der Ragyapas war nicht auf das Schlachten von Tieren beschränkt, sie waren auch für die Himmelsbegräbnisse zuständig und lieferten den Klöstern menschliche Schenkelknochen und Schädel.

Die Ragyapas beklagten sich in der Regeln nicht und es gibt keine Berichte, dass sie an den »Leibeigenen-Festen« teilgenommen haben. Sie galten als gesellschaftlich unrein und durften nur untereinander heiraten, aber sie erfüllten eine Aufgabe, die sie immer in Brot und Arbeit hielt.

Der alte Mann mit dem krummen Rücken setzte sich wieder und die Menge brüllte: »Gestehe! Lhalu, gestehe!«

Eine andere Leibeigene sprang auf und brachte eine neue Anklage vor: »Lhalu, du hast meinen Mann zu Tode gepeitscht und meine Söhne getötet, indem du sie als Sklaven genommen und zu harter Arbeit gezwungen hast.«

Das »Leibeigenen-Fest« ging den ganzen Tag unter den wachsamen Augen des Tribunals und des neu gebildeten Bauernverbands weiter. Mehrere aufgewiegelte Bauern stürzten sich auf Lhalu, um ihn zu verprügeln, aber sie wurden jedes Mal von ihren Genossen zurückgehalten und zu Boden gerungen. Der Kommunismus wollte an die Macht, indem er die Menschen überzeugte, und nicht mit Gewaltanwendung.

Schließlich kam ein Mann mit einem Sack voller Papiere in den Hof gelaufen. Der Ruf »Verbrennt die Schulden! Verbrennt die Schulden!« stieg aus der Menge auf.

Die Papiere repräsentierten die notorischen Feudalschulden, die jede Familie von Leibeigenen von einer Generation zur nächsten weiterschleppte, wobei sie ihren Nachkommen noch höhere Schulden hinterließ, und diese wiederum ihren Nachkommen und so fort. Es war ein Teufelskreis, ähnlich wie heute die Schuldenfalle der Dritte-Welt-Länder, nur wurden diese hier mit Hilfe eines riesigen Freudenfeuers im Hof der Lhalu-Residenz für immer aus der Welt geschafft. Die Bauern waren endlich frei von Unterdrückung. Oder zumindest glaubten sie das.

Tibet musste sich verändern, aber der Preis, den das Land zu zahlen hatte, war viel schlimmer, als die Tibeter es sich je hätten vorstellen können – und die Tibeter haben eine ziemlich lebhafte Fantasie. Die »Leibeigenen-Feste« und der überzeugte Egalitarismus der Chinesen mündeten unmittelbar in Maos »Großem Sprung nach vorne«. Dieser Sprung in die Kollektivierung und der Beschluss, Weizen statt Gerste anzubauen, hatte katastrophale Folgen für Tibet. Und als die Tibeter schon glaubten, dass es jetzt nicht mehr schlimmer werden könne, kam die Kulturrevolution. Jahrhundertelang waren die Tibeter vor den Ausländern gewarnt worden, und nun waren es die Chinesen selber, die den tibetischen Buddhismus systematisch abzuschaffen begannen.

Die ursprünglich guten Absichten des Kommunismus sind längst vergessen bei den Tibetern, die sich an die irrwitzige Kollektivierung und den Horror der Kulturrevolution erinnern. Die ganze chinesische Nation wurde unter Maos Schreckensherrschaft dezimiert und in Tibet nahm der Irrsinn besonders grausame Formen an. Der Potala wurde zwar gerettet, angeblich auf Befehl von Chou En-lai, aber Berichten zufolge wurden über 6000 Klöster dem Erdboden gleichgemacht. Mönche wurden getötet, gefangen genommen oder gezwungen, mit Nonnen zu schlafen.

Heute, über 50 Jahre nach der »friedlichen Befreiung« und 20 Jahre nach dem Ende der Kulturrevolution, wird das Land, dem es gelungen war, im tiefsten Mittelalter zu verharren, mitten ins 20. Jahrhundert hineinkatapultiert. Das heutige Tibet ist ein Schmelztiegel von Buddhismus, Kommunismus und Kapitalismus. Porträts von Marx, Engels, Lenin und Stalin hängen an den Wänden der staatlichen Buchläden in der Nähe des Barkhor, wo immer noch Poster des Großen Vorsitzenden Mao Tse-tung an treue Parteianhänger verkauft werden, und an Tibeter, die nicht wissen, dass der Vorsitzende Mao längst gestorben ist und keinerlei Bedeutung mehr hat. Die Kollektivierung ist vorbei.

Mönchs- und Nonnenklöster werden wieder aufgebaut und die Chinesen geben zu, dass in der Zeit der Kulturrevolution »einige Fehler« gemacht wurden. Der Buddhismus hat überlebt, obwohl er immer noch strengen Beschränkungen unterliegt, und die Tempel und Schreine sind wieder von Pilgern und Gläubigen überlaufen. Doch was der Kommunismus nicht geschafft hat, übernimmt jetzt der Kapitalismus. Die neue Wirtschaftspolitik Chinas, die private Unternehmen im ganzen Land gestattet, hat innerhalb weniger Jahre zu weitreichenden Veränderungen in Lhasa geführt. Zum ersten Mal in ihrem Leben wird die neue Generation in Tibet nicht gezwungen, einen Regierungsjob anzunehmen, sondern kann ein eigenes Geschäft aufmachen, irgendwo eingestellt und gefeuert werden, hart arbeiten und Geld verdienen.

Die alten Straßenfronten mit ihren verfallenen tibetischen Gebäuden, die jahrhundertlang unverändert blieben, werden jetzt abgerissen und ein gesichtsloser Betonblock nach dem anderen errichtet. Jeder Betonkasten wird zu relativ niedrigen Kosten von der Arbeitseinheit gebaut, die das Land besitzt, und an die zahllosen hoch motivierten neuen Geschäftsleute vermietet. Leider scheint nur ein kleiner Teil der Tibeter von dem Wirtschaftsboom zu profitieren. Stattdessen sind es die Han-Chinesen, die in Scharen ins Land strömen und Nudel-Shops aufmachen, Garküchen, Jeans- und Spielzeug-Geschäfte, Plastikblumenläden, Friseursalons, Beauty-Shops, Boutiquen mit neonfarbenen Nylonkleidern, Discos, Bars und Karaoke-Bars. Lhasa ist wie der Wilde Westen, eine teure Grenzstadt, in der das Leben hart ist und man viel Geld verdienen kann.

Die Han-Chinesen werden nicht direkt von der Pekinger Regierung geschickt, wie manche behaupten, aber sie werden in Scharen von dem Vakuum der wirtschaftlichen Möglichkeiten in der Boomstadt angelockt. Sie bringen billige westliche Waren mit, die von den Tibetern eifrig gekauft werden, denn auch sie möchten am Fortschritt teilhaben und der Mode folgen.

Die Mädchen im heutigen Lhasa sind noch mit dem langen tibetischen Umhang aufgewachsen, der aus selber gesponnener Wolle gewebt ist, der *chuba*. Muster und Stoff sind von derselben Machart wie die *chuba*, die ihre Mütter, Großmütter und Urgroßmütter getragen haben, über Generationen hinweg, bis in die Zeit zurück, bevor die Missionare nach Lhasa kamen. Jetzt können die schönen und immer modebewussteren tibetischen Mädchen zum ersten Mal neonrosa Hosen mit Reißverschlusstaschen und glänzenden Knöpfen kaufen, Polyesterblusen mit Diskopailletten und weißen Kragen, die in den UV-Lichtern der Lhasaer Nachtclubs Furore machen. Die Zeiten ändern sich und auch wenn die westlichen Ausländer (ich inklusive) die Tibeter viel lieber in ihren traditionellen Trachten sehen würden, drängen die Tibeter selbst nach Veränderung.

Es ist ein deprimierender Gedanke, dass dank der multi-nationalen Konzerne, die ihre Vorstellungen vom »globalen Dorf« vorantreiben, während die Marketingleute weltweit die Konsumbedürfnisse steuern, in ein paar hundert Jahren die ganze Menschheit von Pol zu Pol in Jeans, T-Shirts und Baseballmützen herumlaufen, Cola trinken, bei McDonald's essen und im Holiday Inn wohnen wird.

Nun, vielleicht doch nicht so bald. Zumindest kann man nicht behaupten, dass die ganze Menschheit ins Holiday Inn Lhasa drängte. Der Winter setzte ein und die Besucher wurden selten. Harry las die Statistiken in der Morgenversammlung vor. Die Belegquote ging steil nach unten. »Heute 23 Prozent. Morgen 20 Prozent. Übermorgen 14 Prozent.«

Nach dem Boom der Sommermonate war es das erste Mal, dass die Quote unter 20 Prozent sank. Das war bedenklich. Eine Belegquote von unter 20 Prozent bedeutete, dass die Heizung nicht nur nachts abgeschaltet wurde, sondern dass es bis zum nächsten Jahr überhaupt keine Heizung mehr im Hotel geben würde, weder bei Tag noch bei Nacht. Das Öl, das die Zentralheizung speiste, wurde streng rationiert, und der Jahresvorrat war praktisch ausgegangen. Die Heizung anzustellen ließ sich nur rechtfertigen, wenn das Hotel eine Belegquote von mindestens 20 Prozent hatte. Die Temperatur sank jeden Tag weiter nach unten und die Aussichten waren düster für diejenigen unter uns, die den Winter über bleiben würden. Schließlich fand sich eine Lösung, aber keine, die einer von uns in einer Morgenversammlung vorzuschlagen gewagt hätte.

Kapitel 8
DAS »MISS-TIBET«-FIASKO

Nahezu die einzigen Gäste, die Mitte November im Hotel eincheckten, waren die letzten Bergsteigergruppen, die vom Himalaya zurückkehrten. Der Everest oder Chomolungma, wie die Tibeter den höchsten Berg der Welt nennen, war der beliebteste Gipfel, aber wir hatten auch Gruppen, die auf dem Cho Oyu oder Shisha Pangma gewesen waren und dem japanischen Lieblingsberg: Namche Barwa. Mit 7756 Metern war der Namche Barwa der höchste unbestiegene Berg der Welt und die Japaner nahmen ihn immer wieder in Angriff, wild entschlossen, die »Ersten« zu sein. Die Todesrate war hoch, aber zu ihrer Ehrenrettung muss man sagen – falls es etwas mit Ehre zu tun hat, wenn man sein Leben riskiert, nur um auf einem großen Stück windgepeitschem Fels und Eis zu stehen –, dass sie es schließlich schafften.

Die »Cowboys« waren das letzte Team der Saison, das vom Everest kam: 16 Amerikaner, bärtig, sonnenverbrannt, erschöpft und schmutzig – aber alle am Leben. Keiner hatte es zum Gipfel geschafft und trotzdem waren sie alle in bester Laune. Sie hatten auch allen Grund dazu. Um den Everest zu bezwingen, muss man nicht nur ein erstklassiger Bergsteiger sein, sondern auch Glück haben, und in dieser Saison waren selbst die erfahrensten Mannschaften vom Pech verfolgt gewesen. Jede Mannschaft hatte ihre eigene Geschichte auf Lager, wie sie nur wenige hundert Meter vom Gipfel entfernt festsaßen und auf ein »Gut-Wetter-Fenster« in den Schneestürmen warteten, die ständig um den Gipfel herumtobten.

Seltsamerweise verringerte sich die Entfernung, die sie vom Gipfel getrennt hatte, direkt proportional zu der Zeit, die sie in der Hotelbar verbrachten, der Anzahl von Tsing-Tao-Bieren, die sie konsumierten, und den Chancen, gutgläubige Touristen zu beeindrucken.

In dieser Saison öffnete sich kein »Fenster« am Everest, und alle Mannschaften mussten ins Basislager zurückkehren, ohne ihre Flagge auf dem Gipfel aufgepflanzt oder das Siegerfoto: »Hier stehe ich auf 8850 Meter« gemacht zu haben. Tragischerweise hatte es zwei Todesfälle gegeben. Es war nichts Ungewöhnliches, dass die Mehrheit der Bergsteiger glücklos zurückkehrte, aber in dieser Saison wurde der Abstand zwischen der Anzahl derjenigen, die es auf den Gipfel schafften, und der tödlich Verunglückten kleiner.

Die Mannschaften, die ins Hotel zurückkehrten, gingen als Erstes unter die Dusche und dann in die Bar. Einige probierten es anders herum und wir mussten ihnen taktvoll zu verstehen geben, dass sie erst zu Seife und heißem Wasser greifen sollten, ehe sie die Gasträume des Hotels betraten. Nicht alle Gäste schätzten den Geruch von verschwitzten Bergsteigern. Außerdem verbreiteten alle Trekker noch einen anderen sehr speziellen Geruch – den nach brennendem Yakdung –, den sie sich bei glücklichen Abenden am Yakdungfeuer erworben hatten. Sie dachten, sie könnten den Geruch aus ihren Kleidern herauswaschen, aber selbst die Wäscherei des Holiday Inn Lhasa, die intakte Kleider zu völlig unkenntlichen Stofffetzen einschrumpfen konnte, schaffte es nicht, den Geruch von verbranntem Yakdung zu vertreiben.

Wenn die Bergsteiger heil im Hotel gelandet waren, spielten sie Gitarre, tranken die Schnapsvorräte der Bar leer und feierten bis spät in die Nacht. Sie waren ein lustiger Haufen. Das Hotel wurde wieder lebendig und die Flure hallten von Geschichten über den Kampf des Menschen mit den Naturgewalten wider.

Zwischen den Bergsteigerteams herrscht eine freundliche Rivalität, und obwohl einzelne Bergsteiger wie Helden verehrt werden, sind die Mannschaften schnell bei der Hand, die Fehler der anderen anzuprangern. Vor allem eine Mannschaft wurde zur Zielscheibe aller Basislager-Witze – eine Gruppe von Franzosen, die sich selbst »Everest Express« nannte.

Sie hatten auf großer Höhe in den Alpen trainiert und dann beschlossen, nach Kathmandu zu jetten, von dort aus nach Tibet hinüberzusausen, schnurstracks den Everest zu erstürmen und in sieben Tagen den Gipfel zu erreichen. Sie bildeten sich ein, dass sie durch ihr Training in den Alpen voll akklimatisiert wären und der Aufstieg auf den Everest *très simple* sein würde. Aber eine Woche nachdem sie die Grenze zu Tibet überquert hatten, saßen sie immer noch im Basislager, litten unter Jetlag und Höhenkrankheit und stritten sich wegen des Essens. Die anderen Mannschaften nannten sie »Everest Escargots«.

Die Expeditionen, die ins Hotel zurückkehrten, brachten unverhoffte Schätze in Form ihrer überschüssigen Essensvorräte mit, oder jedenfalls das, was nach den Plünderungen der notorisch unehrlichen Yakhirten im Basislager noch übrig war. Der Direktor inspizierte begierig die Lastwagen, die hereinkamen, in der Hoffnung, einiges für den »Delicatessen«-Shop des Hotels zu schnorren. Die »Cowboys« lieferten einen besonders reichhaltigen Vorrat an getrocknetem Schinken, Kakaopulver und 15 Kartons Müsliriegel, deren Verfallsdatum beinahe erreicht war. Tatsächlich stellten diese Überreste zusammen mit ein paar chinesischen Fleischkonserven so ziemlich die einzigen Waren, die der Feinkostladen zu bieten hatte. Mehrfach wiesen grummelnde Gäste daraufhin, dass der Name »*Delicatessen*« vielleicht doch etwas zu hoch gegriffen sei für einen Laden, der nicht viel mehr zu bieten hatte als Dosenfleisch und die Überreste der Bergsteigerexpeditionen, und so wurde der Laden in »*Picnic Corner*« umgetauft, um ihnen den Wind aus den Segeln zu nehmen.

Die Bergsteiger waren in jeder Hinsicht ein gutes Geschäft. Das Hotel gab ihnen nach zweieinhalb Monaten in den Bergen den ersten Vorgeschmack auf den Komfort der westlichen Zivilisation. Leider belegten sie nicht genügend Zimmer, um die 20-Prozent-Quote zu erreichen, aber sie gaben viel Geld im Restaurant aus, bei ihren Versuchen, das Telefon zu benützen, für ihre Säcke voll Wäsche mit Yakdungduft und in der Bar. Der Nachteil war, dass man sich zu ihnen setzen und ihre Geschichten anhören musste.

Es gibt sicherlich nur wenige Menschen mit einem größeren Ego als Bergsteiger, die den höchsten Gipfel der Welt zu erklimmen versucht hatten. Wie ich später entdecken sollte, gibt es allerdings noch Steigerungen – nämlich diejenigen, die es tatsächlich geschafft haben. Ich will nicht sagen, dass es unverdient ist. Der Bergsteiger hat dem Tod ins Auge geblickt und gewonnen, aber trotzdem, diese endlosen Heldentaten, die bis zum Erbrechen mit lauter Stimme wiederholt werden, sind auf Dauer ziemlich nervtötend.

Meine Geschichte, wie wir den Berg über dem Fluss bestiegen hatten, war ziemlich lahm im Vergleich dazu. Ich redete nicht mehr von »dem Großen«, den wir bestiegen hatten, sondern stufte unser Abenteuer auf »eine Bergwanderung« herunter und schließlich, was der Wahrheit am nächsten kam, auf einen »Spaziergang auf einen kleinen Hügel«. Nachdem ich die Geschichte eines streng riechenden Bergsteigers über mich ergehen lassen hatte, der vor lauter Wichtigkeit kaum seinen Kopf durch die Tür der Bar brachte und lauthals zu der versammelten Menge ehrfürchtiger Touristen redete (»... die Yaks waren in die Spalte gestürzt, mein Sauerstoff ging auf 8200 Metern zu Ende, ich litt unter Erfrierungen und musste den schneeblinden Sherpa tragen ...«), hielt ich es für besser, meinen Hügelspaziergang überhaupt nicht mehr zu erwähnen.

Ende November waren alle Bergsteiger abgereist und es kehrte wieder Ruhe im Hotel ein. Die Belegquote sank auf eine einstellige

Zahl ab und der Direktor, der nach vier langen Jahren erschöpft war, sehnte allmählich die Ankunft seines Nachfolgers herbei. Wir wurden informiert, dass ein Italiener auf dem Weg nach Lhasa sei.

Der Winter ist zweifellos die beste Zeit für eine Reise nach Lhasa, so finster er im Hinblick auf die Belegquoten und die Temperaturen auch sein mag. Lassen Sie sich von den Reiseveranstaltern nichts einreden. Okay, es ist eisig, aber auch fantastisch. Schnee ist etwas Außergewöhnliches in Lhasa, und wenn es schneit, dann nur so viel, dass die umliegenden Hügel mit einem zarten weißen Schleier verhüllt sind. Aber die Pracht schmilzt schnell dahin. Kein Wölkchen ist am Himmel zu sehen, kein Regentropfen fällt und jeder Tag ist mit über acht Stunden starker Sonnenbestrahlung gesegnet. Die Luft ist kalt und klar und man braucht eine Sonnencreme mit hohem Lichtschutzfaktor, wenn man nicht wie ein wettergegerbter Tibeter aussehen will. In der Sonne ist es heiß, aber sobald man einen Schritt in den Schatten macht, fällt die Temperatur ins Bodenlose.

Zum Glück ging mein Zimmer im Hotel nach Süden. Jetzt verstand ich, warum das so wichtig war. Mein Büro ging allerdings nach Norden. Nicht ein einziger Sonnenstrahl drang durch die Fenster.

Die Temperatur war jetzt auf niedrige einstellige Zahlen gefallen, die richtige Temperatur für einen begehbaren Kühlschrank – und auch mein dicker Wollanzug, in dem ich in Hongkong so geschwitzt hatte, war nicht warm genug, um zu verhindern, dass ich am Schreibtisch vor Kälte schlotterte.

Ich fuhr zum Barkhor hinunter, meinem üblichen Zeitvertreib am Sonntagnachmittag, um nach einem Paar langer Unterhosen zu suchen. Ich hatte eines der ersten Mountainbikes gekauft, das in Lhasa zu finden war, eine billige chinesische Version mit heimtückischen Bremsen, was mir den Stress ersparte, jedes Mal, wenn ich das Hotel verlassen wollte, mit den Rikschafahrern zu feilschen. Radfahren hat außerdem den Vorteil, dass man anhalten und sich umsehen und die Gegend erkunden kann, anstatt einfach in der Rikscha vorbeizuholpern und sich zu fragen, woran man gerade vorbeigefahren ist.

Es dauerte einige Zeit, bis ich herausbekam, dass auf der Route vom Hotel zum Barkhor, gleich nach dem staatlichen Buchladen mit den Stalin-Postern ein Bauwerk stand, das neben dem Lhalu-Haus als eine der fünf Schönheiten von Lhasa beschrieben worden war. Yutok Sampa – die Türkisbrücke. Man konnte sich nur schwer vorstellen, dass sie einmal als überdachte Brücke über einen großen Strom geführt hatte, der durch die Sümpfe um den Barkhor floss. Frank Ludlow, ein Mitglied der britischen Handelsmission, die in den 1940-er Jahren in Lhasa errichtet worden war, schrieb, dass an dieser Stelle wilde Streifengänse »vor meinem Pony über die Straße watschelten, genau wie zahme Gänse«. Bevor die Kommunisten nach Lhasa kamen, wurde alles Leben als heilig behandelt und wilde Tiere zeigten keinerlei Furcht. Blauschafe grasten auf den Feldern im Lhasa-Tal. Brahman-Enten nisteten in den Fenstern des Potala-Palastes. Wie anders ist das jetzt, wo sowohl Chinesen als auch Tibeter auf die Jagd gehen und die ehemaligen Sümpfe um die Brücke herum einer Vorstadtlandschaft aus Beton gewichen sind.

Immerhin stand die Yutok-Sampa-Brücke noch, aber sie war in einem schlechten Zustand. Sie sah wie ein langer Schuppen aus, ungefähr 12 Meter lang und 5 Meter breit, mit einer Fensterreihe auf jeder Seite und einer großen Öffnung an beiden Enden. Die Wände waren wuchtig, aus Stein gebaut, und stützten Reihen von blau bemalten Balken ab, die ihrerseits ein prächtiges Dach trugen, das der Brücke ihren Namen gegeben hatte. Jahrhundertelang der extremen tibetischen Witterung ausgesetzt, hatte es eine tiefe blaugrüne Färbung angenommen, die auf den Tonziegeln schimmerte. Ich radelte weiter in der Hoffnung, dass die Brücke eines Tages restauriert und in ihrer einstigen Pracht wiederhergestellt werden würde.

Der Barkhor nimmt im Winter ein völlig anderes Aussehen an als in den Sommermonaten. Im November, wenn die Ernte vorüber ist, erhalten die tibetischen Häuser ihren jährlichen Anstrich. Farbbürsten oder -roller sind überflüssig, die Tünche wird einfach aus den Eimern gegen die Wände geklatscht. Es ist ein atemberaubender Anblick, den man aber besser aus der Ferne genießen sollte, denn alles in unmittelbarer Nachbarschaft – Fahrräder, Tische, Stühle und Menschen – wird von Kopf bis Fuß weiß getüncht.

Die Dörfer im Tal und die tibetischen Häuser von Lhasa funkeln geradezu in der starken Wintersonne. Aber nicht nur die Häuser nehmen ein neues und strahlenderes Aussehen an, sondern auch die Menschen. Die Touristen sind verschwunden, alle Chinesen, die einen Vorwand haben, die Stadt zu verlassen, sind ins »Mutterland« zurückgekehrt und Lhasa ist von frisch eingetroffenen Tibetern bevölkert, die ihre Winter-Pilgerreise absolvieren. Yakhautzelte tauchen am Straßenrand beim Fluss auf und die sterilen chinesischen Parks verwandeln sich in quirlige tibetische Zeltlager. Die Nomaden bringen Waren mit, die sie auf den Märkten verkaufen, und der Barkhor erwacht zum Leben. Nachdem Lhasa deprimierend kosmopolitisch wird, liegt der Hoffnungssschimmer für die tibetische Kultur bei diesen Menschen aus den abgelegenen Winkeln des großen Landes.

Für viele dieser Dorfbewohner ist der Winterbesuch in Lhasa eine Pilgerreise, die sie nur einmal im Leben machen. Der Barkhor ist eine wimmelnde Masse, die sich unablässig im Uhrzeigersinn bewegt und *Om Mani Padme Hum* vor sich hin singt. Die Pilger drehen Gebetsmühlen, raffiniert ausgeklügelte Vorrichtungen, die es ermöglichen, Tausende von »Om Mani Padme Hum« mit einem einzigen Herumschnellen des Handgelenks gen Himmel zu schicken.

Eine Gebetsmühle besteht aus einer Papierrolle, die mit »Om Mani Padme Hum« beschriftet und in einer Trommel am Ende eines kurzen Stabes befestigt ist. Man hält den Stab in der Hand und wirbelt die Trommel im Uhrzeigersinn herum. Ein kleines Gewicht, das an der Trommel befestigt ist, erhält die Drehung aufrecht, wenn der richtige Schwung erreicht ist. Jede Umdrehung der Gebetsmühle schickt den gesamten Gebetsinhalt der Trommel himmelwärts – was hohe Verdienstpunkte für das künftige Leben einbringt. Zusätzlich zu diesen Handgebetsmühlen gibt es große, fest installierte Gebetsmühlen, die ebenfalls von den vorüberkommenden Pilgern gedreht werden müssen. Jeder Tempel hat eine ganze Reihe davon, oben und unten mit einer Metallspindel fixiert; sie werden mit Hilfe eines yakbutterverschmierten Holzarms gedreht, der unten an der Trommel befestigt ist. Die größte Gebetsmühle, die ich gesehen habe, war größer als ein ausgewachsener Khampa, und ich kann nur raten, wie viele Millionen Gebete gen Himmel fliegen, wenn sie gedreht wird. Massenhaft Verdienstpunkte.

Die Tibeter haben noch andere raffinierte Methoden entwickelt, um mit einer einzigen Bewegung eine große Menge von Verdienstpunkten zu erwerben. Zum Beispiel gibt es Gebetsmühlen, die mit Paddeln im Bach gedreht werden, und kleine Papiermühlen, die man über einer Yakbutterlampe aufhängt und die von der aufsteigenden Hitze gedreht werden. Es wird nicht mehr lange dauern, bis es eine batteriebetriebene Version gibt und einen riesigen neuen Markt für Duracell. Aber zum Glück sind die meisten Tibeter, die im Winter den Barkhor bevölkern und Schlangen vor den großen Klöstern Lhasas bilden, immer noch unberührt vom Kommerz des 20. Jahrhunderts.

Sie kommen in ihrer traditionellen Kleidung: stattliche Khampas mit *chubas* und roten oder schwarzen Quasten in den Haaren; wild aussehende Nomaden aus dem Norden mit *chubas* aus Schafsfell, die Hautseite nach außen gewendet; Kongpo-Leute aus dem Osten mit ihren kleinen Hüten und rechteckigen Umhängen. Selbst die Bewohner von Lhasa kleiden sich anders im Winter. Dicke *chubas* tauchen im Stadtbild auf und alle Männer tragen stolz ihre traditionellen blumentopfartigen Hüte, mit Goldbrokat verziert und mit Kaninchenfell gesäumt. Der »Topf« hat drei große Klappen und ein echter Tibeter trägt ihn mit einer Klappe nach innen, während die Klappen vorne und an der anderen Seite vom Kopf abstehen wie der Schild einer Baseball-Mütze. Die Frauen tragen niedrigere Hüte aus demselben Material, aber mit vier Klappen. Manche Männer gehen im Pelzhut, der noch machohafter wirkt. Diese Hüte sehen aus, als hätte sich ein ganzer Fuchs auf ihrem Kopf zusammengerollt, so dass Kopf und Schwanz am Rücken herunterbaumeln. So viel zu dem Grundsatz, dass alles Leben heilig ist.

Jeder Tibeter, der im Barkhor Ihren Blick auffängt, wird sofort lächeln und strahlend auf Ihr *tashi delai* antworten. Die Tibeter finden Ausländer sehr amüsant – unserer Kleidung, unsere großen Nasen, die hässlichen blauen Augen, die bleiche Haut und das Abartigste von allem – Körperhaare.

Als ich an einem Stand im Barkhor nach einem Paar langer Unterhosen fragte, in Zeichensprache, versteht sich, zerrte mich jemand am Ärmel. Ich blickte hinunter und sah einen kleinen Mönch vor mir, acht oder neun Jahre alt, der an den Härchen auf meinem Handrücken zupfte, während er über das ganze Gesicht grinste und »*po*« zu seinem Freund sagte. Das löste heftiges Gekicher aus und die beiden rannten davon und schlängelten sich durch den Pilgerstrom, der den Jokhang-Tempel umrundete. Hinter den *chubas* der Menge versteckt, spähten sie zu mir herüber, immer noch lachend und mit dem Finger zeigend. *Po*, so stellte ich später fest, bedeutet »Affe«.

Nach mehreren *mei-you* und *putchidao* an den chinesischen Ständen fand ich schließlich eine dicke, warme chinesische Winterunterhose. Die Hotelangestellten, einschließlich Jig Me, trugen Jogginghosen unter ihren Anzügen. Aber diese blitzten immer unter dem Hosensaum hervor, was ziemlich blöd aussah. Ich radelte mit meiner Neuerwerbung zurück.

Im Barkhor war am Nationalfeiertag alles friedlich gewesen. Die Chinesen konnten aufatmen. Es hatte sogar vor kurzem eine Sportveranstaltung gegeben, bei der alle »*Fortschritt & Einheit*«-Fähnchen geschwenkt hatten. Die Chinesen wiegten sich in dem Glauben, dass sie die lästigen Separatisten ausgeschaltet hatten und alle glücklich waren im Neuen Tibet. Aber wie sich herausstellte, war es nur die Ruhe vor dem Sturm.

Dieser brach am Internationalen Menschenrechtstag los, als eine Gruppe von Mönchen und Nonnen auf dem Pilgerweg um den Jokhang-Tempel zog und dabei die tibetische Flagge schwenkte und »Freies Tibet« skandierte. Die Chinesen haben andere Vorstellungen, wie man mit Demonstranten umgeht, als wir im Westen. Friedliche Aufforderungen, Ruhe zu bewahren, gibt es nicht, ja, nicht einmal Wasserwerfer oder Gummikugeln – es wird sofort mit der AK 47 draufgehalten. Die tibetischen Mönche und Nonnen, die nichts anderes verbrochen hatten, als ihre Meinung zu äußern, wurden von nervösen chinesischen Soldaten auf dem Platz niedergeschossen. Die Tibeter reagierten wie üblich und setzten wieder einmal die Polizeistation im Barkhor in Brand.

Im Hotel war die Hölle los. Partei A verbot uns, das Hotel zu verlassen, ausländische Touristen wurden fortgebracht und nur wenige Neuankömmlinge zugelassen. Die chinesischen Soldaten patrouillierten weiter im Barkhor, und als wieder Ruhe auf der Straße einkehrte, wurden die Kontrollen wieder gelockert.

Unter den wenigen Ausländern, die einreisen durften, war Mr. Ernesto Barba, der neue Hoteldirektor. Er machte einen sehr umgänglichen Eindruck, ein freundlicher Italiener, der bereits 60 Jahre alt war, aber zehn Jahre jünger aussah. Langes, nach hinten gekämmtes Haar, ein markantes, schönes Gesicht. Seine Kleider stammten von den führenden Couturiers Italiens und seine Manieren waren auf den ersten Blick tadellos. Er hatte die etwas merkwürdige Angewohnheit, einen am Arm zu packen und am Ohrläppchen zu ziehen, wenn man eine gute Idee vorbrachte, aber das schrieben wir seinem hitzigen süditalienischen Temperament zu. Der Küchenchef sah das allerdings anders. Als typischer Deutscher legte er Wert auf Disziplin und körperliche Distanz und konnte es nicht ausstehen, wenn man an seinen Ohrläppchen herumfummelte. Zum Glück brachte er nicht viele Ideen vor, die Barba gefielen, so dass er nicht allzu sehr darunter leiden musste.

Nach einer kurzen Übergabezeit sagte uns der bisherige Direktor Lebewohl und setzte sich in die wärmeren Gefilde Südostasiens ab. Er war dünn und blass: erschöpft von dem Stress, sich auf dem härtesten Posten des Holiday Inn zu behaupten. Er verabschiedete sich mit einem schiefen Lächeln und wünschte uns viel Glück. Vielleicht wusste er mehr über Barba, »den verrückten Italiener«, als er uns sagen durfte.

Ich machte mir zu diesem Zeitpunkt keine großen Gedanken. Eine von Barbas ersten Handlungen bestand darin, mich zum jüngsten stellvertretenden Direktor in der asiatisch-pazifischen Region zu befördern, zuständig für Marketing und Verkauf, und die Abteilung zu vergrößern, indem er eine junge Belgierin namens Conny als Verkaufsleiterin einstellte. In Lhasa arbeiteten nur wenige ausländische Frauen und Connys Ankunft war eine willkommene Abwechslung in unserem Männerteam. Conny war intelligent und schön, und vor allem verliebte sie sich auf den ersten Blick in Tibet. Manche Ausländer ertragen in den ersten paar Tagen die Höhe nicht. Andere kommen mit den falschen Erwartungen und reisen wieder ab, ohne ihre Koffer auszupacken. Aber Connys Reaktion auf ihren ersten Besuch im Barkhor war dieselbe Mischung aus Staunen und Begeisterung, die ich jedes Mal empfand, wenn ich dort war, und ich wusste, dass sie hier überleben würde.

Die ersten Tage mit Barba verliefen ohne Zwischenfall, obwohl wir bald entdeckten, dass er kein gewöhnlicher Mensch war. Er war nach Lhasa gekommen, um sein Studium der östlichen Religionen fortzuführen. Er hasste das Holiday Inn. »Als ich den Vertrag unterzeichnen musste, hab ich mir die Nase zugehalten«, erzählte er.

Aber das Lachen sollte ihm bald vergehen. Er saß hinter seinem Schreibtisch, vor sich ein Kreuzworträtselheft und Papierbogen, auf die er geschwärzte Kopien von Buddhas und Bodhisattvas klebte.

»Alec, was um Himmels willen machen wir hier? Ist es wirklich so kalt? Was ist das für ein Quatsch mit diesem Partei-A-und-Partei-B-Getue? Wer ist Jig Me?«

Wie alle Neuen hatte er Probleme, sich in diesem System zurechtzufinden. Ich überließ ihn seinem Topf mit chinesischem Kleber und ging in mein Büro zurück.

»Mr. Alec! Mr. Alec!«, brüllte Tashi durch die leere Lobby. »Hier, ich habe eine Nachricht für Sie!«

Ich nahm ihm das zerknüllte Papier ab und las: »SOS. Das *People's Number One Hospital*. Greg.«

Greg! Er hätte seit Wochen aus Tibet heraus sein müssen! Ich wusste von den anderen Bergsteigern, die durch Lhasa gekommen waren, dass die beiden Kanadier es nicht zum Gipfel geschafft hatten, aber ich war davon ausgegangen, dass sie sich an ihre Pläne gehalten und Tibet über Kathmandu verlassen hatten. War das ein dummer Streich oder was?

Ich bat Tashi, Dorje zu suchen und ihm zu sagen, dass wir so schnell wie möglich ins Krankenhaus fahren mussten. Dorje war entzückt, als er das hörte. Er tauchte sofort am Steuer seines Landcruisers auf und ließ den Motor im Hof aufheulen. Wir rasten durch die Straßen, das Gaspedal voll durchgedrückt. Radfahrer sprangen von ihren Rädern ab, Fußgänger spritzten aus dem Weg und mehrere Lhasaer Straßenhunde kamen ihrer nächsten Wiedergeburt gefährlich nahe. Wir hielten mit quietschenden Bremsen vor den Krankenhaustoren, ließen ein paar Yuan in die Schuhkartons der singenden Mönche fallen und machten uns auf die Suche nach Greg.

Wir spähten in zahllose Zimmer mit kranken Chinesen und Tibetern, bis wir endlich Gregs Zelle fanden. Es war ein karger Raum mit einem Betonfußboden und den üblichen, bis auf halbe Höhe grün gestrichenen Wänden, während die obere Hälfte und die Decke in schmuddeligem Weiß getüncht waren. Ein Tisch stand zwischen zwei Betten, mit drei Gläsern eingemachten Mandarinen darauf und diversem medizinischem Zubehör. Sauerstoffzylinder und ein Tropf standen in der Ecke. Auf einem der beiden Betten saß der fröhliche CMA-Führer kerzengerade aufgerichtet, und in dem anderen lag Greg, der kaum wieder zu erkennen war. Er hatte viel Gewicht verloren, einen Stoppelbart im Gesicht, seine Haut war rot verbrannt von der Zeit auf dem Everest und seine Lippen blau verfärbt. Er war an mehrere Flaschen angeschlossen und hatte Sauerstoffschläuche in der Nase. Er lächelte, als er uns sah, und seufzte erleichtert.

Trotz der körperlichen Schmerzen, die ihm seine Krankheit bereitete, schien er viel mehr unter den psychologischen Qualen zu leiden, die ihm sein Führer zufügte. Heftig nach Luft ringend, klagte Greg, dass er nur eingemachte Mandarinen zu essen bekomme und hier im Krankenhaus festsitze, ohne die mindeste Ahnung, wann er je wieder herauskommen würde. Er lechzte nach anderem Essen und ich versprach ihm, Suppe aus dem Hotel zu bringen. Keuchend erzählte er mir seine Geschichte:

Er war mit Dave bis auf 800 Meter unterm Gipfel aufgestiegen, aber dann hatte sich das Wetter verschlechtert. Wie alle anderen hatten sie auf ein »Fenster« gewartet, das aber nicht kam, bis sie schließlich zähneknirschend wieder zum Basislager abgestiegen waren. Dave war nach Kathmandu weitergegangen, während Greg, dem es nicht besonders gut ging, mit dem CMA-Führer nach Lhasa zurückgekehrt war. Das war ein Fehler gewesen. Greg wollte im Holiday Inn absteigen, aber sein Führer hatte ihm gesagt, das Hotel sei voll belegt (von wegen!), und hatte ihn in eines der chinesischen Hotels gebracht, wo er schwer krank wurde. Er lag eine Woche im Bett und sein Zustand verschlimmerte sich immer mehr, bis sein Führer ihn schließlich, nachdem Greg sich die Ratten aus den Kleidern geschüttelt hatte, ins *People's Number One Hospital* brachte. Greg litt unter einer sehr unangenehmen Kombination von Lungenödem und Hämorrhoiden.

Der Arzt hatte ihm gesagt, wenn seine Atemnot sich weiter verschlimmere, müsse er ihm einen Luftröhrenschnitt machen und einen Schlauch einführen, der direkt an eine Sauerstoffflasche angeschlossen sei. Das trug natürlich nicht dazu bei, Gregs Nerven zu beruhigen. Sein Atem ging allerdings sehr unregelmäßig. Es gab nur ein Heilmittel gegen seine Höhenkrankheit: Er musste aus Tibet auf eine niedrigere Höhe ausgeflogen und mit vertrauteren Mitteln gepflegt werden. Der wöchentliche Flug von Kathmandu war den Winter über ausgesetzt, weshalb wir den CMA-Führer überredeten, ein Ticket nach Chengdu zu kaufen, sobald es medizinisch vertretbar war, Greg reisen zu lassen.

Zwischen seinen rasselnden Atemzügen äußerte Greg auch ernsthafte Befürchtungen hinsichtlich der Motive des CMA-Führers, der ihm ständig helfen wollte, seine Hämorrhoidensalbe aufzutragen. Für einen Bergsteiger-Macho wie Greg war dieser Gedanke noch schlimmer als das lebensgefährliche Lungenödem.

Der Küchenchef schickte ihm ein paar Thermosflaschen mit kräftigender Suppe und Greg erholte sich allmählich, jedenfalls so weit, dass er das Flugzeug nach Chengdu nehmen konnte, begleitet von einem Arzt des *People's Number One Hospital* und dem freundlichen CMA-Führer.

Ich saß in der Hotelbar, nachdem die Bergsteiger fort waren, und erschreckte gerade eine Gruppe von ältlichen Amerikanerinnen, indem ich ihnen Gregs Krankenhausabenteuer schilderte und was einem alles in dieser Höhe zustoßen konnte, als ich plötzlich kreideweiß wurde. Die Amerikanerinnen schauten mich erwartungsvoll an, während sie ihr überteuertes Evian hinunterschütteten – und da passierte es: Dort, direkt hinter ihnen, an dem Wasserrohr an der Wand festgekrallt, thronte eine riesenhafte Ratte. Ich zwang mich ruhig zu bleiben. Ich habe kein Problem mit Nagetieren, aber es ist keine sehr angenehme Vorstellung, in einer winzigen Hotelbar mit einer Horde panischer Touristinnen eingesperrt zu sein, deren Augen ohnehin schon schreckgeweitet wegen der Höhenkrankheit waren. »Und so wurde Greg zum Glück wieder gesund«, sagte ich und brachte die Geschichte abrupt zu Ende. »Du liebe Güte, ist es wirklich schon so spät? Wir müssen sofort die Bar verlassen, sonst kommen wir zu spät zum Abendessen. Nehmen Sie Ihre Drinks und folgen Sie mir. Schauen Sie in diese Richtung, meine Damen. Ja, genau, in diese Richtung, immer in diese Richtung.«

Aber Laba, die Barkeeperin, machte meine Bemühungen mit einem Schlag zunichte. »*Zizi*!«, kreischte sie und zeigte auf die Wand hinter den Frauen, die ich schon halb zur Tür bugsiert hatte.

»Da, schauen Sie, Mr. Alec. Große *zizi*!«

»Ja, danke, Laba.«

Die Amerikanerinnen drehten sich um und einen Augenblick herrschte entsetztes Schweigen. Die Ratte starrte die Gäste an, die

Gäste die Ratte, und ich die Gäste. Laba kicherte über mich. Zu meiner großen Erleichterung wurde das Schweigen nicht von einem hysterischen Schrei gebrochen, sondern eine der Frauen fragte ruhig: »Heißt *zizi* Ratte auf Tibetisch?«

Ich hatte die Frauen unterschätzt. Immerhin waren sie mit einer Tour des *Smithsonian Institute* unterwegs. Sie wollten wissen, um welche Rattenart es sich handelte, und zwei von ihnen debattierten darüber, ob sie so groß war wie das Exemplar, das sie in ihrem Zimmer in dem schwimmenden Hotel in Vietnam gesehen hatten.

Diese »*zizi*«, die Laba freundlicherweise enttarnt hatte, war eine der ersten Ratten, die es in diesem Winter ins Hotel schaffte. Danach drängten sie in Scharen herein. In der Nacht liefen sie über die Leitungen der Klimaanlage über den Schlafzimmern und jeden Abend, wenn ich meine Zähne putzte, hörte ich das Trappeln von winzigen Füßchen auf den Deckenfliesen über meinem Badezimmer. In Anlehnung an Manuels »Sibirische Hamster« (aus der Fernsehserie »Das verrückte Hotel«) nannten wir die Ratten »Himalaya-Hamster«. Jeder Gast, der erzählte, er habe eine Maus oder eine Ratte gesehen oder gehört, wurde sofort belehrt, dass ihm das große Glück zuteil geworden sei, einem »Himalaya-Hamster« zu begegnen. Es war eine fadenscheinige Ausrede, die selten Erfolg hatte. Die Gäste vom *Smithsonian Institute* fielen nicht darauf herein und einem George Schaller – ein berühmter amerikanischer Zoologe – hätte man erst recht nicht damit kommen dürfen.

Die Ratten waren ein saisonales Problem. Im Sommer hatten sie sich fleißig vermehrt und in den Gerstenfeldern des Lhasa-Tals vollgefressen. Nachdem die Ernte jetzt eingebracht war und die Temperaturen stark abfielen, drängten sie in die Hotelküchen, um dort Wärme und Nahrung zu finden.

Die winterliche Nagetierinvasion war also nichts Neues. Der Dalai Lama hatte sich als Kind mit den Mäusen, die in seinem Zimmer im Potala-Palast lebten, angefreundet. Er kuschelte sich unter seine Decke und schaute zu, wie sie die Opfergaben auffraßen und über seine Betttücher huschten. Das ist verständlich, da der Dalai Lama die Reinkarnation des Bodhisattva des Mitleidens ist, aber die Hotelgäste waren im Allgemeinen nicht so freundlich zu den kleinen vierbeinigen Besuchern. Ein Gast, der länger im Hotel wohnte, lieh sich eine Mausefalle, mit der er acht Mäuse fing – eine stolze Bilanz.

Tu Dian stellte widerstrebend die restlichen Mausefallen in den Küchen und in der Bar auf, aber die Nagetierinvasion war nicht zu stoppen. Öffentliche Rattensichtungen häuften sich in peinlicher Weise. Die Mahlzeiten am Management-Tisch wurden hastig hinuntergeschlungen, aus Angst, dass wieder eine Ratte entdeckt wurde. In diesem Fall musste man so schnell wie möglich vom Tisch aufspringen, ohne den anderen zu sagen, wo man hinwollte, denn wer als Letzter am Tisch saß, musste die Gäste beschwichtigen, wenn sie hereinstürmten und sich beschwerten, dass Ratten im Restaurant herumliefen. Da die Zahl weiter anstieg und wir immer öfter überstürzt den Saal verlassen mussten, wurden die Mahlzeiten unerträglich kurz. So konnte es nicht weitergehen.

Nach einer langen Debatte in der Morgenversammlung, bei der Barba seine Mundgeruch-Taufe von Mr. Pong erhielt, wurde den Ratten einmütig der Krieg erklärt. Heather übersetzte das Ultimatum ins Englische: »Wir werden Rattenfänger aus Chengdu einberufen und Medizin für die Ratten niederlegen.«

Wie eigenartig – Medizin für Ratten? Ich schwor mir, niemals chinesische Medizin zu nehmen, solange ich in Tibet war.

An einem vorher festgelegten Tag wurden kleine rosa Reishäufchen, mit »Rattenmedizin« gefärbt, vor alle Türen in sämtlichen Fluren des Hotels gelegt. Auf den Küchenböden wurde Medizin verstreut, in den Lagerräumen, der Garage, den Personalkantinen und in der Telefonzentrale. Nicht ein Raum blieb verschont.

Conny, die neue Verkaufsleiterin, hatte die Aufgabe, einen Rundbrief an alle Gäste zu schreiben und ihnen zu erklären, dass sie auf keinen Fall die rosa Reishäufchen berühren durften, die ausschließlich zum Wohl der Gäste ausgelegt worden seien, und dass wir unser Bestes tun würden, um den höchstmöglichen Service-Standard aufrechtzuerhalten. Keiner der Gäste beschwerte sich.

Am nächsten Morgen war kein Trappeln von kleinen Füßen mehr zu hören. Die Medizin hatte durchschlagend gewirkt. Die höchste Kopfzahl erzielte die Personalkantine, wo 224 Rattenkadaver gefunden und in Fässer geworfen wurden. Ehe ich sie aufhalten konnte, karrten die Rattenfänger die offenen Fässer über den Hof und schnurstracks durch die Lobby. Ich rannte hinter ihnen her, um eventuelle Gäste abzufangen, die sich an dem Anblick vielleicht stören könnten, aber zum Glück war niemand zu sehen. Die Rattenfänger waren auf dem Weg in den Küchentrakt, der die zweithöchste Rate erzielt hatte. Mit den Rattenleichen vom Lagerraum stieg die Zahl auf 440. Es war ein trauriger Tag für die Nagetiere des Holiday Inn Lhasa.

Barba war trotzdem nicht zufrieden. Das Rattenproblem war vorläufig gelöst, aber die Kälte wurde unerträglich. »Wir müssen diese 20-Prozent-Belegquote erreichen«, überlegte er laut am Frühstückstisch. »Wir müssen etwas anderes machen. Etwas Sensationelles. Wir müssen die Presse einschalten.«

»Sie wissen doch, dass hier keine Journalisten reindürfen, Mr. Barba«, antwortete Harry. »Sie wurden nach dem Aufstand ausgewiesen.«

»Das ist mir egal. Sollen sie mich doch feuern. Oder glauben Sie vielleicht, dass ich hier bleiben will? Ich habe eine Idee, wie wir die Heizung ankriegen. Ich lasse mich gern feuern!«

Er stand auf, brüllte diesen letzten Satz laut heraus und knallte seine Faust noch heftiger auf den Tisch, als es der vorige Direktor jemals zu Stande gebracht hatte. Die Gäste erstarrten und drehten sich zu unserem Tisch um. Dieser Mann war nicht normal. Er funkelte sie an: »Wollen Sie sich vielleicht beim Hotelleiter beschweren?«, brüllte er.

Aber dazu hatte niemand Lust. Barba fuhr sich mit der Hand durchs Haar, setzte sich wieder und erzählte uns in aller Ruhe, warum er von jeder größeren Hotelkette der Welt gefeuert worden war.

»Beim Sheraton haben sie mich gefeuert, weil ich mit der Tochter des Besitzers geschlafen habe«, gluckste er. Ich hatte noch nie mit einem Italiener zusammengearbeitet und wusste nicht, dass ich mich daran gewöhnen musste, seine Sexgeschichten in allen Einzelheiten beim Frühstück serviert zu bekommen.

»Im Hilton war es noch besser«, fuhr Barba genüsslich fort. »Ich habe das Okinawa Hilton eröffnet, wurde aber nach der Einweihungsparty gefeuert. Es war eine tolle Fete. Alle haben sich bestens amüsiert. Ich hatte Hasch in die Kekse getan. Kriegt man Hasch in Tibet?«

Keiner von uns antwortete. Mr. Liu inspizierte seine Gabel voll Essen besonders sorgfältig und zog es vor, sein Frühstück nicht fortzusetzen.

Wir kamen zu spät zur Morgenversammlung und Jig Me empfing uns mit abfälligen Blicken, als wir den Raum betraten. Barba verkündete vor versammelter Mannschaft seine Idee: »Ich werde den ersten ›Miss-Tibet‹-Wettbewerb abhalten.«

Die Tibeter und Chinesen starrten ihn verständnislos an. Heather hatte Mühe, seine Ankündigung zu übersetzen. Die Gesichter blieben verständnislos, als sie es auf Chinesisch gesagt hatte. Der Chef lachte leise. Ich stöhnte. Allmählich begann ich zu ahnen, was von Barba zu halten war. Er kam mit einer seiner verrückten Ideen daher und Conny und ich mussten das Ganze in die Tat umsetzen. Während Conny die undankbare Aufgabe zufiel, bei dem verrückten

Italiener zu bleiben und die »Miss Tibet«-Arrangements zu planen, reiste ich nach Hongkong, um eine Pressekonferenz abzuhalten.

Der CAAC-Flug verlief wie immer ereignisreich. Der Start in Lhasa ging reibungslos vonstatten, aber die Landung in Chengdu wird mir unvergesslich bleiben. Die alte Boeing steigt durch die Wolkendecke über Chengdu ab, Fahrwerk ausgefahren, Reisfelder unter uns, die Flughafengebäude zeichnen sich im Nebel ab, noch näher jetzt, das Flugzeug kurz vor dem Aufsetzen, das Betonrollfeld unter uns, ein anderes Flugzeug auf dem Rollfeld. EIN ANDERES FLUGZEUG AUF DEM ROLLFELD!

Zum Glück reagierte der Pilot blitzschnell. Er riss die Boeing mit aller Kraft in einem 45-Grad-Winkel nach oben. Die Sitze bebten, als die Motoren aufheulten und die Sauerstoffmasken herunterfielen. Die Tibeter fanden es lustig und standen laut palavernd im Gang, während der Pilot eine Schleife zog und erneut zur Landung ansetzte, als das Rollfeld frei war.

Der CAAC-Flug von Chengdu nach Hongkong war weniger nervenaufreibend. Die Anzahl ausländisch geführter Fabriken in Chengdu wächst stetig und der Flug nach Hongkong wird regelmäßig von Ausländern gebucht, die China zur »R & R« verlassen (Rest und Recuperation – Ruhe und Erholung). Die Ausländer an Bord waren daher recht heiter. Das lag vielleicht auch an dem Hinweisschild auf jedem Sitz, das hätte lauten müssen: »Ihre Rettungsweste ist unter dem Sitz«, aber stattdessen verkündete: USE BOTTOM CUSHION FOR FLOTATION. (»Benützen Sie Hinternkissen zum Wassern.«)

Die CAAC-Broschüre war wie immer ähnlich unterhaltsam. Dort stand ein Artikel über einen Piloten, Mr. Liang Luxin, »den Besitzer der Sicherheits-Medaille Erster Klasse.« Mr. Liang hat in »30 Jahren 10645 Flugstunden absolviert, ist unserer Partei treu ergeben und fliegt über 300 Tage im Jahr.« Und das nennen sie sicher!

Auf der Rückseite wurde ein interessantes Getränk angepriesen: »Guoguang Fushoule – ein hochrangiger Tonic-Wein mit niedrigem Alkohol.« Es sollte ein Heilmittel für alle möglichen Krankheiten sein, bestand aber im Wesentlichen aus »Gecko« und »Hundeniere«. Ich strich es von meiner Einkaufsliste.

Das Flugzeug glitt schwerelos zwischen den Hochhausblocks von Hongkong dahin und landete weich auf dem Rollfeld, das sich bis zum Hafen erstreckte. Vielleicht flog heute Mr. Liang Luxin und legte ein paar zusätzliche Sicherheitsstunden am Himmel ein.

Im Flugzeug war die CAAC, draußen Hongkong. Es war irgendwie aufregend. Vom tristen Kommunismus in den pulsierenden Kapitalismus. Hier konnte man sagen, denken und kaufen, was man wollte. Ein Taxi brachte mich ins Holiday Inn Golden Mile – ein Paradies nach mehreren Monaten in China. Die Laken waren weich und weiß, es gab keine Himalaya-Hamster, keine Yak-Burger, keine Partei A. Stattdessen gab es gelbe Bananen. Alles roch anders, schmeckte anders. Aber ich war nicht zur Erholung hier, sondern musste meinen Termin beim Presseclub einhalten.

Um fünf Uhr nachmittags trat ich vor die Hongkonger Presse.

»Wir organisieren den ersten ›Miss-Tibet‹-Wettbewerb der Geschichte«, verkündete ich dem brechend vollen Saal. »Sie sind alle herzlich eingeladen.«

Die Journalisten machten sich Notizen.

»Aber keiner von Ihnen kann kommen.«

Sie hörten auf zu schreiben.

»Jedenfalls können Sie nicht als Journalisten kommen. Aber dort drüben sehe ich, glaube ich, eine Hausfrau, und dort einen Lehrer und ... ach ja, da drüben einen Techniker.«

Es war lächerlich einfach. Jeder Tibet-Besucher musste eine Einreiseerlaubnis beantragen und auf dem Antragsformular wurde nach dem Beruf des Reisenden gefragt. Um die Erlaubnis zu bekommen, brauchte man nur jeden x-beliebigen Beruf außer Journalist einzutragen. Auf Anhieb gab es 75 Interessenten, ein voller Erfolg. Ein hervorragender Reiseveranstalter organisierte die Tour von Hongkong zum »Miss-Tibet«-Spektakel, und als ich nach Lhasa zurückkehrte, waren bereits 120 Plätze verkauft.

Barba hatte hart an den Plänen für den Abend gearbeitet, aber nicht wirklich eine offizielle Genehmigung eingeholt. Jig Me bestand darauf, dass keine weiteren Arrangements getroffen werden durften, ehe die »beteiligten Parteien« ein diesbezügliches Meeting abgehalten hatten. Für uns, die wir die Warnsignale lesen konnten, klang das ziemlich finster, aber Barba war in streitbarer Laune. Er brüllte in der Morgenversammlung: »Das wird doch nur wieder so ein Bürokratenheini sein. Geben Sie mir ein paar Minuten mit ihm, und ich kann mit den Vorbereitungen weitermachen.«

Der »Bürokratenheini« entpuppte sich als eine Delegation von 20 Personen. Es waren Vertreter des *Public Security Bureau* (PSB), des *Foreign Affairs Office* (FAO), des *Tibet Tourism Bureau* (TTB), des *Tibet Cultural Bureau* (TCB) und des tibetischen Fernsehens (*Tibet Television* – TTV). Barba verkündete stolz, dass ich in Hongkong gewesen sei und dass wir alle wichtigen Presseagenturen und Fernsehsender der Welt zu dem großen Ereignis eingeladen hätten. Die Vertreter des PSB erinnerten ihn feierlich daran, dass Journalisten nicht nach Tibet einreisen durften. Das FAO ließ uns wissen, dass es eine Anfrage vom NBC erhalten hätte, der das Ereignis filmen wollte. Barba bluffte: »Wir haben acht Fernsehteams, die schon auf dem Weg nach Lhasa sind. Sie können das jetzt nicht mehr stoppen!«

Heather übersetzte. Jig Me war wütend. Er war für das korrekte Benehmen der Ausländer verantwortlich und musste einen erheblichen Gesichtsverlust bei der Machtelite von Lhasa hinnehmen.

»Wir können alles stoppen«, erklärte der PSB-Mann. Die Atmosphäre wurde angespannt. Ein kleiner Mann in einem blauen Mao-Anzug erhob sich und fragte, was das eigentlich genau sei, ein Schönheitswettbewerb. Heather übersetzte Barbas Antwort. Der Mann im Mao-Anzug stellte fest, ein Wettbewerb als solcher sei nicht erlaubt, weil das unfair sei. Eine Versammlung mit Transparenten mit ein paar guten Parteislogans und ein paar Tänze seien angemessener. Der Vertreter des Kulturbüros stand auf und hielt eine 15-minütige Rede über das Tanzen. Heather übersetzte eifrig. Barba konnte nicht länger an sich halten.

»Glauben Sie vielleicht, die Weltpresse kommt hierher, um ein paar Roten beim Tanzen zuzuschauen«, schrie er. »Vergessen Sie es! Ich sage alles ab.«

Kapitel 9
DER KÜNDIGUNGSWETTLAUF

Barba hatte nicht die Absicht, den »Miss-Tibet«-Wettbewerb abzusagen. Er machte nur, was er am besten konnte – bluffen. Er berief ein weiteres Meeting mit Jig Me und den kommunistischen Parteigrößen ein, und diesmal versuchte er es mit einer anderen Strategie. »Es wird keine Presse anwesend sein, nur ein paar Hausfrauen und Lehrer aus Hongkong.«

Mit dieser neuen, entschärften Version gewann er die Unterstützung von Mr. Hu vom tibetischen Kulturbüro und die Vorbereitungen konnten jetzt ernsthaft beginnen. Es war ein großes Spektakel geplant, mit einem Picknick in 4300 Meter Höhe, ein Barbecue mit gegrilltem Yakfleisch auf der Jarmalingka-Insel, ein Überraschungsbuffet auf dem Dach eines abgelegenen Klosters und dann das große Finale – der »Miss Tibet«-Galaabend mit einer philippinischen Band, die speziell zu diesem Anlass eingeflogen werden sollte.

Zwei Tage vor der Ankunft der Gäste bat Mr. Hu um ein Treffen mit Barba. Er wollte ihm seine Gala-Vorstellung zeigen. Jig Me übersetzte.

»Nein, nein, Jig Me«, sagte Barba. »Das müssen Sie falsch übersetzt haben. Sie meinen, dass er *meine* Gala-Vorstellung sehen will.«

»Nein, *er* hat die Gala-Vorstellung vorbereitet. Sie können keine machen.«

Die Überraschung war groß. Die ganze Zeit waren also Vorbereitungen für zwei Galaabende gelaufen, ohne dass der eine von der Arbeit des anderen wusste. Barba kochte vor Wut. Ich habe noch nie jemanden erlebt, der sich so in Wut hineinsteigern konnte wie er. Es war ein Furcht erregender Anblick: sein verzerrtes Gesicht, die kleinen Schweißperlen auf der Stirn, die Zornesröte, die ihm in die Wangen schoss, sein Stottern, die Flut von blumigen Flüchen, begleitet von italienischer Zeichensprache. Er stand vom Tisch auf und brüllte: »Sie meinen, dass dieser mickrige kleine *Kommunist* eine Show vorbereitet hat? Glauben Sie etwa, dass ich, der ›Fellini der Hotelbranche‹, wie mich der Playboy genannt hat, nicht in der Lage bin, eine anständige Show auf die Beine zu stellen?«

Barba war zutiefst in seiner Eitelkeit gekränkt. Aber Mr. Hu hatte gemerkt, dass auch er schwer beleidigt wurde, und brüllte chinesische Schimpfwörter zurück. Jig Me alterte sichtlich um zehn Jahre und Barba stürmte aus dem Meeting.

Am Nachmittag wurde schließlich ein Kompromiss gefunden. Barba würde sich am Abend Mr. Hus Show ansehen und eine Beurteilung abgeben. Er bog sich während der ganzen Vorstellung vor Lachen.

»Und das soll eine gute Show sein? Chinesische Girls, die zu einer Disco-Musik herumhüpfen, die seit 20 Jahren out ist!«

Mr. Hu dachte, dass seine Vorstellung Barba gefallen habe, und machte ihm ein Angebot: Er könne die Show für 15.000 Dollar kaufen. Die Atmosphäre war zum Zerreißen gespannt und Barba sprang auf die Füße. Zum Glück fiel Jig Me im letzten Moment eine sehr einfache Lösung ein, sonst hätte sich Barba wutentbrannt auf Mr. Hu gestürzt. Mr. Hu sollte seine Vorstellung an einem Abend machen, und Barba an einem anderen. Dank sorgfältiger Planung wurde Mr. Hus Abendvorstellung zu einem Zeitpunkt anberaumt, wo das Hotel praktisch leer war, und Barbas Show wurde wie geplant auf den letzten Abend der organisierten »Miss-Tibet«-Tour gelegt.

Die Gruppe von »Hausfrauen« und »Lehrern« konnte problemlos in Lhasa einreisen und am Tag ihrer Ankunft schnellte die Belegquote auf die magischen 20 Prozent hoch. Es war das erste Mal in der Geschichte des Holiday Inn Lhasa, dass diese begehrte Marke an einem Dezembertag erreicht wurde. Derek erteilte triumphierend den Befehl, die Heizung anzustellen. Barba hatte sein Ziel erreicht, obwohl er ein bisschen enttäuscht war, dass man ihn nicht gefeuert hatte.

Conny und ich führten die Gruppe an ihrem ersten Nachmittag zum Barkhor. Einige der »Hausfrauen« hatten verdächtig große Heimvideokameras dabei und viele der »Lehrer« zückten ständig ihre Notizblöcke oder hielten nach Tibetern Ausschau, die Englisch sprechen und ihnen etwas über Menschenrechte erzählen konnten. Wir erregten allmählich zu viel Aufmerksamkeit für eine normale Reisegruppe und scheuchten die »Touristen« zum Bus zurück, einen Schwarm von »Du-wie-viel?«-Khampa-Mädchen im Schlepptau. Im Barkhor weiß man nie, wem man trauen kann. Jeder der harmlos aussehenden Tibeter oder Chinesen konnte ein Spitzel sein. Und im Gegensatz zu Barba, der es darauf anlegte, gefeuert zu werden, arbeitete ich gern in Lhasa und hatte nicht die Absicht, mich ausweisen zu lassen, nur weil ich eine Gruppe von illegalen Journalisten für ihn organisiert hatte.

Zurück im Hotel, beschwerten sich die Gäste über die Kälte. Die lang ersehnte Heizung richtete gar nichts in der riesigen Marmorhalle aus, zumal das Personal die ärgerliche Angewohnheit hatte, die Türen an beiden Enden des Hotels offen stehen zu lassen, so dass die Flure zu Windkanälen wurden. Wir probierten alle möglichen Methoden aus, um die Türen geschlossen zu halten, aber es half nichts. In den Zimmern hatte die Heizung jedoch eine durchschlagende Wirkung, und als ich die Tür zu meinem öffnete, schlug mir eine Bullenhitze entgegen und ein höchst eigenartiger Geruch. Ich schaute mich im Zimmer um, konnte aber nichts Ungewöhnliches feststellen und sagte mir, dass der Geruch von außen kam.

Die Gruppentour lief fantastisch. Alles war sorgfältig geplant – was die Journalisten zu sehen und zu essen bekamen, was sie machten – und jeden Tag wurde ihnen ein neues, noch aufregenderes Highlight geboten. Die Stimmung stieg steil in die Höhe, und als sie am letzten Nachmittag ins Hotel zurückkehrten, konnten sie das große Finale kaum erwarten – die eigentliche »Miss-Tibet«-Wahl.

Drei Stunden vor Beginn tauchte der kleine Mann im blauen Mao-Anzug, der im ersten Meeting gewesen war, im Hotel auf. Er kündigte an, dass die philippinische Band keinen Rock'n' Roll spielen, der Lead-Sänger nicht zu sexy aussehen durfte und die Miss-Wahl abgesagt werden musste. Wir konnten mit der Show weitermachen, aber das tibetische Kulturbüro würde uns die vorab ausgewählten Bewerberinnen bringen und der Titel würde ab jetzt lauten: »FASHION PARADE EVALUATION«. Conny erhielt den Befehl, alle Plakate und Schilder, auf denen »Miss Tibet« stand, herunterzunehmen und alles in »FASHION PARADE EVALUATION« zu ändern.

Als ich am Abend mein Dinnerjacket für die Galavorstellung anzog, wurde der Geruch im Zimmer immer unerträglicher. Er hing nicht nur in meinem, sondern in allen Zimmern. Ein Hauch davon war auch im Flur zu spüren, und es wurde schlimmer, wenn man sich dem Coffee Shop näherte.

Plötzlich ging mir ein Licht auf. Ich erkannte den Geruch. Es war derselbe Geruch, der sich in meiner Garage zu Hause in Jersey ausbreitete, wenn ich eine Mausefalle aufgestellt und wochenlang vergessen hatte, danach zu schauen. Der Unterschied war nur, dass der Geruch hier nicht von dem Kadaver einer winzigen toten Maus stammte, sondern von einer ganzen Rattenpopulation, die in den Schächten der Klimaanlage vergiftet worden war. Die Rattenfänger aus Chengdu waren längst wieder fort, nachdem sie nur die Kadaver eingesammelt hatten, die offen herumlagen. Niemand hatte an die Leitungen und Schächte der Klimaanlage gedacht, wo die toten

Ratten in der trockenen, eisigen Atmosphäre konserviert geblieben waren. Aber jetzt wurden die Kadaver mit heißer Luft angeblasen, tauten auf und verwesten. Der Gestank im ganzen Hotel war bestialisch.

Die Heizung wurde sofort abgestellt. Die Fenster im Everest-Saal wurden weit aufgerissen und Derek lief im Hotel herum und befahl seinen Leuten, alle Abzugsöffnungen zu verstopfen. In einer Leitung über dem Coffee Shop kamen die Leichen von 13 Ratten zum Vorschein. Niemand konnte sagen, wie viele außer Reichweite in den fünf Stockwerken des Hotels lagen.

Sobald die Temperatur wieder gesunken war, ließ der Gestank nach. Ich zog mehrere Schichten T-Shirts und meine dicke lange Wollunterhose unter meinem Abendanzug an und ging in den Everest-Saal, um bei den Vorbereitungen zu helfen, falls es etwas für mich zu tun gab.

Der Everest-Saal beherbergte normalerweise das berüchtigte Gruppenbuffet, aber heute Abend hatte Barba den ganzen Bereich in ein Hollywood-Set verwandelt. Er hatte ein tibetisches Zeltdorf auf dem Hotelgelände vor dem Everest-Saal aufbauen lassen, so dass Yaks auf dem Rasen vor dem Fenster grasten. Charlie, der nicht nur für den Housekeeping-Bereich, sondern auch für das Hotelgelände zuständig war, versuchte die Yaks von den Blumenwannen zu verscheuchen, leider vergeblich.

Innen hingen gigantische Thangkas – buddhistische Gemälde auf Papierrollen – an jeder Wand und Dereks Techniker hatten eine riesige Bühne aufgebaut (sie sollte als Laufsteg und Set für die Filipino-Band dienen). Die Deko-Abteilung des Hotels hatte einen Rundbogen kreiert, der sich über die ganze Bühne spannte und mit Barbas Lieblingssatz beschriftet war: »Das Beste kommt noch.« Alle Anspielungen auf »Miss Tibet« waren in letzter Minute übermalt worden und es roch immer noch nach frischer Farbe. Niemand beschwerte sich, weil es den Gestank der aufgetauten Ratten überdeckte, der nach wie vor in den Fluren hing.

Die Preisrichter und VIPs nahmen ihre Plätze am Ehrentisch ein. Jedem der zehn ausländischen Preisrichter, die Barba angefordert hatte, hatten die Behörden zwei einheimische beigeordnet, so dass der Tisch vom einen Ende des Saals bis zum anderen reichte. Wir gewöhnlichen Sterblichen saßen an den runden Tischen.

Dann trat Conny als Gastgeberin des Abends auf die Bühne. Sie sah hinreißend aus in ihrem schönen schwarzsamtenen Ballkleid, das eindeutig nicht von kommunistischen Schneidern gemacht war. Ihre großen braunen Augen funkelten vor Aufregung und sie behielt ihr Lächeln unerschütterlich bei, trotz des Desasters hinter den Kulissen. Barba hatte sich in sein Impresario-Outfit geworfen und lauerte im Hintergrund in einem blasslila Hemd mit blauseidenem Halstuch unter seinem Dinnerjacket. Hinter dem Transparent »Das Beste kommt noch« verborgen, brüllte er Befehle hervor und dirigierte die Akteure des Abends.

Conny erhielt das Startzeichen. Sie begrüßte die VIPs und kündigte die erste Darbietung des Abends an – einen tibetischen Yak-Tanz. Das wird etwas ermüdend, wenn man es ein paar Mal gesehen hat, aber das erste Mal ist immer eindrucksvoll. Von raschen Trommelschlägen und scheppernden Becken begleitet, betritt ein Yakhirte das Restaurant mit zwei Yak-Darstellern im Schlepptau. Er knallt seine Peitsche auf den Boden und springt von einer Seite auf die andere. Auch die Yaks springen unablässig im Trommelrhythmus, während der Yakhirte, immer noch hüpfend, zwei weiße Seidenschals oder *khatas* hervorzieht und sie vor den Yaks auf den Boden wirft. Die Trommelschläge werden schneller und der Yakhirte springt noch wilder und brüllt die Yaks an. Die beiden Yaks tanzen unermüdlich hin und her und versuchen dabei, die Seidenschals mit ihren Hörnern aufzuklauben. Der erste Versuch misslingt, der zweite auch, und der Yakhirte muss noch lauter brüllen und noch wilder mit der Peitsche knallen, bis wir endlich alle von unserer Qual erlöst werden, wenn die Yaks die *khatas* auf die Hörner nehmen. Die Zuschauer klatschen und johlen und sind froh, dass die armen Männer in den Kostümen bald von ihrem Frondienst erlöst sind.

Während der Yakhirte seine Tiere wegführte, brüllte Barba die Befehle für die nächste Nummer. Die Filipino-Band kam auf die Bühne und die Kellnerinnen tauchten aus der Küche auf, mit den Tellern für den ersten Gang beladen, während sie die 36 chinesischen Schritte tanzten. Es war ein atemberaubender Anblick: 30 Kellnerinnen führten einen sorgfältig einstudierten Tanz vor und balancierten dabei die Suppenschalen.

Discotheken waren in Lhasa ein gutes Geschäft. Fast täglich wurden neue eröffnet und das Hotel beherbergte einen der heißesten Nachtclubs der Stadt. Jeden Abend drängten sich über 600 Chinesen und Tibeter in die Disco des Holiday Inn Lhasa, um das Neueste von Boney M. und Abba zu hören. Während der Kulturrevolution war Tanzen in China als etwas Bourgeoises verpönt gewesen. Nach Maos Sturz wurden überall im Land Tanzhallen eröffnet und die Bevölkerung, ob Jung oder Alt, stürzte sich sofort in dieses neue Vergnügen. Nachts drehte man sich zu den Klängen alter chinesischer Volkslieder und rührseliger kommunistischer Propagandaballaden, die die Tibeter in der Roten Armee gelernt hatten, aber man tanzte auch zu den neuen Disco-Importen aus dem Westen.

Die Discos wurden zu Treffpunkten, wo junge Leute sich kennen lernen konnten. Tanzen im schummrigen Licht eines Nachtclubs, besonders wenn die Hemmschwellen durch den Alkohol herabgesetzt sind, war schon immer ein guter Einstieg in eine Liebesgeschichte. Doch wie in allen Nachtclubs heizt diese Mischung aus Liebe, Leidenschaft und Alkohol die Atmosphäre manchmal gefährlich auf. Deshalb durften Khampas, die ihre Dolche dabeihatten, und chinesische Soldaten mit Revolvern die Disco des Holiday Inn nicht betreten. Trotz aller Sicherheitsmaßnahmen des Hotels waren Schlägereien an der Tagesordnung. Einmal wurde ich von Dr. Grubby heruntergerufen, der sich weigerte, einen Patienten in der Ambulanz zu behandeln. Es handelte sich um einen blutüberströmten chinesischen Soldaten, der auf der Couch saß und wild mit seinem Revolver herumfuchtelte. An einem anderen Abend hinterließ ein unzufriedener Gast zur Erinnerung ein Loch in der Glastür. Zum Glück kam so etwas nicht allzu oft vor.

Auch wenn es manchmal gefährlich werden konnte, war Tanzen ein beliebter Zeitvertreib in Lhasa, und nicht nur zur Anbahnung einer Liebesaffäre. Es tanzten auch Mädchen mit Mädchen und Jungen mit Jungen. Die Disco war besonders bei den chinesischen Soldaten beliebt, die in Uniform zu den langsamen Stücken Arm in Arm miteinander tanzten.

Der größte Renner nach dem chinesischen Walzer war das Synchron-Tanzen, und die komplizierteste Variante davon die »36 Schritte«. Einer fing an und bald war der Tanzboden eine wogende Masse, die sich in vollkommener Übereinstimmung bewegte. Die Knie dreimal beugen, zweimal das linke Bein kicken, drei Schritte vorwärts gehen, rechter Fuß zuerst, das linke Bein vorwärts kicken, drehen, das linke Bein nach hinten kicken, drei Schritte nach rechts ... und so ging es 36 Schritte lang weiter.

Die Kellnerinnen lieferten eine brillante Vorstellung am »Miss-Tibet«-Galaabend. Niemand störte sich daran, dass die Suppe ein bisschen kalt geworden und die Hälfte davon in die Untertasse verschüttet war. Barba hatte den Abend mit Überraschungen voll gepackt. Ein tibetischer Magier zauberte Nudelschalen aus Papier, die ganze Housekeeping-Abteilung, in braune Uniformen im Mao-Stil gekleidet, kam auf die Bühne und sang kommunistische Propagandalieder. Sogar eine »Miss Foreigner« nahm an dem tibetischen Wettbewerb teil. Barba hatte seine Favoritin ausgewählt: Mary-Ann Bishop, die in Tibet Schwarzhalskraniche studiert hatte. Ein Pferdewagen kam herein, mit einer riesigen Waagschale beladen. Die arme Mary-Ann musste auf der Waagschale sitzen und als Preis ihr eigenes Gewicht in Form von Yakkäse entgegennehmen. Als der Wagen wieder hinausfuhr, blieb das Pferd vor dem Ehrentisch stehen, hob seinen Schwanz und ließ einen riesigen Haufen Pferdeäpfel auf den Tanzboden fallen. Alle brüllten vor Lachen. Außer Charlie natürlich, der die Bescherung aufsammeln musste.

Endlich kam die eigentliche Miss-Wahl. Die Mädchen, alle vom tibetischen Kulturbüro ausgewählt, paradierten in den Trachten verschiedener Regionen Tibets über den Laufsteg. Wir werden nie erfahren, was die Jury machte oder ob ihre Stimmen überhaupt gezählt wurden.

Die »Hausfrauen« und »Lehrer« liefen mit ihren »Heimvideokameras« und »Urlaubsfotoapparaten« zur Bühne vor und nach einiger Verwirrung erklärte Conny eine Miss Droma, die eine Tracht aus Gyantse trug, zur Siegerin. Gesang, der Chef der hoteleigenen Sicherheitsabteilung donnerte auf seinem Motorrad mit Beiwagen in den Everest-Saal herein und Miss Droma wurde fortgebracht, begleitet von der Musik der Filipino-Band. Dass die Gewinnerin eine 26-jährige verheiratete Mutter war, die bereits ihr zweites Baby erwartete, war unerheblich. Niemand würde es merken.

Der Auspuffqualm des Motorrads verpestete den Saal und einigen Gästen wurde übel, so dass der Raum sich bald leerte. Der Abend war ein großer Erfolg gewesen und Barbas Ego schwoll zu Everest-Dimensionen an.

Am nächsten Morgen leerte sich auch das Hotel und wir blieben allein zurück. Der Tag nach einem großen Fest ist immer etwas deprimierend. Die Flure, die vom Gelächter der übermütigen Gäste in ihren Dinnerjackets erfüllt gewesen waren, lagen jetzt leer und verlassen da, nur der Wind pfiff hindurch. Die ganze Aufregung war vorüber. Keiner von uns war gefeuert worden. Charlie gab sich alle Mühe, einen großen Eiszapfen vom Pissoir gegenüber dem Coffee-Shop zu entfernen, aber wenige Minuten nachdem er ihn abgebrochen hatte, war er wieder da.

Barba war erschöpft und reiste in die Weihnachtsferien, so wie alle anderen Ausländer. Ich blieb allein mit den »Englischlehrern« Nancy und Bob zurück, ein deprimierender Gedanke, und mit Conny, die ich in der Marketingabteilung einarbeiten sollte. Letzteres war eine weitaus erfreulichere Perspektive.

Zum Glück hatte ich nicht viel von Nancy und Bob gesehen, seit sie in Lhasa angekommen waren. Wenn Tashi von seinen Englischstunden zurückkam, erzählte er mir mehr über sie, als ich hören wollte. Ihre Lektionen erinnerten eher an eine Sonntagsschule für Kinder als an Erwachsenenunterricht. Tashi und seine Kollegen mussten Luftballons an ihre Füße binden, im Hof herumhüpfen (oder auf dem »Spielplatz«, wie Nancy und Bob es nennen würden) und die Luftballons der anderen zum Platzen zu bringen. Nancy kreischte bei jedem Knall vor Lachen und schenkte dem Sieger einen ihrer kostbaren Mr.-Smiley-Sticker.

Es war eine seltsame Unterrichtsmethode. Die Tibeter hatten ihre eigene wunderbare Religion, die ihnen geholfen hatte, unsagbare Härten und Entbehrungen zu überstehen, und trotzdem wollten Nancy und Bob sie unbedingt bekehren, und noch dazu zu einer hausgemachten, besonders abstrusen christlichen Richtung.

Es überraschte mich nicht, dass ihre Methoden nur wenig Eindruck auf die einheimische Bevölkerung machten. Der tibetische Buddhismus hat die Auswüchse der Kulturrevolution überstanden – er würde auch Nancys Mr.-Smiley-Sticker überleben. Bei den Chinesen, die zwischen der atheistischen Weltsicht des Kommunismus und der übermächtigen Spiritualität der Tibeter hin- und her gerissen waren, hatten Nancy und Bob bessere Chancen. Sie konzentrierten ihre Aufmerksamkeit auf einen chinesischen Jungen, der seinen Job an der Rezeption aufgegeben hatte, weil er von den Hoteldienern gemobbt worden war. Sie tauften ihn »Jacob« und gluckten ständig um ihn herum. Vor lauter Erleichterung, dass sie die Tibeter in Ruhe ließen und die Ausländer nicht belästigt hatten, setzte ich mich über meine persönlichen Vorbehalte hinweg und handelte so christlich wie möglich, indem ich sie zum Weihnachtsessen des Hotels einlud.

Ich wollte unbedingt etwas Besonderes für Weihnachten aufsparen. Seit der Küchenchef in Urlaub gefahren war, hatte die Qualität des Essens, das auch in guten Zeiten nie sehr abwechslungsreich war, einen absoluten Tiefpunkt erreicht. Auf dem einheimischen Markt gab es praktisch nichts zu kaufen, die Läden waren leer und Mr. Han, der einheimische Einkaufsleiter, würde erst im Frühjahr auf Einkaufsreise gehen.

Kohl und Spam – eine Art Frühstücksfleisch in Dosen – stellten die einzige Alternative zu Yakfleisch dar. Gebratener Spam, gewürfelter Spam mit Kohl, gekochte Spamstreifen auf einem Kohlbett, Spam in fantasievollen Formen, damit es nur nicht nach Spam mit Kohl aussah. Die Auswahl war trostlos und meine Ernährung wurde immer ungesünder. Aus Rache spielte ich in eine Aufnahme der Vier Jahreszeiten mitten im Winter-Satz den »Spam Song« aus einem Sketch von Monty Python ein. Seither dröhnte in regelmäßigen Abständen »Spam, Wonderful Spam« aus dem Lautsprecher und die Gäste blickten verwirrt von ihrem Essen auf. Nach ein paar Sekunden wandten sie sich wieder ihren Spamtellern zu, während Vivaldis »L'inverno allegro« aus der quäkigen Musikanlage des Hotels schallte. Hatten sie geträumt? Tibet übte auf viele Besucher eine tiefe Wirkung aus. Sie kehrten mit vielen unbeantworteten Fragen zu Spiritualität und dem Sinn des Lebens zurück, und vor allem fragten sie sich, ob sie wirklich den Spam-Song beim Essen gehört hatten.

Eines Tages, als ich endgültig genug von dem ewigen Spam hatte, ließ ich das Tagesgericht aus und bestellte stattdessen einen großen Teller Pommes frites. Nach 20 Minuten kam ein kleiner Teller mit zehn jämmerlichen Pommes.

»Nein, nein«, sagte ich. »Ich habe einen großen Teller Pommes frites bestellt.«

Die Kellnerin seufzte laut, kehrte in die Küche zurück und kam mit denselben zehn Pommes auf einem großen Teller zurück. Also genau das, was ich verlangt hatte. Kein Wunder, wenn sie uns für bescheuert halten!

Die Coffee-Shop-Küche wurde von dem kochenden Kohl auf dem Herd warm gehalten, aber dafür verklumpten die Salzfässer in dem Dampf. Ich bat die Kellnerin Zhang Li, ein paar Reiskörner in die Salzstreuer zu füllen, damit das Salz wieder trocknete. Sie schaute mich mit großen Augen an und ich erklärte es ihr noch einmal. »Oh, ja, Mr. Alec«, sagte sie, als der Groschen endlich gefallen war.

Eines der größten Probleme war, dass das Personal keinerlei Interesse hatte, mitzudenken oder eigene Ideen zu entwickeln. Wenn wir unsere großen Reden hielten: »Wir ziehen alle an einem Strang, wir sind ein Team, alle für das Holiday Inn«, schauten sie uns mit leeren Gesichtern an. Es war eine abwegige Vorstellung für sie, dass sie sich anstrengen sollten, nur weil sie für das Holiday Inn Lhasa arbeiteten.

Conny und ich bemühten uns, diese Einstellung in der Verkaufsabteilung zu ändern. Wir gaben den Angestellten ein Blatt Papier und baten sie, auf die linke Seite zu schreiben, was sie gerade machten, und auf die rechte, was sie lieber tun würden. Wir hatten uns vorgestellt, dass die Sekretärinnen vielleicht mehr in die PR-Arbeit eingebunden werden oder mehr Verantwortung bei den einheimischen Vertretern übernehmen und Verkaufsreisen ins Ausland machen wollten. Nach einer Woche hatte keiner der Angestellten den Fragebogen auch nur ansatzweise ausgefüllt. Ich fragte Tashi, was los sei. Ich erklärte ihm, dass wir unsere Mitarbeiter ausbilden, motivieren und fördern wollten. Tashi meinte: »Es ist egal, was wir schreiben, Mr. Alec. Wir müssen ja doch tun, was Sie uns sagen.«

Das war es also. Der gute alte Kommunismus. Wozu selber denken, wenn man sowieso machen musste, was einem gesagt wurde?

Die Salzstreuer im Coffee Shop wurden immer schlimmer. Ich konnte noch so viele ausprobieren, es kam kein einziges Salzkörnchen mehr heraus. Schließlich machte ich einen auf. Zhang Li hatte gekochten Reis hineingetan. Okay, ich hatte ihr nicht gesagt, dass sie trockene Reiskörner nehmen sollte. Woher sollte sie es also wissen?

Weihnachten rückte näher und ein stetiger, aber dünner Strom von Gästen traf im Hotel ein. Es waren die ausländischen Manager der chinesischen Unternehmen, die auf meine Direct-Mail-Aktion (in den Umschlägen mit den auf der Rückseite aufgeklebten Briefmarken) angesprungen waren. Sie zeigten sich begeistert von Lhasa, klagten aber über die bittere Kälte. Es bestand keine Hoffnung, dass die Heizung wieder angestellt würde, und die Temperatur im Hotel war auf unter null gefallen. Am kältesten Tag im Büro sank das Thermometer auf meinem Schreibtisch auf minus elf Grad Celsius. Als ich morgens die Tür aufmachte, stellte ich fest, dass ein Wasserrohr in der Decke über dem Sofa und unseren Aktenschränken geplatzt war. Eiszapfenbündel hingen in großen Kaskaden von den Deckenfliesen herunter. Der Aktenschrank war ein einziger Eisblock und Ordner, die über Nacht auf dem Sofa liegen geblieben waren, mussten regelrecht aufgebrochen werden.

Ich trug meine lange chinesische Unterhose, mehrere Lagen T-Shirts, meinen dicksten Anzug und darüber eine Daunenjacke. Ich sah aus wie das Michelin-Männchen und konnte nur mühsam verhindern, dass ich mit den Zähnen klapperte. Charlie hatte uns einen kleinen elektrischen Heizlüfter geliehen, der zwar das Büro nicht aufheizte, aber zumindest die Füße warm hielt. Die zwei Laptops, die ich von der »Miss-Tibet«-PR-Veranstaltung in Hongkong mitgebracht hatte, mussten morgens erst mit dem Heizlüfter angewärmt werden, ehe wir sie hochfahren konnten. Jeder Kaffeerest gefror zu Eis, wenn wir die Tassen auszuspülen vergaßen. Die Kälte war wirklich extrem. Ich verstand jetzt, warum die anderen Ausländer ihren Urlaub unbedingt an Weihnachten nehmen wollten.

Im Hotel liefen die Vorbereitungen für die Weihnachtsfeier weiter. Ich bat Tu Dian, den Coffee Shop zu schmücken, und wir besprachen das Weihnachtsmenü für die Hand voll Gäste, die Weihnachten im Holiday Inn verbringen wollten.

Ich lud auch die einheimischen Reiseveranstalter zum Weihnachtsessen ein und präsentierte mich mit Tashi in ihren Büros, um ihnen die Einladungen persönlich zu überbringen. Das war ein Fehler. Ich war noch nie in ihren Büros gewesen und hätte es besser dabei belassen sollen. Als Erstes gingen wir zum *China Youth Travel Service* (CYTS). Der vorige Manager war gefeuert worden, weil er einen Journalisten zu einer Tour nach Tibet hereingelassen hatte. Der neue Manager, ein Mr. Zhang, war von Peking nach Lhasa geschickt worden, und ich fragte mich, was er verbrochen haben mochte, dass er hier gelandet war. Und vor allem: Wohin war der vorige Manager verbannt worden? Welcher Ort war in den Augen der Chinesen noch schlimmer als Tibet? Mr. Zhang hatte keine Antwort darauf und wechselte schnell das Thema. Er sagte, dass er im Ausland immer in den Büros der Reiseveranstalter herumgeführt werde und uns jetzt auch herumführen wolle.

Mr. Zhangs Büros lagen im zweiten Stock eines großen, weitläufigen tibetischen Hauses, das angeblich einer Adelsfamilie gehört hatte. Sie hätten es garantiert nicht wieder erkannt, abgesehen von der schönen Steinmetzarbeit an der Außenseite. Große, rechteckige Granitblöcke, mit kleineren Granitsplittern verfugt, das Ganze wie üblich weiß getüncht. Eine Betontreppe führte an der Außenseite in einen sichtlich nach 1959 errichteten Anbau hinauf, und dort konnte man nicht mehr unterscheiden, was neu und schlecht gemacht oder alt und völlig verfallen war. Mr. Zhang zeigte mir stolz die verschiedenen Büros: das Büro der Tourenführer mit den Gruppennummern, die auf einer großen Tafel angeschrieben waren, die Buchhaltung, ein Chaos von Papierbergen auf dem Schreibtisch und auf dem Boden, und schließlich sein eigenes Büro mit den rüschigen Tischsets und den Teegläsern.

Aber das war erst der Anfang: Auf unserer nächsten Station stolperten wir über riesige Stapel von Bergsteigerausrüstung bei TMA im Himalaya Hotel, dann wurden wir durch das schmutzige Büro von Lhasa Travel im Sunlight Hotel und das ebenso schmutzige Büro der Filiale Xigaze des *China International Travel Service* (CITS), im Tibet Hotel geschleust. Ich dachte, schlimmer könne es nicht mehr kommen, bis wir ein paar Türen weiter im Flur des Tibet Hotels das Büro der Shannon-Filiale von CITS betraten.

Wir klopften an die Tür. Es kam keine Antwort, aber wir hörten Geräusche und Tashi stieß die Tür auf. Es war zwölf Uhr mittags. Zwei Betten standen in dem Büro. Eines war ungemacht, in dem anderen lag einer der Angestellten, der laut gähnte und sich streckte. Der andere, der aufrecht stand, war nicht viel besser in Form. Die Haare stachen ihm wild vom Kopf ab, ein Hosenbein des verkrumpelten Anzugs war bis zum Knie aufgerollt. Er rülpste laut und schickte einen Schwall von Knoblauchgestank in unsere Richtung.

Das Büro war eine einzige Müllhalde. Überall lagen schmuddelige Kleiderhaufen auf dem Boden verstreut. Eine halb verfaulte schwarzgrüne Bananenschale auf dem Teppich streckte ihre Moderfinger in alle Richtungen. Wir mussten warten, bis einer der beiden Typen irgendwelche wichtigen Papiere gefunden hatte, die in einem der Stapel oder in einer Schublade oder vielleicht auch in einer Tasche sein konnten. Ich hob einen neuen Prospekt der Shannon-Niederlassung des CITS auf und las die Service-Leistungen, die auf Englisch darin beschrieben waren: »*It is expensive but worthy of it, while it is inexpensive but beneficial to it.*« (Es ist teuer, aber dessen würdig, während es billig ist, aber vorteilhaft dafür.) Ich zerbrach mir eine ganze Weile den Kopf, aber es ergab beim besten Willen keinen Sinn.

Während wir warteten, fragte Tashi mich nach verschiedenen englischen Wörtern. Ich zeigte auf die Gegenstände im Zimmer: Video, Fotokopie, Fotokopierer und schließlich – als mir die angenehmeren Wörter in diesem stickigen, miefenden Zimmer ausgingen – erklärte ich ihm die Bedeutung von »widerlich« und wir gingen.

Das Holiday Inn Lhasa war der Himmel auf Erden im Vergleich zu anderen Hotels in Tibet, was immer auch der erste Eindruck mancher Gäste sein mochte. Als wir ins Hotel zurückkamen, rief mich Tu Dian stolz ins Restaurant, um mir seine Weihnachtsdekorationen zu zeigen. Er hatte eine verkrüppelte, halb abgestorbene Konifere auf dem Hotelgelände ausgegraben und mit flauschigen Wattebällchen und den Überresten des letztjährigen Weihnachtsschmucks behängt.

Weihnachtsschmuck war aus irgendeinem Grund sehr beliebt beim Personal und jedes Jahr verschwand ein beträchtlicher Teil davon. Manchmal wurde sogar der künstliche Schnee geklaut. Der Baum stand neben dem Eingang, wo ihn die Sicherheitsleute im

Auge behalten konnten, und in der Mitte des Zimmers, auf einem Tisch mit Charlies bestem roten Tischtuch stand Tu Dians Paradestück – ein Käfig mit vier großen weißen Kaninchen.

Tu Dian war so stolz darauf, dass ich es nicht übers Herz brachte, ihm zu sagen, dass Hasen ein Ostersymbol waren und nicht unbedingt in einen weihnachtlich geschmückten Speisesaal gehörten.

»Gut gemacht, Tu Dian«, sagte ich. »Yagadu.«

Ob Sie es glauben oder nicht, »yagadu« bedeutet »gut« auf Tibetisch. Die Versuchung ist groß, »yagadagadu« zu sagen, aber da die Feuersteins nicht bis Tibet vorgedrungen sind, kommt der Witz dort nicht so gut an. Tu Dian war glücklich.

Am Weihnachtstag selber herrschte irgendwie eine besondere Atmosphäre in Lhasa, obwohl das Leben außerhalb des Hotels seinen gewohnten Gang ging. Yakherden wurden auf den Straßen zum Markt getrieben und der Barkhor, der nur so brodelte vor Leben, war mit Pilgern überlaufen. Wir waren 15 beim Weihnachtsessen: eine ausgewählte Gesellschaft von einheimischen Reiseveranstaltern, eine Gruppe von Deutschen mit roten Bommelmützen aus Peking, zwei belgische Ingenieure, die ein PBX-System im Telefonverkehr von Lhasa installieren sollten, Conny, ich und das gefürchtete Paar Nancy und Bob. Wir saßen bei Minustemperaturen um den Tisch, ließen uns von der quäkigen Weihnachtsmusik berieseln, die aus der Lautsprecheranlage drang, und starrten die weißen Kaninchen an.

Ein Himalaya-Hamster huschte durch den Eingang des Coffee Shops. Zum Glück kam das Essen, bevor unsere Gäste etwas merkten, und dann konzentrierte sich alles auf die Mahlzeit. Das Essen war ausgezeichnet. Eine tibetische Bohnensuppe als Vorspeise, importierter kalter Braten als zweiter Gang, gefolgt von gebratenem Chengdu-Huhn, und weit und breit kein Kohl, Yak oder Spam in Sicht. Das Dessert war eine recht gute Crème caramel. Conny zeigte den Köchen, wie man köstlichen Glühwein zubereitet, und wir nahmen zur Feier des Tages sogar chinesischen Erzeugerwein, der den seltenen Vorzug hat, aus einer Flasche mit Korken zu kommen. Die meisten chinesischen Weine sind ein undefinierbares chemisches Gebräu, das in Flaschen mit Schraubverschluss abgefüllt wird. Wenn man es über Nacht im Glas stehen lässt, zerfällt es zu einer klaren Flüssigkeit und einer übel aussehenden lila Substanz.

Kurz vor dem Dessert wurden die Kaninchen munter und fingen an zu rammeln, dass der Käfig nur so ratterte. Nicht alle Gäste fanden das witzig und ich musste Tu Dian bitten, die Tiere fortzubringen.

Die Tibeter lieben Weihnachten, weil es den Beginn der Neujahrsfestsaison einläutet. Die Feste gehen bis zum westlichen Neujahr im Januar oder bis zum chinesischen Neujahrsfest im Februar weiter und vor allem bis zum tibetischen Neujahr, das manchmal erst im März liegt.

Zwischen Weihnachten und Sylvester stieg jeden Abend eine Party. Das Winterfest des FAO, des Amts für auswärtige Angelegenheiten, die CTS-Dinnerparty, bei der höchst suspekte Gerichte in ihrem Kühlschrank-Restaurant unter dem Potala-Palast auf den Tisch kamen – und am allerschlimmsten das Fest der »fortschrittlichen Arbeiter«. Hier wurde alles durchexerziert, wofür der Kommunismus steht: Eine Auswahl von Arbeitern aus verschiedenen Tourismuseinheiten wurde mit »Fortschrittlicher-Arbeiter«-Zertifikaten vor einem gelangweilt klatschenden Publikum geehrt. Wir saßen in unseren Mänteln in dem zugeschütteten, zum Nachtclub umgewandelten Swimmingpool des Tibet Hotels, während die fortschrittlichen Arbeiter um die Tanzfläche paradierten, darunter auch ein Monteur aus unserem Hotel, obwohl mir niemand sagen konnte, was an seiner Arbeit »fortschrittlich« sein sollte.

Die fortschrittlichen Arbeiter hielten Transparente in die Höhe, während wir den unvermeidlichen Reden lauschten. Alle nickten und klatschten, wenn sie es für angebracht hielten. Wir wurden mit warmem Bier, ungenießbarem kaltem Fleisch und Sonnenblumenkernen bewirtet. Graubraune Yakfleischbrocken, mit Scheiben von undefinierbaren Innereien garniert, wurden auf zersprungenen Tellern serviert. Ich ließ meinen unberührt und übte stattdessen, Sonnenblumenkerne zu essen, ein Sport, der vermutlich aus China importiert wurde, den aber die Tibeter bereitwillig übernommen haben. Man wirft eine Hand voll Sonnenblumenkerne in den Mund, knackt sie mit den Zähnen auf, ohne die Hände zu Hilfe zu nehmen, spuckt die Schalen auf den Boden und schluckt den Kern hinunter, während man gleichzeitig weiterredet. Manche beherrschen diese Technik so gut, dass sie jedes Maschinengewehr in den Schatten stellen könnten, und der Boden um ihren Stuhl ist im Nu mit knirschenden Schalen übersät. Ich war kein Meister darin, aber zumindest war es ein guter Zeitvertreib während der endlosen Reden.

Der Silvesterabend diente als Vorwand für ein weiteres Fest. Das tibetische Tourismusbüro hatte eine »*Visit-Tibet-Year*«-Party angekündigt. Es war im Prinzip eine gute Idee, nur waren sie leider viel zu spät damit herausgerückt. Niemand wusste etwas von dem kommenden »*Visit Tibet Year*«, aber solche kleinen Details waren unerheblich für sie. Bei der neuen Flugstrecke der CAAC zwischen Lhasa und Kathmandu war es ähnlich gelaufen. Alles wurde geheim gehalten, bis der erste Flug landete, und dann wunderten sie sich, dass die Maschine leer war.

Für die Kommunisten war alles, was mit Werbung und Marketing zu tun hatte, fremde Welten. Das verblüffte mich immer wieder, denn man sollte meinen, dass eine Partei, die eine Milliarde Menschen dazu gebracht hat, Mao für den Größten und die Mao-Bibel für unverzichtbar zu halten, gewisse Vorstellungen haben müsste, wie man Ideen verkauft und Werbung und PR macht. Aber vielleicht erklärt es, warum alle Marketing-Aktivitäten, die wir lancierten, von den Chinesen als »Propaganda« bezeichnet wurden.

»Machen wir wieder Propaganda?«, fragte Tashi immer, wenn ich den Computer hochfuhr, um die letzte Ausgabe der *Tibet Travel News* zu tippen.

Ich konnte mich leider nicht vor den Mao-Tai-*gambays* der »*Visit-Tibet-Year*«-Feier drücken und war froh, als die Party abrupt zu Ende war und alle nach Hause gingen. Ich spielte Scrabble mit Conny, aber das war ein ziemlich öder Zeitvertreib für einen Silvesterabend, und schließlich gaben wir es auf und stellten den BBC World Service an, der seinen Hörern in Asien ein glückliches neues Jahr wünschte.

Am westlichen Neujahrstag gab Jig Me den ausländischen Angestellten wieder einen Tag frei. Ich schlief lange und schaffte es gerade noch zum Frühstücksbuffet, ehe der Coffee Shop um zehn Uhr zumachte. Das Tablett mit dem so genannten Schinken sah noch unappetitlicher aus als sonst. Ich angelte mit dem rostfreien Servierlöffel im Fett herum, fand aber nur kleine, haarige Speckwürfel. In einer anderen Schüssel lagen Spam-Röllchen, die genauso unappetitlich aussahen. Die Brötchen waren direkt gefährlich. Sie waren hart wie Beton und hätten eher auf den Bau gehört als auf den Tisch. Ich würde mir bestimmt nicht die Zähne daran ausbeißen, denn der bloße Gedanke an den Zahnarzt im Barkhor jagte mir eine Gänsehaut über den Rücken. Ich ging zu Tu Dian und stellte ihn zur Rede. Ich war inzwischen ein Meister in solchen Gardinenpredigten. Tu Dian senkte den Kopf, runzelte die Stirn und nickte. »Tut mir Leid, Mr. Alec. Morgen okay.«

Ich warf einen Blick auf das Tablett mit dem Rührei. Zumindest war es noch gelb, wenn auch ziemlich trocken. Ich schnitt mir eine Ecke ab und ging an meinen Tisch zurück, wo Zhang Li mir eine Tasse extra starken Shanghai-Kaffee eingeschenkt hatte.

Um den Gästen das Gefühl zu geben, dass der Coffee Shop geheizt sei, stand auf jedem Tisch ein kleiner Topf mit brennendem

Alkohol – von der Sorte, die man benützt, um Schüsseln am Tisch warm zu halten. Die Töpfchen produzierten keine spürbare Wärme, aber es machte Spaß, damit zu spielen: Wenn man sie hochhob und den Alkohol schnell am Rand entlanglaufen ließ, gab es eine Stichflamme, die bis zur Decke hinaufloderte. Das Spiel verlor allerdings bald seinen Reiz und am Nachmittag stieg ich mit Conny auf einen der kleinen Hügel neben den spitzen Bergen am westlichen Ende des Lhasa-Tals. Es war ein schöner Tag, aber als wir ins Hotel zurückkamen, war mir speiübel.

Das Rührei rächte sich. Ich schaffte es gerade noch in mein Zimmer, bevor ich explodierte. Es schoss mir aus allen Löchen hervor, von denen ich gar nicht gewusst hatte, dass ich sie besitze. Früher als Rucksackreisender hatte ich oft Lebensmittelvergiftungen gehabt, wenn ich nicht vorsichtig genug mit dem Essen war, aber so schlimm hatte es mich noch nie erwischt. Zu meiner Schande muss ich gestehen, dass ich allen erzählte, ich hätte mir im Barkhor den Magen verdorben, obwohl Tu Dian und ich die wahre Ursache genau kannten. Tu Dian hatte Gewissensbisse und kochte Suppen, die Conny mir brachte, aber ich konnte nichts bei mir behalten. Jig Me wollte mich ins *People's Number One Hospital* schicken, aber ich schwor ihm, dass ich lieber sterben würde, als mich dort einliefern zu lassen. Conny ließ Dr. Grubby rufen, der jedoch selber krank war. Die Flüge nach Kathmandu waren im Winter eingestellt worden und in den letzten Wochen waren auch keine Flüge nach Chengdu gegangen. »Kann man an einer Lebensmittelvergiftung sterben?«, fragte ich mich immer wieder. Und würde ich dann ein Himmelsbegräbnis bekommen?

Vier volle Tage war ich todkrank. Was mich schließlich ins Leben zurückholte, war die Elektrolyt-Glukose-Mischung, die Sue, die neue Managerin des *Save the Children Fund* von ihrem vorigen Projekt in Afrika mitgebracht hatte.

Zu allem Übel zog ich mir auch noch eine schwere Grippe zu. Eine Schwester vom *People's Number One Hospital* kam ins Hotel und spritzte mir Penicillin. Es waren Spritzen wie aus einem Horrorfilm, riesige Dinger mit langen Nadeln, die die Schwester vor meinen Augen aufzog. Hämisch grinsend gab sie mir zu verstehen, dass ich mich umdrehen sollte, und rammte mir die Nadel in den Hintern. Langsam, ganz langsam drückte sie die Flüssigkeit in meinen Körper. Zweimal am Tag. Abwechselnd in die rechte oder linke Pobacke. Es gab keine Tabletten, das wäre zu einfach gewesen – was heilen soll, muss weh tun. Zum Glück pflegte mich Conny zwischen den Horrorspritzen gesund, und ich stellte fest, dass schöne Belgierinnen viel mehr zu bieten haben als nur Schokolade.

Bei Barbas Rückkehr war ich immer noch leichenblass. Er lachte, als ich ihm erzählte, was passiert war.

»Sehen Sie, Alec. Ich bin Vegetarier. Ich esse nicht mal Zwiebeln oder Pilze, weil das meine Meditation beeinträchtigt.«

Barba hatte einen neuen Mitarbeiter mitgebracht, Giuseppe Bonetti, einen sizilianischen Landsmann. Bonetti entsprach in jeder Hinsicht dem Bild vom typischen Italiener, ein Danny-De-Vito-Typ mit einem einzigen Ziel im Leben – Sex. Wenn Bonetti vom Nirwana redete, hatte er nicht im Auge, aus dem leidvollen Kreislauf von Tod und Wiedergeburt auszubrechen, sondern sich in einer endlosen Orgie zu verlieren. Er war die ideale Gesellschaft für Barba. Jeden Morgen erzählten sie sich in allen Einzelheiten ihre neuesten Eroberungen unter den weiblichen Gästen oder Angestellten. So viel zu den ominösen Warnungen, die ich in puncto »Hemden ausprobieren« in Hongkong erhalten hatte. Die Episode im Lift des Palace Hotels war offenbar in Vergessenheit geraten. Bonetti fungierte offiziell als Food & Beverage Manager in Lhasa und kämpfte tapfer mit Tu Dian, seinem einheimischen Stellvertreter, und Mr. Han, dem Einkaufsleiter, um die Qualität des Essens zu verbessern.

Der Küchenchef kam nach Lhasa zurück und fand eine Möglichkeit, die Desserts am Buffettisch zu verbessern. Sie waren innen nie weich, sondern hart gefroren. Wenn die Gäste mit dem Löffel auf ihre Crème caramel einhackten, glaubten sie, dass sie die karamellisierte Zuckerkruste einer Crème brûlée aufbrachen. Aber es war kein Zucker, sondern Eis. Der Chef fand heraus, dass das Problem gelöst war, wenn man die Desserts über Nacht in den Kühlschrank stellte, anstatt sie draußen stehen zu lassen.

Obwohl das Essen besser wurde, brach der Krieg zwischen den Küchenchefs und den Food & Beverage-Managern bald von neuem aus.

»Wie kann man nur einen deutschen Chef einstellen?«, schrie Bonetti.

»Wie soll ich in der Küche arbeiten, wenn dieser Bonetti hier herumlungert und seine eigene Pasta auf meinem Herd kocht?«, brüllte der Chef mit seinem unverkennbaren deutschen Akzent.

Die Stimmung sank auf den Nullpunkt. Es kam der Tag, an dem wir keinen einzigen Gast im Hotel hatten. Nicht einen. Nichts. 468 Zimmer, 18 Suiten, zwei Präsidenten-Suiten und kein einziger Gast. Leer.

Der Wind pfiff durch die Flure und eine einsame Putzfrau polierte den Marmorfußboden in der Lobby. Einer der ausländischen Angestellten hatte »The Shining« auf Video aus Hongkong mitgebracht. An diesem Abend kauerten wir alle um den Fernseher in Zimmer 3205 und sahen uns die Horrorgeschichte über die Familie eines durchgeknallten Axtmörders an, der eine frappante Ähnlichkeit mit Barba hatte und in einem leeren Hotel lebte. Es war im tiefsten Winter und die Familie war von der Außenwelt abgeschnitten, als alle möglichen grässlichen Zwischenfälle passierten. Was war das für ein Geräusch? War es nur das Quietschen der Feuertüren, die im Wind schlugen, oder fuhr da ein Dreirad den Flur entlang?

»Ich hatte die Lichter im Coffee Shop ausgemacht«, sagte der Chef. »Und jetzt sind sie wieder an.«

Mir läuft es jetzt noch kalt über den Rücken, wenn ich an jene Nacht denke.

Auch Barba zeigte zunehmend unheimliche Seiten. Seine Launen wurden immer unberechenbarer und seine Tobsuchtsanfälle schlimmer denn je. Weil seine Frau sich geweigert hatte, ihn nach Lhasa zu begleiten, ließ er seine Wut an jedem aus, der ihm in die Quere kam. Er aß nicht mehr mit uns am Management-Tisch, sondern stellte sich einen eigenen Tisch in die Wintersonne auf den Hof. Charlie musste eines seiner feinsten Tischtücher herausrücken, während alle anderen Tische nackt blieben. Bonetti war sein Leibkoch und Barba konnte sich jeden Tag auf eine frisch zubereitete italienische Mahlzeit freuen, was immer auch den Gästen und den anderen Ausländern vorgesetzt wurde. Die beiden Italiener hatten sich einen eigenen Vorrat an Extra-vergine-Olivenöl, Mozzarella und Parmesan mitgebracht. Wenn ein Gast zu fragen wagte, ob er dasselbe bestellen könne wie der Direktor, wurde er mit einer kurzen Antwort abgefertigt, die meistens aus zwei Wörtern bestand. Wer den Fauxpas beging, sich an Barbas Tisch zu setzen, wurde fortgejagt, und die Kellnerin Zhang Li erhielt den Auftrag, alle Gäste fernzuhalten. Sie tat mir Leid, wie sie einem Gast, der 200 bis 300 Dollar pro Tag für seinen Tibet-Aufenthalt bezahlte, erklären musste, warum er nicht an diesem Tisch sitzen konnte.

»Sie hier nicht sitzen. Hier Mr. Barba. Mr. Barba Manager.«

Niemand durfte sich zu Barba an den Tisch setzen, es sei denn auf seine ausdrückliche Einladung. Die beiden einzigen Ausnahmen waren Bonetti, der ihm das Essen und die Unterhaltung lieferte, und ich, der ihm erzählte, was im Hotel vorging. Barba machte mich zu seinem Protegé und traktierte mich jeden Morgen beim Frühstück mit seiner Geschäftsphilosophie. Das gab mir einen tiefen Einblick in seine genialen Marketing-Fähigkeiten – aber es bedeutete auch, dass ich dasitzen und mir seine obskuren Gedanken anhören musste.

Eines Morgens saß Barba nachdenklich beim Frühstück. »Alec, wenn Sie andere Leute managen wollen«, sagte er und blickte mir gerade in die Augen, während er seinen frisch gebackenen Doughnut in die Schale mit Yakjogurt und Honig tunkte, »müssen Sie ihre Schwächen herausfinden. Und dann manipulieren Sie sie.«

Als er mir dieses Erfolgsgeheimnis verraten hatte, ging mir plötzlich ein Licht auf. Genauso machte er es mit uns allen. Maslows Bedürfnispyramide oder ein sachzielorientiertes *Management by Objectives* konnte ich getrost vergessen. Das hier war Barbas »Management durch Manipulation«. Jetzt verstand ich, warum auf seinem Nachttisch hinter dem Foto von seiner Frau ein Hitler-Bild stand. Ich hatte genug gehört und gesehen.

Dem Chef reichte es auch. Er hatte sich zu viele Beleidigungen über die deutsche Küche angehört und ging zu Barba, um seine Kündigung einzureichen. Ich folgte seinem Beispiel noch am gleichen Tag. Es war ein gut durchdachter und sorgfältig formulierter Kündigungsbrief. Das Leben mit Barba war unerträglich geworden.

Barba stieg auf seinen Schreibtisch und brüllte: »Wie können Sie es wagen, mir zu kündigen?« Er durchbohrte den Chef und mich mit seinen Blicken.

»Niemand kündigt vor mir! Ich bin hier der Boss. Und wenn jemand kündigt, dann ich! HEATHER! Kommen Sie herein und geben Sie folgendes Telex nach Hongkong durch.«

Barba fuhr sich mit den Händen durchs Haar und diktierte die Botschaft von seinem Schreibtisch oben. »Schnell, Heather, schnell! Schreiben Sie!«

Heather zitterte. Sie hatte ihn schon oft in Rage gesehen, aber so wütend noch nie. Und erst recht nicht oben auf dem Schreibtisch.

»An den Vizepräsidenten des Holiday Inn Asia-Pacific etc. etc. Sie können meinen Vertrag als Toilettenpapier benützen. Ich verlasse dieses elende Unternehmen. Mit freundlichen Grüßen, E. Barba.«

Kapitel 10
HAUSARREST

Barba kicherte vor sich hin, als wir auf dem Rücksitz von Dorjes Landcruiser aus Lhasa herausholperten. Er hatte die Hauptverwaltung in Panik versetzt und hielt das für eines der Highlights seiner Holiday-Inn-Karriere.

»So, Alec. Jetzt sind wir wieder Freunde, wie?«

Er zwickte mich ins Ohr und brach in Gelächter aus. Ich weiß nicht, was seine Vorgesetzten ihm gesagt hatten, aber es hatte offensichtlich geholfen. Dorje trat aufs Gaspedal, als wir die Lhasa-Brücke überquerten, nicht in Richtung Flughafen, sondern nach Osten zum Kloster Drak Yerpa. Barba hatte seine Kündigung zurückgenommen, weil er schließlich gefeuert werden wollte, anstatt selber zu kündigen. Als er sich einigermaßen gefangen hatte und wieder der alte, gerade noch erträgliche Barba geworden war, zogen der Chef und ich vorläufig unsere Kündigungen zurück.

»Ich wusste, dass Ihre Kündigung nicht ernst gemeint war«, sagte er zu mir. »Sie haben nur einfach zu viele tolle Tricks von Barba gelernt.«

»Ich habe den Brief noch in meinem Computer, Mr. Barba«, rief ich über den brüllenden Motor hinweg. »Ich kann jederzeit ein neues Datum draufsetzen und ihn neu ausdrucken.«

Barba lächelte.

Dorje schlitterte über eine vereiste Stelle, als wir eine Gruppe von Pilgern überholten, und wir schrien ihn an, langsamer zu fahren. Die Pilger waren hinten in einen Anhänger eingequetscht, der von einem kleinen, offenen Traktor gezogen wurde. Diese Fahrzeuge, die eine Stufe über der Rikscha standen, stellten das gängigste öffentliche Verkehrsmittel dar. Wir hatten viele davon auf ihrem Weg nach Ganden überholt, das ein paar Kilometer weiter die Straße hinauf lag. Die Mönche von Ganden hatten einmal eine zentrale Rolle in der tibetischen Regierung gespielt, zusammen mit den beiden anderen großen Klöstern von Lhasa – Sera und Drepung. Ganden allein beherbergte fast 5000 Mönche, bis der ganze Gebäudekomplex während der Kulturrevolution von der fanatischen Roten Garde in die Luft gejagt wurde. Die Ruinen ragen als riesige Narben am Berghang auf, eine ständige Erinnerung an die Macht, die einst von hier ausging, und an die Brutalität, mit der sie zerschlagen wurde. Heute wird Ganden langsam und behutsam wieder aufgebaut.

Dorje hörte nicht auf uns und raste an den Pilgern vorbei durch die kahle Winterlandschaft auf dem Weg nach Ganden. Der Kyi Chu neben uns war bis auf ein kleines Rinnsal ausgetrocknet und das Flussbett hatte sich in ein weites Band aus Sanddünen und Kiesstränden verwandelt. Die toten Samenkapseln der tibetischen Clematis hingen zwischen den kahlen Feldern über die trockenen Steinmauern. Es gab keine anderen Farben als das triste Braun der Hügel und das leuchtende Blau das Hochgebirgshimmels.

Bei einer chinesischen Hängebrücke bogen wir von der Straße nach Ganden ab und wechselten auf die Nordseite des Kyi Chu hinüber. Dorje ignorierte die Tatsache, dass die Asphaltstraße zu Ende war: Er schaffte es, sein Tempo auf dem Schotter beizubehalten, nicht ohne eine lange Staubfahne hinter uns herzuziehen.

Als wir durch ein Dorf fuhren, trafen wir auf eine Gruppe von kleinen Mädchen, die alle ihre Schulbücher im Arm hielten. Sie winkten uns und Barba rang sich zu einer guten Tat durch, indem er Dorje anhalten ließ, um die Mädchen mitzunehmen – wahrscheinlich ins nächste Dorf. Wir verfrachteten die Mädchen auf den Rücksitz des Landcruisers, sieben scheue, lächelnde, yakbutterige kleine Geschöpfe.

Die Begegnungen mit den Dorfkindern waren immer eines der schönsten Erlebnisse, wenn wir in die Umgebung von Lhasa fuhren. Wo wir auch anhielten, tauchten Kinder wie aus dem Nichts auf und kamen zu unserem Landcruiser. Alle haben schöne weiße Zähne und ihre rosigen Wangen glühen, wenn sie einen anlächeln. Die Augen funkeln unter einer struppigen Haarmähne hervor, aus einem Gesicht, das schon lange kein Wasser und keine Seife mehr gesehen hat. Für einige der Kinder ist das jährliche Badefest im September die einzige Gelegenheit, ganz ins Wasser einzutauchen. Und wer will es ihnen bei diesem Klima verübeln? Ihre Handrücken und Handgelenke sind wie schwarzes Leder, dick mit Schmutz verkrustet, ihre Kleider eine Mischung aus traditionellen *chubas*, Jogginganzügen aus Nylon und Polyesterhemden, die bei chinesischen Händlern gekauft wurden. Was immer die ursprüngliche Farbe gewesen sein mag, am Ende wird alles schmutzig braun von dem Staub der Sandstürme, die jedes Frühjahr über das Plateau fegen. Manche Kinder bleiben das das ganze Jahr über in ihre Kleider eingenäht. In dem trockenen Klima und der großen Höhe sind unsere westlichen Hygienevorstellungen verfehlt. Wir sind ohnehin Opfer unserer eigenen Werbekampagnen geworden. Muss das Hemd, das man trägt, unbedingt weißer als weiß sein? Oder muss das Waschpulver, das man benützt, wirklich alle Flecken beseitigen, selbst bei niedrigen Temperaturen? Das mag in unseren westlichen Zivilisationen wichtig sein, aber für die tibetischen Dorfbewohner sind solche Probleme lächerlich.

Mit Zeichensprache und indem wir es ihnen vormachten, forderten wir die Mädchen auf, beim Fahren zu singen. Sie ließen sich nicht lange bitten und waren nicht mehr zu bremsen, sobald sie uns verstanden hatten. Sieben hohe Stimmchen schmetterten in voller

Lautstärke die zehn beliebtesten tibetischen Volkslieder und wir holperten vergnügt durch die Landschaft, den schrillen Kindergesang im Ohr. Sobald wir zu unseren kleinen Freundinnen zurückschauten, senkten sie die Köpfe oder duckten sich hinter die Sitze, sangen aber weiter.

Wir wunderten uns allmählich, wo ihre Schule sein konnte, als wir ins Yerpa-Tal einbogen, das sich nordwärts wendet, fort vom Kyi Chu. Die Mädchen hatten bisher noch nicht erkennen lassen, dass sie aussteigen wollten. Die Erdstraße führte über ein ausgetrocketes Flussbett mit vereisten Stellen, wo sich die letzten Reste der sommerlichen Fluten in Becken gesammelt hatten. Wir hielten an, um einen jungen Mönch aufzulesen, der *tsampa*-Vorräte (gemahlene, geröstete Gerste) nach Drak Yerpa hinaufbringen wollte. Er strahlte uns an und wir begrüßten uns ausgiebig mit »*tashi delai*«, während uns der tibetische Kinderchor von hinten ins Ohr brüllte. Dorje schaltete auf Allradantrieb um und chauffierte uns durch eine Reihe von terrassenförmigen Gerstenfeldern, kleinen Dörfern und an dem vereisten Bachbett entlang, bis wir das letzte Dorf direkt unter dem Berghang von Yerpa erreichten. Es war Barbas Idee gewesen, einen Ausflug in diese abgelegene Siedlung zu machen, um unsere Versöhnung und die Rücknahme der Kündigungen zu feiern.

Für die Tibeter ist Yerpa ein wichtiges Bollwerk des Buddhismus. Hier haben sich einige der bedeutendsten Männer der tibetischen Geschichte aufgehalten – Atisha, Songsten Gampo und Guru Rimpoche. Die Höhlen von Yerpa gehören zu den wichtigsten Meditations- und Machtzentren Tibets. Barba war schon ganz high von den »good vibrations« im Dorf und am Fuß des Hügels. Wie würde es ihm erst gehen, wenn wir die Höhlen erreichten?

Aber der Fußmarsch von 40 Minuten den steilen Hang hinauf schien ihn etwas abzukühlen. Keuchend hielt er inne.

»Alec, warum sind Sie nach Tibet gekommen?«

»Wegen dem hier, Mr. Barba. Aus Abenteuerlust.«

»Abenteuer? Ha! Das nennen Sie Abenteuer?«

Er spielte sich wieder als mein Mentor auf und ich wusste, dass ich mich auf einen hochtrabenden Vortrag gefasst machen konnte.

»Ein wirklicher Abenteurer, Alec, das ist jemand, der die vier Disziplinen des Lebens durchwandert – Geist, Körper, Seele und Sex.«

Wir gingen ein paar Schritte weiter, ehe wir erneut anhielten, um Atem zu schöpfen.

»Alec, haben Sie jemals Drogen genommen?«

»Nein, Mr. Barba.«

»Dann wissen Sie nicht, was es heißt, den Geist zu durchwandern. Und der Körper? Nun, Sie sind hier, das könnte man also gelten lassen. Und die Seele? Was wissen Sie über den tantrischen Buddhismus? Über die Geheimnisse des Mahayana-Wegs? Während Sie Ihre Zeit im Barkhor und in den Bergen verschwenden, um die Natur zu erleben, habe ich die zweite Stufe auf dem Pfad der Erleuchtung errungen.«

»Mr. Barba, im Buddhismus geht es um Mitleiden und Weisheit, oder nicht? Wenn Sie Buddhist sind, warum stellen Sie dann ein Hitler-Bild auf Ihren Nachttisch, und warum haben Sie gedroht, dass Sie dem Chef alle Knochen im Leib brechen werden, wenn er kündigt?«

Barba explodierte: »Ich bin ein Lernender, verstehen Sie!«

Das erklärte offenbar alles. Wir gingen die nächsten zehn Minuten schweigend weiter und hielten nur an, um Atem zu schöpfen. Der Mönch mit seiner schweren Tsampa-Last hatte bereits die Höhlen erreicht und die kleinen Mädchen standen oben bei den ersten Ruinen. Kurz bevor wir den ebenen Geländestreifen mit den Ruinen von Yerpa Drubde erreichten, blieb Barba stehen und sah mich an.

»Und Sex, Alec? Haben Sie je eine Frau beim Sex gefesselt?«

»Äh, nein, Mr. Barba.«

»Natürlich nicht, das dachte ich mir. Sie müssen noch viel lernen. Ich werde nicht lange hier sein, Alec. Ich haue hier ab, sobald ich mit meinen Studien fertig bin. Und wenn ich gehe, lasse ich Ihnen meine Fesseln da.«

Wir gingen ein paar Schritte weiter, bis wir auf die Kuppe des ersten Hügels kamen.

»Ich habe auch einen Spiegel, den Sie sich um den Hals hängen können. Und eine Maske. Haben Sie jemals ...«

Zum Glück wurde er von dem schrillen Gesang der kleinen Mädchen unterbrochen, die wieder heruntergerannt kamen, um nachzusehen, warum wir so lange brauchten. Der Mönch mit den Tsampa-Säcken winkte uns von oben zu.

Von Yerpa Drubde, dem alten Kloster, war nicht mehr viel übrig. Die Roten Garden hatten es noch gründlicher zerstört als Ganden, und wo einst die Klosterschule gestanden hatte, ragte lediglich ein Haufen Steine auf. Rotbrustbraunellen saßen auf den Ruinen, nur ein, zwei Meter von uns entfernt. Die Vögel waren erstaunlich zahm, als wüssten sie, dass ihnen von den hier lebenden Menschen keine Gefahr drohte. Von dem Hügel, auf dem einst das Kloster stand, hat man einen prächtigen Blick auf den Felshang oben mit seinen zahllosen Höhlen und kleinen Tempeln. Viele wurden inzwischen wieder aufgebaut und unsere mitgebrachten Reiseführer waren völlig veraltet. Auch jetzt wurden größere Restaurierungsarbeiten durchgeführt, wie wir feststellten, als wir einen Blick in die Tempel warfen. Im Haupttempel wurden mehrere neue Statuen, jede über fünf Meter hoch, errichtet. Die Köpfe und Körper aus braunem Lehm waren bereits fertig. Die Farbe musste noch gefirnisst werden und aus den handlosen Armen ragten Strohbündel und Zweige hervor. In den richtigen Kontext eingebettet haben die Statuen etwas Ehrfurchtgebietendes, wie alle tibetische Kunst. Wenn man sie dagegen im Westen in einem Schaukasten aufstellt, verlieren sie ihre ganze

Macht. Sie müssen vor dem Hintergrund der kargen, lebensfeindlichen Bergwelt gesehen werden, in einem Land, in dem die Menschen an Dämonen und Bodhisattvas glauben und Dakini über den Himmel geht. (Dakini, die »Himmelswandlerin«, ist eine weibliche Gottheit, Verkörperung des Wissens.) Yerpa war anscheinend ein guter Ort dafür und es heißt, dass die 80 Yogis, die hier lebten, regelmäßig in die Luft aufgestiegen und um das Tal herumgeflogen seien.

Wie auch immer, zumindest wäre es eine praktische Fortbewegungsart gewesen, um von einer Höhle zur anderen zu kommen. Barba blieb in einem der kleinen Tempel und meditierte, während ich meinen Weg um die Kora mit der kleinen Schar fortsetzte, die wir um uns versammelt hatten – Dorje, der Fahrer, der Tsampa-Mönch, mehrere Einsiedler aus den Berghöhlen, die sich herausgewagt hatten, um uns zu begrüßen, und natürlich die sieben kleinen Mädchen.

Die Höhlen waren faszinierend und die Mönche führten uns stolz herum und zeigten uns viele »spontan manifestierte« Bilder. Das sind Statuen oder Reliefs, die aus der Wand heraustreten und nicht von Menschenhand geschaffen wurden. Sie haben sich von selbst im Felsen manifestiert. Ja, ehrlich. Von einem Moment zum anderen.

Wir wurden auch zu einem besonderen »Om« geführt, der tibetischen Schreibung des ersten Zeichens von »Om Mani Padme Hum.« Es war ein Einschluss aus weißem Quarz in schwarzem Gestein, ebenfalls »selbst manifestiert«. Wenn man nicht an »Selbstmanifestation« glauben will, wie erklärt man sich dann die Herkunft der Bilder?

Die Kora führte uns hoch hinauf zu den Höhlen am Weg, die aus der Felswand ragten, und zu den Grotten, in denen die alten Meister meditiert hatten. Es war eine unglaubliche Szenerie – diese kleinen Höhlen und Tempel, die hoch an einem Steilhang klebten, mit einem Blick, der sich über das Yerpatal hinunter zu dem trockenen

Flussbett und den verschneiten Bergen jenseits davon erstreckte. Sollte ich jemals als fliegender Yogi zurückkommen, dann wäre das der Ort, den ich mir aussuchen würde.

Es war still hier oben, abgesehen von dem fernen Singen einsamer Mönche in ihren Höhlen und dem pausenlosen Plappern und Kichern unserer sieben kleinen Freundinnen. Ich ruhte mich im verdorrten Gras neben dem Steinsitz aus, von dem die Mönche mir sagten, es sei der Thron des Dalai Lama, wenn er hierher kam oder vielmehr eines Tages hierher kommen würde. Ich schlief eine Weile und träumte vom Dalai Lama, wie er auf diesem Stein saß, und ich stellte mir die Scharen von Tibetern vor, die den Felshang heraufströmten. Ich wünschte mir von ganzem Herzen, dass dieser Tag kommen möge.

Das Krächzen von Alpenkrähen, die in der Luftströmung an dem Felshang über uns spielten, weckte mich. Barba meditierte, Dorje schwatzte mit einer Nonne, die hier in ihrem dritten Jahr in der Einsamkeit lebte, und die kleinen Mädchen spielten in den Ruinen von Drak Yerpa. In fließender Zeichensprache und mit meinem sehr begrenzten tibetischen Wortschatz fand ich heraus, dass sie gar nicht in die Schule wollten, sondern auf dem Heimweg von der Schule waren und bereits vor ihrem Dorf standen, als wir sie aufgelesen hatten. Wir hätten sie auch nach Kathmandu mitnehmen können, ohne dass sie protestiert hätten. Was würden ihre Eltern denken?

Wir fuhren weiter, als die Sonne hinter den Bergen im Westen unterging und die Temperatur drastisch abfiel. Himalaya-Weißkopfgeier mit einer Flügelspanne wie Golfschirme warfen sich in den letzten Aufwinden des Tages himmelwärts und flogen zu ihren nächtlichen Schlafplätzen. Es war ein grandioser Aufbruch, begleitet von dem Gesang unserer kleinen Freundinnen, die aus voller Kehle auf dem Rücksitz schmetterten. Ihr Lieblingshit war eine musikalische Version von »Om Mani Padme Hum«, was zugleich eine geniale Methode war, beim Singen Verdienstpunkte zu erwerben. Wir nahmen noch zwei andere Leute mit hinunter. Sie ließen sich schwer einordnen: Waren es Pilger, die hier den Tag verbracht und Mönche oder Nonnen besucht hatten, oder wohnten sie hier und gingen nur über Nacht fort? Auf den ersten Blick kann man die Mönche kaum von den Nonnen unterscheiden – es wird einem nicht so einfach gemacht wie bei den christlichen Nonnen. Soweit ich sehen konnte, tragen sie die gleichen Gewänder in den gleichen Farben, haben die gleiche sonnenverbrannte Haut, die gleichen kurz geschorenen Haare und das gleiche wunderschöne Lächeln. Das Einzige, was die Nonnen manchmal verrät, ist ein braunes Wolltuch, das sie sich um den Kopf schlingen.

Wir setzten alle in ihren Dörfern ab und die sieben kleinen Mädchen winkten uns überschwänglich. Da wir insgeheim befürchteten, dass vielleicht schon ein Suchtrupp im Dorf auf die Beine gestellt worden war – und dass sie uns lynchen würden, wenn sie herausfanden, wer ihre Kinder entführt hatte –, baten wir Dorje aufs Gaspedal zu treten. Das hätten wir uns allerdings sparen können: 1. weil Dorje sowieso immer aufs Gaspedal trat, und 2. weil er kein Wort von dem verstand, was wir sagten. Ich hatte mir den lebenswichtigen Satz »bitte fahren Sie langsamer« auf Tibetisch eingeprägt, aber wie hätte ich ahnen sollen, dass ich eines Tages das tibetische Wort für »Gas geben« brauchen würde?

Als wir nach Lhasa zurückkamen, waren die chinesischen Neujahrsfeiern in vollem Gang. Ich quälte mich durch die unvermeidliche Party und schaffte es, vor Mitternacht im Bett zu sein. Ein paar Feuerwerkskörper wurden draußen abgebrannt, aber das war nichts Ungewöhnliches und ich kuschelte mich ins Bett und versuchte zu schlafen. Um Mitternacht drangen plötzlich Schreie und Rufe aus den Personalwohnungen herüber. Ein chinesisches Feuerwerk erstrahlte am Himmel, aus den Fenstern der Armeebaracken wurden Böller über die Straße geworfen, riesige chinesische Feuerkracher zuckten über die Betonwände und das Knattern hallte zwischen den Gebäuden wider. Die Hotelhunde rasten in heller Panik aus ihrem Versteck hervor, als Leuchtkugeln und Goldregen über ihrem Territorium niedergingen. An Schlafen war jetzt nicht mehr zu denken.

Das tibetische Neujahr fand eine Woche später statt. Die Tibeter folgen dem Mondkalender und teilen das Jahr in zwölf Monate à 30 Tagen ein. Leider geht es nicht ganz auf, weshalb die Tibeter, ähnlich wie wir mit unseren Schaltjahren, von Zeit zu Zeit einen ganzen Monat dazugeben. Und warum auch nicht? Das ist letztlich sinnvoller, als ein Jahr mit Monaten von 28, 30 und 31 Tagen zu machen.

Alle Tibeter im Hotel nahmen eine Woche Urlaub und auch die Ausländer hatten frei. Es war eine fantastische Zeit und wir wurden vom tibetischen Personal von Haus zu Haus eingeladen. Überall wurden tibetische Lieder gesungen und Chang getrunken und die Straßen waren mit glücklichen, schwankenden Menschen bevölkert, die ihre schönsten Festgewänder trugen. Sie strahlten und winkten uns zu und riefen noch fröhlicher »*tashi delai*« als sonst.

Das Highlight der Neujahrsfeiern ist *Monlam*, das Große Gebetsfest, zu dem Mönche von den umliegenden Klöstern nach Lhasa heruntersteigen. Ungefähr 20.000 Mönche und Nonnen drängen sich dann in den Straßen von Lhasa und die Sicherheit der Stadt wird in die Hände des Shengo gelegt, des Oberhaupts der Elite-Kriegermönche von Drepung.

Die Chinesen hatten in diesem Jahr die Stimmung ziemlich gedämpft, indem sie das Große Gebetsfest absagten. Das war eine merkwürdige Vorstellung – so als ließe man Weihnachten ausfallen. Ich fuhr zum Barkhor hinunter, aber dort war nichts los, und es waren auch weniger Mönche zu sehen. An der Fassade des Jokhang-

Tempels hing eine große Fahne und alle Tibeter, die auf dem Barkhor vorbeigingen, warfen *khatas* hinauf. Khatas sind die weißen Opferschals, die aus einfachem Baumwollmusselin oder aus reiner Seide gemacht und mit Glückssymbolen beschriftet sind. Ich hatte noch nie gesehen, dass einer Fahne *khatas* geopfert wurden, und ich hatte auch noch nie eine solche Fahne gesehen. Zwei Schneelöwen standen zu beiden Seiten eines weißen Bergs und über den Himmel zogen sich wie bei einem prächtigen Sonnenuntergang gelbe, rote, weiße und blaue Streifen.

Ich ging zur Vorderseite des Jokhang-Tempels hinauf, um mir die Sache genauer anzusehen, und endlich begriff ich, was ich vor mir sah: die verbotene tibetische Nationalflagge. Das Trapchi-Gefängnis ist mit Mönchen und Nonnen voll gestopft, die nichts anderes verbrochen haben, als diese Flagge aufzuziehen. Ich ging schnell ins Hotel zurück, aber der Gedanke an die Flagge und die mutige Tat der Mönche oder Nonnen, die sie dort aufgehängt hatten, obwohl sie wussten, dass sie verhaftet würden und teuer dafür bezahlen müssten, ließ mich nicht mehr los.

Nach dem tibetischen Neujahrsfest flog ich wie jedes Jahr zu einer Marketingreise nach Europa. Es ging darum, Tourenvermittler und große Reiseveranstalter zu motivieren, Tibet in ihre Prospekte aufzunehmen. Wenn sie Tibet erst einmal im Programm hatten, gab es nur ein Hotel, wo sie wohnen würden – das Holiday Inn Lhasa.

Zunächst flog ich aber mit Tashi nach Xian, wo eine große Präsentation für eine Gruppe von Ausländern auf dem Programm stand. Nach einer Nacht in Chengdu – der hilfsbereite Mr. Li hatte alles für uns arrangiert – überlebten wir eine weitere Todesfahrt im Taxi und kamen in Rekordzeit am Flughafen an, wo wir den frühmorgendlichen Flug nach Xian nehmen wollten. Wir warteten und warteten, aber vergeblich, und es gab keinerlei Durchsage, was mit unserem Flug passiert war. Drei Stunden gingen vorüber. Ich starrte in den grauen Nebel hinaus, der immer über Chengdu liegt. Es war so anders als die klare, kalte Luft von Lhasa und die blendende Helligkeit des tibetischen Himmels. Chengdu war immer feucht, trist und grau. Weitere drei Stunden vergingen mit sinnlosem Warten. Ich lief im Flur auf und ab und musste aufpassen, dass ich nicht über die Spucknäpfe stolperte. Weitere vier Stunden vergingen. Insgesamt warteten wir 10 1/2 Stunden, bis endlich eine quäkende Stimme aus dem Lautsprecher drang, um den Abflug unserer Maschine nach Xian anzukündigen. Die Chinesen packten blitzschnell ihre Sachen, stürzten aus dem Warteraum und die Treppe hinunter, drängten auf den Asphalt hinaus und rannten zum Flugzeug. Ich hielt Tashi zurück. »Was soll die Hektik?«, sagte ich. »Wir haben doch unsere Bordkarten. Wir kommen alle rein.«

Ich war fest entschlossen, in diesem Chaos ganz »britisch« Haltung zu bewahren, mich ordentlich in eine Schlange einzureihen und das Flugzeug einigermaßen würdevoll zu betreten, anstatt mich mit Klauen und Zähnen hineinzudrängen.

Es war ein ausländisches Flugzeug, eine alte russische Iljuschin Il 18, gebraucht von Aeroflot gekauft. Ein »fliegendes Fossil«, wie die Ausländer solche Maschinen nannten. »So alt, dass sie eine Außentoilette haben.« Das Gepäck wird seltsamerweise in der Passagierkabine mitgeführt, in einem Stauraum, der durch eine Netzbespannung abgeteilt ist. Die Sitze neben mir waren alle belegt und ich schaute mich nach Tashi um. Er war nirgends zu sehen. Ich ging zur Tür zurück und fand ihn unten an der Treppe mit fünf anderen Passagieren, die mit der Stewardess herumstritten.

»Mr. Alec!«, rief Tashi zu mir herauf. »Es gibt nicht genug Sitze. Zu viele Tickets. Sie sagt, ich kann nicht mitkommen.«

Jetzt wusste ich, warum in China alle wie verrückt losrennen und stoßen und treten, nur um ins Flugzeug zu kommen. Eine Bordkarte ist keine Garantie, dass man auch einen Platz bekommt. Da ich ein schlechtes Gewissen hatte, weil es meine Schuld war, dass Tashi keinen Platz bekommen hatte, unterstützte ich ihn bei seiner Auseinandersetzung mit der Stewardess. Der Pilot wartete, bis wir die Sache geklärt hatten. Er hatte bereits über zehn Stunden Verspätung und eine halbe Stunde mehr oder weniger fiel nicht ins Gewicht. Die Stewardess fand schließlich eine Lösung: Tashi und einer der anderen gestrandeten Passagiere durften an Bord kommen, aber da es keine Plätze für sie gab, mussten sie auf den Koffern im Gepäckabteil sitzen.

Tashi ließ sich auf ein paar großen, mit Knoblauchgras gefüllten Säcken nieder, dann sprangen die vier Propeller des fliegenden Fossils einer nach dem anderen an und der Pilot kurvte auf die Rollbahn hinaus.

Die Präsentation lief gut, und während Tashi nach Chengdu und Lhasa zurückkehrte, flog ich nach Hongkong weiter. Ich hatte einen Koffer mit einer Schafsfell-*chuba* dabei, die ich bei den Marketing-Veranstaltungen in Europa tragen wollte. Normale *chubas* hatte ich vorher schon getragen, aber ich hoffte, dass eine echte Schafsfell-*chuba* noch besser ankommen würde. Als ich die Tasche im Holiday Inn Golden Mile in Hongkong aufmachte, warf mich der Gestank fast um. In der trockenen Luft in Lhasa, in einer Höhe von 3600 Metern, war das Fell in Ordnung gewesen, aber im feuchtschwülen Hongkong fing es schnell an zu verrotten. Ich schaute mir das Fell genauer an und stellte fest, dass noch Fleischfetzen daran hingen.

Ich nahm eine Flasche 4711, die im Zimmer stand, und kippte sie über das Fell, in der Hoffnung, dass das Parfüm den Gestank überdecken würde. Aber das war ein Irrtum. Im Supermarkt erstand ich eine Dose Duftspray, mit der ich systematisch das ganze Schafsfell einsprühte, bis die Dose leer war. Dann hängte ich die *chuba* ins Badezimmer und schloss die Tür. Zumindest war der Gestank jetzt aus meinem Schlafzimmer verbannt. Doch sobald ich die Badezimmertür öffnete, war er wieder da – eindeutig totes Schaf. Die Zimmermädchen und Putzfrauen des Holiday Inn weigerten sich, das Fell anzurühren, und fragten mich, wie lange ich es im Zimmer behalten wolle. Ich ging zu einer chemischen Reinigung, aber dort wurde ich abgewimmelt und zum Kürschner geschickt.

Ich war noch nie in einem Pelzladen gewesen. Ich läutete an der Tür eines sehr teuer aussehenden Geschäfts in der Nathan Road und erklärte dem hochnäsigen Chinesen hinter der Theke mein Problem. In einem schrecklich affektierten Eton-Englisch ließ er mich wissen, er habe Erfahrung mit chinesischen Pelzen und ich möge ihm das Fell nur bringen. Nichts konnte ihn abschrecken, was immer ich über den Zustand des Fells vorbrachte. Er lächelte die beiden Damen im Laden an, die Nerzmäntel für die »Wintersaison« anprobierten. »Wir stellen unsere anspruchsvolle Kundschaft immer zufrieden«, sagte er, wobei er sich verbeugte und unterwürfig lächelte. Die Damen lächelten zurück und ließen ihren schweren Goldschmuck blitzen.

Zehn Minuten später kehrte ich mit der *chuba* zurück und hievte den Koffer, in dem sie verstaut war, auf die Theke. »Iiih!«, kreischte der Kürschner und sprang entsetzt zurück, als ihm der Gestank entgegenschlug. Er hielt sich sein Seidentaschentuch an die Nase und sagte: »Das ist bei weitem der schwierigste Pelz, den ich je gesehen habe. Ekelhaft. Einfach ekelhaft.« Die beiden Frauen stürzten grußlos aus dem Laden.

Einen Tag später lag die *chuba* wieder auf dem Ladentisch des Kürschnergeschäfts. Der Chinese hatte das Fell gereinigt, wie versprochen. Die Wolle war seidenweich, aber der Gestank war noch genauso schlimm. Das Ganze sollte 200 Dollar kosten. Ich wollte den Preis herunterhandeln, aber er sagte, die Wolle der *chuba* habe seine Reinigungsmaschine verstopft und einen Schaden von Tausenden von Dollars verursacht. Er hatte Ärger mit seiner Versicherung und seine Stammkundinnen beschwerten sich über den grässlichen Geruch ihrer Nerze, die am selben Morgen gereinigt worden waren. Vielleicht liegt noch heute ein Hauch von totem Barkhor-Schaf über den Highsociety-Dinner-Partys in Hongkong. Der Gedanke würde mir jedenfalls gefallen.

Die Marketing-Veranstaltungen in Europa liefen auch ohne *chuba* gut. Am zweiten Morgen traf ich auf der ITB in Berlin, der größten Tourismus-Messe der Welt, mit den anderen Managern des *Holiday-Inn-Asia-Pacific*-Teams zusammen.

»Haben Sie die Nachrichten gesehen, Alec?«, fragten sie mich, als ich eintraf. »Dutzende von Tibetern sind getötet worden! Die Chinesen haben Tibet geschlossen!«

Ich stürzte in mein Hotelzimmer zurück und verfolgte die Ereignisse auf CNN. Auf dem Bettrand kauernd sah ich den Barkhor in Flammen, eine aufgebrachte Menge von Steine werfenden Mönchen, und ja, die Polizeistation brannte wieder. Das Kriegsrecht wurde ausgerufen und die Touristen ausgewiesen. Bis auf weiteres wurde niemand mehr ins Land gelassen.

Ich kehrte über Kathmandu nach Lhasa zurück, anstatt über Hongkong. In Kathmandu gibt es eine große tibetische Exilgemeinde, und dort wurden mir alle möglichen Geschichten über die Zustände in Lhasa erzählt. Anscheinend ging der Aufruhr weiter. Einer erzählte mir: »Es werden immer noch Tibeter verhaftet, ich glaube, gestern waren es vier oder fünf.«

Ein anderer nahm die Geschichte auf: »Was, fünfundvierzig Tibeter in Schwierigkeiten?«

Das Gerücht griff um sich: »Wie? Gestern fünfundvierzig Tibeter getötet?«

Ein Tibeter sagte zu mir: »Wissen Sie, es ist eine Schande, wie die Chinesen die Tibeter unterdrücken. Ich habe Verwandte dort, die nicht einmal eine anständige Toilette in ihrem Haus haben. So sehr werden sie von den Chinesen unterdrückt.«

Welche Toiletten seiner Meinung nach in Tibet vorhanden sein sollten, ist mir allerdings ein Rätsel. Je mehr Zeit vergeht, desto größer wird die Kluft zwischen den Tibetern, die in Tibet leben, und den Exil-Tibetern.

Seit das Land für Touristen geschlossen war, gingen keine Flüge mehr von Kathmandu nach Lhasa, deshalb nahm ich die Strecke über Land. Am ersten Tag lässt man das verschmutzte Kathmandu-Tal hinter sich und fährt durch die grünen, fruchtbaren Vorberge des Himalaya zur Grenzstation Zhangmu. Die Stadt selbst liegt auf einem steilen Hang, aber bevor man dort ankommt, muss man durch den berüchtigten nepalesischen Zoll, wo jedes einzelne Gepäckstück geprüft wird, in der Hoffnung, dass es etwas zu konfiszieren gibt. Im letzten Jahr war einem unserer ausländischen Angestellten ein Videogerät abgenommen worden, weil er, wie es hieß, keine Ausfuhrgenehmigung aus China hatte. Die Zollbeamten wissen, dass man auf ihre Gnade angewiesen ist, und daher wartet man und bleibt so höflich wie möglich und wünscht ihnen »*namaste*«, die nepalesische Version von »*tashi delai*«.

Hat man diese Hürde hinter sich gebracht und die Brücke überquert, kommt man in ein Niemandsland zwischen Nepal und Tibet. Es gibt eine Straße, die den steilen Berghang hinaufführt, aber die meiste Zeit des Jahres liegt sie unten auf dem Talgrund, von den Sommermonsunregen heruntergespült. Ein paar Träger boten mir zu einem sehr anständigen Preis an, meinen Koffer den Hang hinauf zu tragen. Die Geschäfte gingen nicht gerade glänzend, seit in Lhasa das Kriegsrecht ausgerufen worden und Tibet für Touristen geschlossen war. Ich war froh über ihre Dienste auf diesem anstrengenden Marsch. Während ich mich bergauf schleppte, wurde ich von Trägern überholt, die sich Kühlschränke auf den Rücken geschnallt hatten – das hier ist die größte Handelsroute zwischen China und Nepal.

Die Stadt Zhangmu klebt gefährlich am Hang oben und immer wieder fallen große Brocken von ihr in den Bach hinunter, mehrere hundert Meter in die Tiefe. Die chinesischen Wachposten prüften meine Papiere, Visa und Aufenthaltserlaubnis, und reichten mich an Dorje weiter, der geduldig in seinem Holiday-Inn-Landcruiser auf mich wartete. Es war spät und wir blieben über Nacht im Zhangmu Hotel. Die Zimmer waren schmutzig und der ganze Müll des Hotels wurde einfach den Hang hinunter in den Bach gekippt.

Ich zog mich im Badezimmer aus und trat vorsichtig unter die Dusche. In einer kleinen Pfütze kalten Wassers stehend studierte ich das Gewirr von Rohren, Leitungen, Hähnen und Elektrokabeln an der Wand. Ich las eine Notiz mit der Bedienungsanleitung für den Warmwasserboiler: »Hebel A in Position B ziehen«. Als ich Hebel A zog, schossen blaue Funken aus der Vorrichtung und ich hechtete aus der Dusche. Dann zog ich mich wieder an. Mein Bad konnte bis Tingri warten, dem nächsten Halt.

Wir ließen die Bambuswälder und die üppige Vegetation von Zanghmu hinter uns und fuhren immer weiter die Schotterstraße hinauf. Sogar mit Dorje am Steuer kamen wir nur langsam auf der kurvigen Straße voran. Die Bäume wurden kleiner und spindeliger, bis sie schließlich ganz verschwanden, als wir die Baumgrenze hinter uns ließen. Das Grün verlor sich und wir stiegen immer weiter durch eine Spalte des Himalaya auf das tibetische Plateau hinauf. Der Ausblick war atemberaubend. Links von uns ragte jenseits einer braunen Ebene der gewaltige Shisha Pangma auf, zu unserer Rechten die Bergkette, die zum Everest führt. Wir hielten auf dem 5200 Meter hohen Thang La an (»La« bedeutet »Pass« auf Tibetisch), und Dorje rief lauthals »La! So so so so!«, wie jeder Tibeter, der oben auf einem Pass ankommt.

Ich hätte auch gern gerufen, aber ich konnte kaum atmen, geschweige denn in voller Lautstärke aus dem Fenster brüllen. Mein Herz raste und mein Kopf hämmerte. Bei aller Schönheit der Bergwelt war ich froh, als Dorje hinauszeigte und verkündete, dass wir bald in Tingri und in dem brandneuen Xegar Hotel ankommen würden. Leider hielt meine Freude nicht lange vor. Es gab weder Wasser noch Strom in diesem schmutzigen, fantasielos gestalteten chinesischen Betonblock. In den Toiletten musste man die Luft anhalten, so dass jeder normale Mensch die Flucht ergriff und auf den weitaus weniger übel riechenden Parkplatz auswich.

Ich überzeugte Dorje, dass das keine menschenwürdige Unterkunft war, und wir fuhren auf einer Nebenstraße zum Everest-Basislager hinunter. Zu dieser Zeit waren noch keine Bergsteiger unterwegs, es war zu früh im Jahr, und außerdem durften sie wie alle anderen Touristen nicht ins Land. Wir kämpften uns über den Pang La und die mächtige Bergkette des Himalaya ragte vor uns auf. Die Straße war nicht nach Dorjes Geschmack. Tempo war für ihn alles und er fürchtete die holprige vor uns liegende Fahrt über Geröllhänge und eisige Bachbetten, welche die Straße weggespült hatten. Wir fuhren über Eiszeittrümmer zum Rongbuk-Kloster, das Pate gestanden haben soll für das mythische Shangri La.

Rongbuk liegt nur ein paar Kilometer vom Basislager entfernt und die überraschten Mönche nahmen uns herzlich auf. Sie zündeten den Ofen im Gästezimmer an und schürten das Feuer, nicht mit Yakdung, sondern mit Holz. Es gab kilometerweit keine Bäume in der Gegend und der Brennstoff war ein seltener Luxus, für den wir einen angemessen hohen Preis bezahlten. Als die Nacht voranschritt, kuschelten wir uns in die dicken Schlafsäcke, die Mark vom *Save the Children Fund* uns für alle Fälle mitgegeben hatte. Die Schlafsäcke waren in einem Armee-Laden in Pakistan gekauft worden und auf dem Etikett stand »Für große Höhen«.

Eisiger Wind blies durch die Ritzen der Klostermauern und wilde Hunde heulten im Sternenlicht. Rongbuk gilt mit 4980 Metern als das höchst gelegene Kloster der Welt, und ich hatte das Gefühl, irgendwo weit draußen im All zu sein. Mein Kopf hämmerte und mein Atem ging unregelmäßig. Nach jedem normalen Atemzug schnappte ich unwillkürlich nach Luft. Ich fror bis ins Mark und schlotterte in meinem dicken Schlafsack. Die Temperatur war auf -20 Grad Celsius gefallen. Das Feuer knisterte immer noch im Ofen, aber leider würde es auch das letzte bisschen Sauerstoff verbrauchen, das noch im Zimmer war. Ich machte die Tür auf, um einen frischen Sauerstoffvorrat hereinzulassen.

Der Wind pfiff mir um die Ohren und plötzlich erhaschte ich eine Bewegung draußen. Als ich in die Dunkelheit hinaus spähte, sah ich die Augen einer Hundemeute aufleuchten, die über die Klostertreppe auf mich zugerannt kamen. Im letzten Moment knallte ich die Tür zu. Ich hörte, wie ihre Krallen sich in die Holztür bohrten, während sie draußen knurrten und bellten und nach dem Türgriff schnappten. Jetzt hatte ich die Wahl zwischen meinen schlimmsten Ängsten: erfrieren, ersticken oder von einer Meute wilder Hunde zerfetzt zu werden. So hatte ich mir Shangri La nicht vorgestellt. Es war die schrecklichste Nacht meines Lebens, die ich damit zubrachte, vor der Tür nach Luft zu ringen, die Hunde mit einem brennenden Stock zu vertreiben und das Feuer zu schüren, um die Wärme im Zimmer zu halten. Dorje schlief die ganze Zeit wie ein Murmeltier.

Am nächsten Morgen waren die Hunde verschwunden und der Blick von der Treppe aus entschädigte mich für den Alptraum der letzten Nacht. Vor dem Kloster, am Ende des Rongbuk-Tals lag die gewaltige Wand des Everest-Nordhangs, die fast 4000 Meter höher aufragte als die Stelle, an der ich stand. Ich blickte ehrfürchtig hinauf. Eine Schneefahne wehte vom Gipfel herunter, hing hoch in der Luft wie der Schaum einer brechenden Welle in einem ablandigen

Wind. Um uns herum war nichts. Nur das kleine Kloster, Eis, Fels, eine Trostlosigkeit ohnegleichen und diese massive graue Wand.

Dorje chauffierte mich weiter den Pfad hinunter zum Beginn der Gletschermoräne und dem Standort des Everest-Basislagers. Es war viel sauberer, als ich erwartet hatte. Eine Gruppe von Amerikanern, die sich »Mountain Madness« nannten, war im vorigen Jahr im Basislager gewesen, mit dem noblen Vorsatz, die Tonnen von Müll fortzuschaffen, die im Lauf der Jahre von nicht sehr umweltfreundlichen Bergsteigergruppen hier zurückgelassen worden waren. Sie hatten ganze Arbeit geleistet – alles, was ich finden konnte, war ein abgebrochenes Teil von einem Einmalrasierer.

Der Wind heulte um mich herum, als ich zu einer Stelle ging, an der Steinplatten aufgerichtet waren. Es handelte sich um Gedenksteine für die Bergsteiger, die nie zurückgekehrt waren. Wo immer ich mich hinwandte, wurde mein Blick nach oben zu dem großen Berg gezogen. Düster und unnahbar. Der Lebenszerstörer. Man musste verrückt sein, auch nur daran zu denken.

Dorje gab mir ein Zeichen. Wir mussten weiterfahren. Auf dem Rückweg winkten wir den Mönchen in Rongbuk im Vorbeifahren noch einmal zu. Jetzt erst sah ich die Überreste vieler kleiner Gebäude. Die Roten Garden hatten ihr Dynamit bis hier hinauf geschleppt.

Leider hatten die Roten Garden ihr Zerstörungswerk bereits beendet, als das Shigatse Hotel gebaut wurde. Es war eine Stufe besser als das Xegar Hotel, aber das war auch alles, was man zu seiner Rechtfertigung sagen konnte. Ich hatte volles Verständnis für den amerikanischen Tourenführer, der nach Lhasa zurückgekehrt war und das Shigatse Hotel als »kotzeklig« beschrieben hatte.

Nach einem Halt in Gyantse, wo wir das eindrucksvolle Kloster Kumbum besichtigten, das in Form eines Mandalas gebaut ist, fuhren wir über den Yamdrok-See und den Kamba La nach Lhasa weiter. Der Yamdrok wird auch »Türkissee« genannt und ist ein heiliger Ort für die Tibeter. Außerdem überwintern hier zahlreiche Wasservögel. Allein auf dem winzigen Teil des Sees, den man von der Straße sehen kann, leben Tausende von Kolben- und Spießenten und Streifengänsen.

Younghusband, der die britischen Truppen nach Tibet geführt hatte, beschrieb den Yamdrok-See als »einer der schönsten Seen, die ich je gesehen habe ... seine Farbe variiert von sämtlichen Violettschattierungen zu Türkisblau und Grün«.

Die Beschreibung trifft auch heute noch zu. Die Farben sind von unglaublicher Leuchtkraft und Nuancenreichtum. Im Winter ist der See vor allem türkis, da das Wasser Licht vom Hochgebirgshimmel absorbiert. Im Sommer ändern sich die Farben mit den vorüberziehenden Wolken von düsterem Schwarz zu Violett und tiefen Meergrünschattierungen. Der Anblick des Sees ist unverändert seit der Zeit, als die Kapuzinermissionare an seinen Ufern wandelten, die Tataren durch das Land stürmten, die indischen Pandits ihre Schritte zählten, die britischen Expeditionen ihren Handelsvertrag zum Unterzeichnen mitbrachten und die Roten Garden mit ihren Rucksäcken voll Dynamit vorübermarschierten.

Unverändert bis jetzt. Denn die Chinesen planen etwas Entsetzliches: Die Schönheit des Sees soll durch einen hässlichen chinesischen Betonkomplex am Ufer und einen gewaltigen Tunnel vom See zum Tsangpo River (auf der anderen Seite von Kamba La) zerstört werden, ein Projekt, das den Strombedarf Tibets decken soll. Dass der Türkissee dabei zerstört wird, ist unerheblich. Der Kommunismus war nie sehr umweltfreundlich und das neue kapitalistische China ist leider noch schlimmer. Wir holperten die Haarnadelkurven auf der Lhasa-Seite des Kamba La hinunter und stiegen in das Tsangpo-Tal ab. Wir waren jetzt fast zu Hause und Dorje drückte aufs Gas, denn er konnte es kaum noch erwarten, wieder zu seiner

Familie zu kommen. Ich war staubbedeckt von der viertägigen Reise, denn seit der kalten Pfütze im Zhangmu Hotel hatte ich kein Badezimmer mehr gesehen. Ich seufzte erleichtert, als Dorje in den Hof des Lhasa Hotels einbog. Es war der Gipfel des Luxus.

Aber leider stand es mit dem Hotel nicht zum Besten. Erstens hatten wir keine Gäste und zweitens war mein ganzer Stolz, mein Mountainbike, das ich am Wachhäuschen des Sicherheitspersonals angekettet hatte, gestohlen worden. Drittens erwarteten wir den gefürchteten Besuch des Holiday-Inn-Inspektors, der weltweit für alle Holiday Inns zuständig war. Und viertens standen wir alle unter Hausarrest.

Kapitel 11
DIE HOCHSAISON NAHT

Wir bereiteten uns mit Volldampf auf den Besuch des Inspektors vor. Zwei einheimische Angestellte erhielten eine Türsteheruniform und wir brachten ihnen bei, den Eindruck zu erwecken, als hätten sie den ganzen Tag nur darauf gewartet, den Inspektor in Empfang zu nehmen. Alles erhielt einen frischen Anstrich. Das ist eine bewährte Reinigungsmethode, besonders in den Küchen, wo Flecken aller Art mit einer frischen Schicht weißer Tünche überdeckt werden. Die Holiday-Inn-Inspektoren kennen diese Tricks und gehen wie die Queen davon aus, dass wo immer sie hinkommen, frischer Farbgeruch in der Luft hängt.

Wir mieteten sogar einen Teppich für den kalten Marmorboden der Lobby. Es war ein prächtiger tibetischer Teppich – blassblauer Hintergrund mit Blumenmuster umrandet und den acht tibetischen Glückssymbolen, die in einer Linie in der Mitte angeordnet waren. Aber es war mehr als nur ein schöner Teppich – es war ein Teppich des Dalai Lama. Wir hatten ihn vom Norbulingka, dem Sommerpalast des Dalai Lama, gemietet, wo er den Boden des Privatkinos des 14. Dalai Lama geziert hatte. Ich wagte kaum darauf zu gehen. Es kam mir irgendwie respektlos vor. Gut, der Dalai Lama war nicht zu Hause, er war im Exil in Indien, aber das heißt doch nicht, dass wir uns einfach seine Teppiche ausborgen können, wann immer wir wollen? Ich war jedenfalls sehr froh, als der Teppich seiner Heiligkeit nach Norbulingka zurückgebracht wurde.

Und natürlich waren wir auch froh, als der Inspektor dorthin zurückkehrte, wo er hergekommen war. Er war ein kleiner, schlichter

Mann ohne jeden Humor. Der Teppich des Dalai Lama machte keinen Eindruck auf ihn, weil er gar nicht wusste, wer der Dalai Lama war. Von unserem Hotel war er auch nicht beeindruckt, trotz aller herkulischen Anstrengungen. Er lobte geflissentlich das Management und das Personal, wies aber darauf hin, dass manche Dinge einfach nicht den Richtlinien des Holiday Inn entsprächen.

»Die Autostellplätze sind nicht breit genug, dass zwei Autos ihre Türen öffnen können, wenn sie nebeneinander stehen.«

»Was soll das heißen, Autostellplätze, hier kann doch sowieso niemand fahren?«, sagte Barba, der sich nur mühsam beherrschen konnte.

Der Inspektor fuhr fort: »Das Telefonkabel – die Länge des Kabels vom Hörer zur Buchse – hat nicht die erforderliche Länge.«

»Na und?«

»Es gibt kein Kindermenü.«

»Wir haben hier keine Kinder.«

»Es gibt keine Eismaschinen auf den Fluren.«

»Möchten Sie wirklich Eis bei diesem Wetter?«

Barba stand kurz vor einem Tobsuchtsanfall und wir beruhigten ihn, indem wir ihm zuflüsterten, dass die Hauptverwaltung vielleicht das Hotel schließen würde. Daraufhin ging Barba grinsend und händereibend fort, während der Inspektor seinen Bericht beendete.

In Amerika kann ein Holiday-Inn-Hotel eine Ausnahmegenehmigung erwirken, wenn es eine der Richtlinien, die im Unternehmenshandbuch festgelegt sind, aus einem unabänderlichen Grund nicht erfüllen kann. Eine einzige Richtlinie, mehr ist nicht drin. Das Holiday Inn Lhasa verstieß gegen 27 und durfte trotzdem weitermachen. Einigen Mängeln sollte allerdings abgeholfen werden. Der wichtigste betraf die Dicke der Türen. Keine der 500 Türen des Hotels hatte laut Unternehmenshandbuch, der Bibel des Inspektors, die richtige Dicke in Millimetern. Diese Änderung würde über 200.000 Dollar kosten – was man den Besitzern kaum zumuten konnte angesichts der Tatsache, dass das Hotel keine Gäste hatte.

Barba winkte ab. »Wen interessieren schon die dämlichen Türen? Ich mache aus dem Laden hier ein Hotel, auf das wir stolz sein können. Also, was brauchen wir hier, um das zu schaffen?«

Wir suchten alle nach einer Anwort.

»Kein Yakfleisch mehr?«

»Einen Wäscherei-Service, der funktioniert?«

»Heizung?«

»Gäste?«

Barba schüttelte den Kopf. »Nein, nein, nein. Meine Herren – und Conny –, was wir brauchen, ist ein Swimmingpool im Freien.«

Während Barba sich Tag und Nacht abrackerte, um Partei A riesige Geldsummen für den Bau eines Swimmingpools zu entlocken, wirkten Conny und ich auf die Reiseveranstalter ein, Tibet nicht aus ihrem Programm zu nehmen.

Die Chinesen lockerten bald ihren Griff und wir durften das Hotel wieder verlassen, aber noch blieb das Land für Touristen geschlossen. Es gab mehrere Checkpoints zwischen dem Hotel und dem Jokhang-Tempel, und in jeder Straße, die vom Barkhor abging, standen Soldaten in kleinen Wachhäuschen stramm. Neben den Wachhäuschen patrouillierten andere Soldaten mit Kopfhörern und Funkgeräten auf dem Rücken, um jederzeit Verstärkung anfordern zu können, falls ein gefährlicher unbewaffneter Mönch oder eine Nonne vorbeikommen sollte. Kommandos von jeweils neun Soldaten, schwer bewaffnet mit AK-47-Maschinengewehren, von einem Offizier mit Revolver angeführt, marschierten von Zeit zu Zeit um den Barkhor – meistens in der falschen Richtung.

Einmal alle paar Tage donnerte eine große Kavalkade von Motorrädern mit Beiwagen durch die Straßen, und die Soldaten führten feuerbereite Waffen mit, die an der Seite heraushingen. Ein gepanzerter Truppentransporter stand Wache an dem leeren Rikschastand vor dem Barkhor-Platz. Es war eine brutale Abschreckungsstrategie, um den Leuten klar zu machen: »Legt euch nicht mit uns an, wir haben massenhaft große Gewehre.«

Um alle Einwohner an die militärische Stärke und »Einheit mit dem Mutterland« zu erinnern, wurden auf mehreren großen Plakatsäulen Bilder von »befreiten« tibetischen Brüdern und Schwestern mit chinesischen Waffen zur Schau gestellt. Darunter waren auf kleineren Plakaten ominöse Atompilze abgebildet. Wer wollte da noch etwas einwenden?

Trotz der Modernisierung in China und dem neuen wirtschaftlichen Wohlstand ist Meinungsfreiheit immer noch ein Luxus, den sich die Chinesen oder Tibeter nicht leisten. Weder der Student auf dem Tienanmen-Platz noch der Tibeter im Barkhor darf sagen, was er will. Der Sozialismus regiert mit eiserner Faust und das Trapchi-Gefängnis füllte sich mit einer neuen Welle von Verhafteten, die nichts anderes getan hatten, als laut zu denken und »Freies Tibet« zu rufen.

Der Anblick der patrouillierenden Armee und die Tatsache, dass man als Ausländer von ihnen beobachtet wurde, war nicht besonders lustig. Ich mied den Barkhor bei meinen Ausflügen und unternahm stattdessen Tageswanderungen in die Hügel oder ins Lhasa-Tal.

Nachdem Conny mich wieder gesund gepflegt hatte, lud ich sie zu einem romantischen Picknick an einem Ort in der Nähe des Drepung-Klosters ein, wo man auf die Sümpfe blickte. Wir stiegen durch die baumgesäumten Felder unter dem Drepung-Kloster hinauf und am Fuß der Vorberge entlang zu einem stillen Plätzchen, das im Schutz eines großen Granitfelsens lag. Wir breiteten ein

Tischtuch aus und packten unser Picknick aus – Köstlichkeiten, die es in Lhasa nicht zu kaufen gab. Großzügige Tourenführer, die wussten, wie begrenzt unser Nahrungsangebot war, brachten uns lebensrettende Vorräte mit: Schweizer Schokolade, Büffelkäse aus Kathmandu, französische Weine in Flaschen mit echten Korken. Es war die perfekte Kulisse für ein solches Picknick. Zahme Sumpf- und Pfuhlschnepfen grasten auf der Wiese vor uns. Jenseits des Feldes wehten riesige Schilfwälder in der sanften Brise. Die goldenen Dächer des Potala-Palastes schimmerten in der Ferne. Romantischer konnte es nicht mehr werden.

Doch als ich Conny gerade ein bisschen näher kommen wollte, tauchten zwei chinesische Soldaten hinter dem Felsblock auf. Ich sprang auf die Füße. Die Soldaten sprangen zurück, genauso erschrocken wie wir. Zum Glück trugen sie keine AK 47 bei sich, aber seltsamerweise hielt jeder der beiden eine blonde Barbiepuppe in der Hand. Nach dem ersten Schreck über die unerwartete Begegnung lächelten sie und winkten uns zu, während sie den Pfad hinuntergingen, mit ihren Barbiepuppen händchenhaltend, die an der Seite baumelten.

Ich dachte, dass wir wieder allein seien, als plötzlich eine Gruppe von Tibetern den Hang heruntergestürzt kam und uns wild zuwinkte. Entweder waren sie besonders freundlich, oder es stimmte etwas nicht. Sie kauerten sich hinter den Felsen und machten uns ein Zeichen, dasselbe zu tun. Eine gewaltige Explosion zerriss die Sonntagmorgenstille. Die Vögel auf der Wiese flogen auf, ihre schrillen Schreie erfüllten die Luft. Granatsplitter regneten auf uns herunter. Wie hätte ich ahnen sollen, dass sich der romantische Picknickplatz direkt unter einem der größten Steinbrüche Lhasas befand? Wir packten zusammen und gingen.

Am östliche Ende der Sümpfe, gleich hinter dem Potala, stießen wir auf die Überreste eines alten tibetischen Hauses. Selbst als

Ruine war das Haus noch majestätisch. In den Mauern des dreistöckigen Gebäudes prangten die schwarz umrahmten leeren Fensterhöhlen. Das Dach und der größte Teil der Innenwände waren eingestürzt und hatten den Fußboden unter sich begraben. Einige Holzverschalungen waren geblieben – ihre Farbe war verwittert, nachdem sie jahrzehntelang schutzlos den Elementen preisgegeben war. Der Putz an der Innenseite der Wände hatte einiges von seinem ursprünglichen Rot, Blau, Grün und Gold bewahrt.

Ein zweites Haus, viel kleiner, aber in gut erhaltenem Zustand, stand zehn Meter weit entfernt und darüber wehte eine chinesische Fahne. Zeitungsfetzen mit chinesischen Schriftzeichen, die über die Wände der Ruine im zweiten Stock geklebt waren, flatterten im Wind. Ich stellte mich in den Trümmern auf die Zehenspitzen, um das Datum auf einer der Zeitungsseiten lesen zu können: »9. Juli 1972«.

Als ich Conny das Datum vorlas, tauchten plötzlich ein paar Kinder auf. Sie waren von der anderen Seite eines neuen Entwässerungsgrabens, 15 Meter breit und drei Meter tief, gekommen, den die Chinesen durch den einstigen Hof des Hauses gezogen hatten. Es war die übliche neugierige Kinderschar, die einem nachlief, wo immer man auftauchte. Sie lächelten uns an und spielten in den Trümmern, hoben Steine mit den Überresten farbenfroher Fresken auf und schleuderten sie in den Entwässerungsgraben. Es war ein trauriger Anblick. Einmal glaubte ich das Wort »Lhalu« zwischen den *»tashi delai«* herauszuhören.

War das möglich? War das hier das Haus, in dem Younghusband 1904 gewohnt hatte? Wo der beste Chang von Lhasa gebraut worden war? Eines der fünf Wunder von Lhasa? Wo man die Schuldscheine der Leibeigenen im Hof verbrannt hatte?

Ja. *»Di Lhalu rei«*, antwortete der kleine Junge auf meine Frage. »Das ist Lhalu.« Er hätte es in der Vergangenheitsform sagen müssen, denn viel war nicht mehr davon übrig.

Conny und ich kehrten ins Hotel zurück. Es war nicht gerade mein Glückstag gewesen – das romantische Picknick hatten mir die tibetischen Sprengmeister verdorben, die Sümpfe waren von einem fortschrittlichen Entwässerungsgraben bedroht und wir hatten einen der historischen Schätze Lhasas in Trümmern vorgefunden.

Nancy und Bob hatten auch keinen guten Tag gehabt. Sie waren gefeuert worden. Partei A hatte eine offizielle Beschwerde über ihre Methoden eingereicht und man hatte ihnen gekündigt. Nancys Vorrat an Mr.-Smiley-Stickern war aufgebraucht, und es war Zeit, weiterzuziehen. Als Abschiedsgeschenk ließ sie uns die Ergebnisse des letzten Multiple-Choice-Englischtests zurück, der bei der Einstellung unseres Crackteams von Empfangs- und Kassenpersonal und zum Einsatz gekommen war. Die Spitzenkandidaten hatten die Lücken mit den folgenden unterstrichenen Wörtern ausgefüllt:

»Ich kann Ihre Unterlagen nicht finden. Würden Sie bitte einen Augenblick warten, bis ich sie <u>vermischt</u> habe.«

»<u>Rechnung</u> bedeutet, dass der Preis zu hoch ist.«

»Kann ich das mit meiner <u>Beschwerde</u> bezahlen?«

»<u>Teuer</u> ist ein anderes Wort für ärgerlich.«

»Man muss immer lächeln, wenn man mit Gästen spricht, und nie <u>Fensterscheiben</u>.«

»Auf Wiedersehen und einen schönen <u>zuständige</u> <u>Abteilung</u>.«

Wie schön also, dass unser neues Englisch sprechendes Top-Team rechtzeitig zur Stelle war, denn kaum waren die Testergebnisse ausgewertet, da verkündeten die Chinesen, dass wieder Touristen ins Land reisen durften. Die Sache hatte allerdings einen Haken. Es durften nur Gruppen von 15 Personen oder mehr kommen, die während der ganzen Zeit von einem Führer auf einer organisierten Tour begleitet werden mussten. Das passte der chinesischen Regierung perfekt in den Kram. Die Wirtschaft ist ihnen egal, sie kümmern sich nur um die Politik. Auf diese Weise konnten sie sagen, dass Tibet offen war und gleichzeitig die Regeln so festlegen, dass niemand kommen würde. Das ist auch der Grund, warum es sinnlos ist, China zu boykottieren. Es hat keinerlei Wirkung auf die Regierung, sondern trifft nur das Volk, ein wichtiger Einwand, der im Westen oft nicht verstanden wird. Die Regierung interessiert nur die nationale Sicherheit und dass sie als politisch korrekt angesehen wird. Aber ein Boykott triff die Rikschafahrer und Khampa-Frauen im Barkhor, das tibetische Personal in den Hotels, die tibetischen Führer, die tibetischen Fahrer, die tibetischen Lebensmittellieferanten, die tibetischen Hirten, die Yakfleisch verkaufen – all diese Menschen und ihre Familien leiden darunter.

Dank der Regeln, die Peking aufgestellt hatte, und dem verständlichen, aber fehlgeleiteten Wunsch, China und Tibet zu boykottieren, standen die Zeichen für uns wieder einmal nicht sehr günstig. Wie die Dinge lagen, würden wir noch eine ganze Weile mit einem leeren Hotel dasitzen. Die Einzigen, die Package-Touren in Tibet organisierten, waren die Reiseveranstalter in Lhasa und wir wussten, wie katastrophal diese Unternehmen arbeiteten. Wir baten um ein Treffen mit Ape Renchen, dem Direktor des tibetischen Tourismus-Büros, und mit Mao Ru Bai, dem Vizegouverneur von Tibet. Wir wollten ihnen die Genehmigung entlocken, selbst Gruppenreisen zu organisieren, und erstaunlicherweise willigten sie ein. Wir waren also das einzige Hotel in China, das als Tourenvermittler agieren durfte. Unsere Preise mussten offiziell genehmigt werden und wir mussten uns an bestimmte Richtlinien zur Durchführung der Touren halten, aber ansonsten konnten wir die Programme aufstellen, die wir für richtig hielten.

Endlich ein Silberstreifen am Horizont und wir machten uns sofort ans Werk, um Touren durch ganz Tibet zu planen. Es war eine spannende Aufgabe. Die Kosten für Transport, Unterkunft, Mahlzeiten, Eintrittskarten und Reisebegleitung wurden kalkuliert. Das Hotel verfügte über einen großen Wagenpark von Landcruisern und japanischen Hino-Bussen, so dass der größte Teil dieses Geldes direkt den Einkünften des Hotels zugute kommen würde. Auf diese Kosten wurde eine bescheidene Profit-Marge von zehn Prozent draufgeschlagen. Was konnte da schon schief gehen?

Alles. Wir hatten die zermürbende Pekinger Bürokratie unterschätzt und was es bedeutet, staatlich kontrollierte Preise zu haben. Ziemlich unverblümt wurden wir belehrt, dass dies der falsche Weg sei, eine Kostenerfassung für die Touren zu machen, und erhielten einen scharfen Rüffel wegen unserer himmelschreienden Unwissenheit und Unfähigkeit, die Preise zu »erstellen«. Kein Preis konnte logisch kalkuliert werden, sondern musste gemäß den Dokumenten von Peking erstellt werden. Man überreichte uns triumphierend einen Satz dieser Dokumente, zusammen mit den großen, schmierigen Gummistempeln auf den wichtigsten Seiten, und zeigte uns, wie eine richtige Kostenerstellung gemacht wird. Mit abstrusen Kalkulationsmethoden hatten die Pekinger Behörden einen vorbestimmten Preis für die Posten errechnet, die ihrer Meinung nach unerlässlich bei einer Pauschalreise waren:

»Pauschalgebühr, Service-Gebühr, Bearbeitungsgebühr, Annahmegebühr, Organisationsgebühr, Visagebühr«, und mein Lieblingsposten, die »Unvorhergesehene-Umstände-Gebühr«.

Niemand wusste genau, wofür diese Gebühr sein sollte, sondern nur, dass wir sie erheben mussten. Es waren nur zehn Dollar, aber nachdem alle diese kleinen Gebühren zu den Kosten für Unterkunft und Transport hinzugerechnet wurden, mussten die Gäste bis zu 300 Dollar am Tag bezahlen.

Von Zeit zu Zeit kamen neue Vorschriften heraus, mit zusätzlichen Gebühren, die wir zu erheben hatten. Folglich mussten wir die Preise, die wir den Reisebüros im Westen bereits genannt und bestätigt hatten, ebenfalls anheben. So konnten wir nicht arbeiten – wenn wir einen Preis genannt hatten, hielten wir uns daran –, weshalb ich eine zusätzliche Marge bei den Tourenkosten einbaute, um alle Preiserhöhungen abzudecken. Ich nannte es »Comprehensive, Receiving And Promotion Fee« (Pauschal-, Annahme- und Marketinggebühr), eine Bezeichnung, deren Anfangsbuchstaben genau das besagten, was ich von diesen Vorschriften hielt: CRAP – Mist. Diese CRAP-Gebühr musste zur offiziellen Absegnung an die Regierung gehen, und die CRAP-Papiere wurden mir pflichtschuldig mit dem schmierigen roten Bewilligungsstempel der Regierung zurückgeschickt.

Sobald die westlichen Reisebüros wussten, dass wir die Touren selber organisierten, boomte das Geschäft. Alle Kräfte wurden in die Vorbereitungen für die Hochsaison gesteckt. Barba hatte Arbeiter aus Chengdu einfliegen lassen, um den Bau des Swimmingpools zu beschleunigen. Wir inspizierten die hauseigenen Restaurant-Einheiten, um festzustellen, ob Änderungen nötig waren. Die Kommunisten hatten bei der Planung in den Hotels dieselbe Logik walten lassen, nach der sie das Hotel in Lhasa »Lhasa Hotel« und das Hotel in Shigatse »Shigatse Hotel« genannt hatten. Daher hatte das Café den fantasievollen Namen »Coffee Shop« erhalten.

Nach langem Überlegen wurde der Coffee Shop in »Hard Yak Café« umgetauft. Es war eine schwierige Entscheidung, und »Yak-Donalds« war der zweite heiße Favorit. Dann hätte der »Giant Yak Burger« in »Big Yak« umgetauft werden können – aber das Hard Yak Café machte das Rennen. Der neue Name war auf Anhieb ein großer Erfolg bei den ersten Touristen, die eintrafen, und Barba bestellte T-Shirts mit der Aufschrift »Hard Yak Café – Lhasa«, ganz im Stil eines anderen Cafés mit einem ziemlich ähnlichen Namen. Diese T-Shirts gingen noch schneller weg als die Giant Yak Burger.

Der »*Picnic Corner*« musste auch etwas aufpoliert werden. Der Spam war ausgegangen und wir hatten nur noch ein paar aufgeweichte Müsliriegel, deren Verfallsdatum schon länger überschritten war. Wir entsorgten sie und bauten den Laden zu einer Taverne um, die wir »Tintin-Bar« nannten, nach der Comic-Figur von Hergé (»Tintin et Milou«, auf Deutsch »Tim und Struppi«) und seinem Buch »Tintin au Tibet« (»Tim in Tibet«). Unser Hotelkünstler malte einen unglaublich guten Tintin auf die rückwärtige Wand und die Bar wurde mit Seiten aus dem Buch dekoriert.

Leider lebte die Bar nicht lange. Im Gegensatz zu Monsieur Hergé, der alle seine Bücher schrieb, ohne sich je aus seinem Sessel in Belgien herauszubewegen, ist Madame Hergé sehr reiselustig. Ihre Reisen führten sie auch in das Holiday Inn Lhasa – wo sie zu ihrer nicht geringen Überraschung die Tintin-Bar vorfand. Die Hergé-Stiftung ist äußerst streng, was die Verwendung des Namens »Tintin« angeht, und duldet nicht, dass er mit Zigaretten oder Alkohol in Verbindung gebracht wird. Tz, tz, tz. Die Tintin-Bar wurde geschlossen.

Doch irgendwie tauchte der Vorrat an »Tintin in Tibet«-T-Shirts, die Barba in Auftrag gegeben hatte, wieder auf, und wir konnten den Laden in der Lobby nicht schnell genug damit füllen.

Die T-Shirts wurden unter sehr schwierigen Bedingungen von Kathmandu hereingeschleust. Zuerst gab es Probleme mit den Devisen – wir durften keinen einzigen Dollar, den wir damit verdient hatten, außerhalb Chinas ausgeben, so dass wir die T-Shirts gegen Hotelzimmer von Tourenvermittlern in Kathmandu eintauschen mussten. Es war alles sehr kompliziert, ganz zu schweigen von der körperlichen Seite, denn jeder T-Shirt-Karton musste von einem Träger über die Erdrutsche an der Grenze getragen und dann vier Tage durch den Staub gefahren werden.

Was die restlichen Vorräte anging, waren wir auf China angewiesen. Mr. Han wurde auf einen Einkaufstrip geschickt, um Lebensmittel und wichtiges Zubehör wie neue Woks für die Küchen aufzutreiben. Seine Berichte wurden jeden Tag in der Morgenversammlung vorgelesen.

Leider fiel diese Aufgabe Mr. Pong zu. Heather übersetzte, während wir alle in Deckung gingen: »Heute ist Mr. Han in Peking angekommen. Er hat sich wie versprochen nach Lebensmitteln umgesehen und frischen Fisch gefunden. Er wird Kostproben davon nach Lhasa schicken. Er hat auch Melonen aus Chengdu geschickt.«

Die Lieferungen aus Chengdu mussten eine noch beschwerlichere Reise überstehen als die T-Shirts, die aus Kathmandu kamen. Wir stellten einen Lastwagenkonvoi für die 20-tägige Hin- und Rückfahrt zusammen. Zehn Tage nach Chengdu und zehn Tage zurück. Einige der Lastwagen kamen nie zurück und mindestens ein Fahrer verlor sein Leben auf den unsicheren Straßen.

Manchmal wurden die Lastwagen unterwegs angehalten, die Waren konfisziert oder die Fahrer verhaftet. Wenn sie dann tatsächlich in Lhasa ankamen, mussten wir die Fracht oft wegwerfen. Der Chef ging hinaus, um Mr. Hans Melonen-Lastwagen zu inspizieren, als er in den Hof einfuhr. Aus der hinteren Ladefläche tropfte Wasser heraus, und als der Chef die Türen aufmachte, klatschte die ganze Bescherung auf den Beton herunter. Die Melonen waren unverpackt aufgeladen worden und hatten sich unterwegs in Melonenmatsch verwandelt.

Mr. Han hatte auch Lastwagen geschickt, die den Vorrat an Wasserflaschen für den Sommer transportierten. Das war ein ausgezeichneter Verkaufsartikel. In dem Begrüßungsgespräch, das wir mit jeder Gruppe führten, gaben Conny und ich die medizinische Empfehlung weiter, dass man mindestens drei Liter Wasser pro Tag als Vorbeugungsmaßnahme gegen die Höhenkrankheit trinken sollte. Wir selber tranken das Leitungswasser im Hotel, das völlig unbedenklich war, aber die meisten Gäste und vor allem die hyperempfindlichen Amerikaner wollten nur abgefülltes Mineralwasser. Das war ein gutes Geschäft für das Hotel, das völlig überteuerte Wasserflaschen in großen Mengen an jeden neuen Touristenschwung verkaufte.

Einer der Gründe für den hohen Preis lag darin, dass die Verluste beim Transport nach Lhasa abgedeckt werden mussten. Mr. Hans erster Mineralwasserkonvoi steckte eine Nacht auf einem Bergpass fest. Die Temperatur war unter Null gefallen und die Flaschen platzten eine nach der anderen, als das Wasser gefror.

Wir lernten aus dieser Erfahrung und gaben Instruktionen heraus, dass flüssige Lieferungen nur bei Tag über die Pässe gebracht werden durften. Diese Vorsichtsmaßnahme rettete trotzdem nicht alle Lieferungen. Jede dritte Dose indisches Tonic Water explodierte in großer Höhe. Coca-Cola-Dosen hielten länger, platzten jedoch Monate später im Lagerraum und hinterließen eine schwarze, zähflüssige Pfütze auf dem Boden.

Manchmal ließen wir auch Lieferungen mit der CAAC von Chengdu einfliegen, aber das war meist noch schlimmer. Es kam vor, dass Kisten mit frischen Lebensmitteln tagelang auf der Rollbahn von Chengdu stehen blieben, und wenn sie uns endlich geliefert wurden, war der Inhalt verdorben.

Aber wir gaben uns nicht geschlagen. Es war unser Job, dafür zu sorgen, dass das Hotel trotz aller widrigen Umstände so gut wie möglich geführt wurde. Unsere Probleme durften nicht auf dem Rücken der Gäste ausgetragen werden. Anlässlich eines VIP-Banketts gaben wir der CAAC eine letzte Chance. Mr. Han hatte einen »sehr guten« Tiefkühlkrabben-Lieferanten in Chengdu gefunden und beauftragte die CAAC, die gefrorene Lieferung unverzüglich nach Lhasa zu bringen.

Ausnahmsweise lief alles wie am Schnürchen und der Chef fuhr zum Flughafen, um die Eisblöcke selbst in Empfang zu nehmen.

Zurück im Hotel taute er sie in den Spülbecken auf. Als das Eis schmolz, verflogen auch unsere hoch gespannten Erwartungen. In jedem Eisblock befand sich nur eine einzige Garnele. Ein elendes, einsames Schaltier. Der »Krabbensalat« auf der Speisekarte wurde buchstäblich zu »einer Krabbe an Salat«. Die Kosten pro Krabbe beliefen sich auf 12 $ das Stück.

Mr. Han war ein hoffnungsloser Fall, aber das einheimische Management beharrte darauf, dass er ausgezeichnete Arbeit leistete. Das tägliche Nachrichten-Bulletin wurde zur Farce: »Mr. Han berichtet, dass es keine Woks in Peking gibt.«

»Keine Woks in Peking?«, schrie Barba. Diesmal konnte Partei B – also wir – Partei A die Daumenschrauben anlegen. Barba erteilte Mr. Liu, dem Buchhalter von Partei B, das Wort. Er sollte klarstellen, dass wir von der Unterschlagung wussten, die bei einer Yak-Lieferung vorgekommen war. Mr. Liu las die Kosten vor.

»Wir haben eine Rechnung für drei Yaks. Außerdem eine Rechnung von dem Fahrer des Viehwagens für den Transport von drei Yaks, aber unseren Aufzeichnungen nach sind nur zwei Yaks angekommen.«

Partei A fand sofort die Erklärung. Heather übersetzte. »Ja, es waren drei Yaks. Aber eines der Yaks sprang heraus, als der Fahrer über einen Pass fuhr, und er konnte es nicht wieder einfangen.«

»Was war das, ein Yak oder eine Brieftaube?«, fragte Bonetti.

Wir wussten, dass sie irgendetwas damit zu tun hatten, aber es ließ sich nur schwer nachweisen. Für die einheimischen Angestellten in verantwortlichen Positionen war es eine große Versuchung, die Bücher zu fälschen. Ihre Gehälter waren erbärmlich niedrig, und doch gingen riesige Geldsummen, das Vielfache der Jahresgehälter eines ganzen Lebens, jeden Tag durch ihre Hände. Aber die Strafen, die in China auf Unterschlagungen in großem Maßstab standen, waren mehr als drakonisch.

Tashi erzählte mir eines Morgens, dass eine junge Chinesin, die bei der Lhasa-Niederlassung der CAAC arbeitete, bei einer Unterschlagung ertappt worden sei. Wenn zum Beispiel eine Arbeitseinheit Flüge für 20 Angestellte nach Chengdu buchte, schrieb sie 20 Tickets aus, legte aber nur das Geld für zwei Tickets in die Kasse. Den Rest steckte sie in ihre Tasche. Vier ganze Jahre hatte sie auf diese Weise in die eigene Tasche gearbeitet, ohne erwischt zu werden. Die »Königin von Lhasa«, wie das Mädchen genannt wurde, war Stammgast in der Holiday-Inn-Disco, hatte ein Motorrad, warf mit Geld um sich und besaß eine Sammlung von Handtaschen, die es mit der Schuhkollektion von Imelda Marcos aufnehmen konnte. (Die Frau des philippinischen Diktators Ferdinand Marcos eröffnete mit ihrer Schuhsammlung ein Museum). Niemand hatte sich gefragt, wie diese kleine CAAC-Angestellte zu so viel Geld gekommen war oder warum das CAAC-Büro in Lhasa jedes Jahr so drastische Verluste machte.

Ich lachte, als Tashi mir die Geschichte erzählte. »Das ist doch ein Witz«, sagte ich. »Wie kann die CAAC so was zulassen?«

Tashi gab keine Antwort.

»Also hoffentlich verliert der Rechnungsprüfer bei der CAAC seinen Job«, fuhr ich fort. »Und was kriegt das Mädchen? Ein paar Jahre in Trapchi? Vier Jahre? Fünf?«

Niemand lachte. Sonst hatten alle so strahlende, lächelnde Gesichter und waren immer zum Scherzen aufgelegt, aber diesmal schauten sie mich mit kalten Augen an.

»Nein, Mr. Alec.«

Tashi ballte seine Faust, streckte zwei Finger wie eine Pistole vor und hielt sie sich an die Schläfe. Dann drückte er auf einen imaginären Abzug. Ich konnte es nicht glauben. Die illegalen Erwerbungen des armen Mädchens wurden in einem Museumsgebäude unter dem Potala-Palast ausgestellt. Die Leute standen vor dem Eingang

Schlange, um ihr Motorrad, ihre Handtaschen, ihre teuren Kleider zu begutachten. Das Mädchen wurde auf der Ladefläche eines Lastwagens in Lhasa herumgefahren und öffentlich zur Schau gestellt. Eine Woche später wurde sie hingerichtet. Ihre Familie erhielt die Rechnung für die Kugel.

Während Mr. Han sich in Peking auf gefährlich dünnem Eis bewegte, machten wir mit den Vorbereitungen in Lhasa weiter. Charlie schickte sein Rasenmäherteam auf das Hotelgelände hinaus. Sie hatten keinen Rasenmäher, nur ein paar Gartenscheren. Sechs Männer krochen auf Händen und Knien über den Rasen und schnitten das Gras ab. Sie brauchten so lange, dass sie am Ende sofort wieder von vorne hätten beginnen können. Bonetti machte acht Restaurant-Einheiten auf. Harry wandelte zwei der Wirtschaftsräume in eine Massage-Praxis um und wir richteten als Alternative zu der westlichen Medizin, die Dr. Grubby anbot, eine Ambulanz für tibetische Medizin ein.

Die Ambulanz wurde von einem Dr. Ga Ma Qun Pei geleitet, dem ehemaligen Leibarzt des Pantschen Lama. Auf den ersten Blick war das keine sehr gute Werbung, da der Pantschen Lama gerade gestorben oder vielmehr in seine nächste Inkarnation übergegangen war, aber Dr. Ga Ma war ein ausgezeichneter Arzt. Er dekorierte den Raum mit *thangkas* aus dem *Tibetan Medical Hospital* und brachte zahllose Päckchen mit kleinen braunen Pillen mit. Er kam jeden Abend mit seinem Dolmetscher ins Hotel und wartete geduldig in der Ambulanz, wo sie auf tibetischen Matratzen saßen und Tee tranken. Dr. Ga Ma hatte seine Ausbildung in der Medizinschule absolviert, die auf dem Chagpori stand, dem Hügel gegenüber dem Potala. Zum Glück hatte er seinen Abschluss 1950 gemacht, ein paar Jahre bevor die Schule von chinesischen Truppen in die Luft gesprengt wurde.

Dr. Ga war ein stiller Mensch, aber man sah ihm an, dass er viel zu sagen hatte, und er strahlte eine Aura von Weisheit aus. Er diagnostizierte seine Patienten, indem er ihren Puls fühlte. Erst zwei Minuten lang das linke, dann das rechte Handgelenk. Dann nickte er langsam und redete auf Tibetisch mit seinem Dolmetscher. Im Gegensatz zu dem stämmigen kleinen Dr. Ga Ma war der Übersetzer, ebenfalls ein sehr freundlicher Mensch, lang und dünn. Er war als Kind nach Indien in die Schule geschickt worden, bevor die Chinesen Tibet »friedlich befreit« hatten. Im »neuen Tibet« hatte er sein Englisch nicht praktizieren können, so dass es ziemlich eingerostet war. Eine ausführliche Diagnose, die Dr. Ga Ma auf Tibetisch stellte, wurde oft nur mit einem Lächeln und »Sie haben eine Erkältung« oder »Sie sind gesund« übersetzt.

Obwohl ich Dr. Ga Ma und seinen Übersetzer sehr gern hatte, war ich immer skeptisch gegenüber allem, was sich nicht streng wissenschaftlich erklären lässt. Dr. Ga Ma hatte zwar eine medizinische Ausbildung, die genauso lange dauerte wie ein Medizinstudium im Westen, und er war zweifellos ein außergewöhnlicher Mann, aber wie kann eine bloße Pulsdiagnose etwas über den Gesundheitszustand eines Menschen aussagen, außer dass er am Leben ist? Erst als ich ein französisches Paar zu seiner Ambulanz begleitete, änderte sich meine Einstellung. Die Franzosen konnten kein Englisch und ich übersetzte für sie. Dr. Ga Ma redete Tibetisch mit dem Übersetzer, der Übersetzer gab die Diagnose in Englisch an mich weiter und ich übersetzte sie für die Gäste ins Französische. Es war wie »Stille Post«, und ich war sehr skeptisch in Bezug auf die Ergebnisse.

Dr. Ga Ma fühlte der Französin den Puls. Er nickte und ließ ihr erst durch seinen Übersetzer, dann durch mich mitteilen, dass sie Probleme mit den Nieren hatte. Erstaunlicherweise stimmte es. Sie musste in Frankreich einmal in der Woche zur Behandlung.

Bei ihrem Mann war die Diagnose noch frappierender. Der Übersetzer überdachte die Worte des Arztes und sagte zu mir: »Dr. Ga Ma sagt, er hat ein Problem mit der Milz.« Ich musste »Milz« im französischen Wörterbuch nachschlagen. »Du liebe Güte, woher weiß er das?«, rief der Franzose. Wie sich herausstellte, war ihm nach einem Motorradunfall vor zwölf Jahren die Milz herausgenommen worden.

Nie wieder zweifelte ich an Dr. Ga Mas Worten. Er war so ehrlich und erfrischend naiv, was das Kommerzielle anging. Er hätte alle tibetische Medizin der Welt verkaufen können, aber wenn jemand Pillen von ihm verlangte, ließ er seinen Übersetzer sagen: »Nun ja, Dr. Ga Ma sagt, Sie können die Pillen kaufen, wenn Sie wollen, aber es ist vielleicht nicht nötig.«

Ich probierte einmal seine Pillen aus, als ich Magenschmerzen hatte. Es war eine Mischung aus Wildkräutern und Mineralien, aber sie schmeckten so bitter wie der Kaffee in Shanghai und sahen verdächtig nach Mäuseköttelt aus. Dr. Ga Ma hatte inzwischen alle Hände voll zu tun und musste seine Mäuseköttelproduktion erhöhen, als die Hochsaison nahte.

Eine der ersten Gruppen, die ins Hotel kamen, war eine Streitkraft der englischen Upperclass oder »Oberschichts-Clique«, wie es im kommunistischen »Chinglish« heißt. Lhasa war eine der Stationen auf ihrer »Jules-Verne-Rallye« von London nach Saigon. Wir verkauften mehr Champagner in den zwei Tagen, die sie hier verbrachten, als im ganzen restlichen Jahr zusammen. Die Engländer bezahlten jeder 20.000 Dollar für den Trip, da war eine Flasche Champagner für 120 Dollar eine Lappalie. Ihre Autos waren fast alle vom Typ Range Rover mit Allradantrieb, aber es war auch ein wunderschöner 1950er Mercedes darunter – zweifellos der erste und einzige Mercedes, der je in den Straßen von Lhasa gefahren ist.

Nach der Morgenversammlung traf ich den Besitzer des Daimlers im Hard Yak Café an, wo er Toast und Marmelade zu bestellen versuchte. Immer wenn er fragte, antwortete Zhang Li mit »Ja« und lächelte. Dann räumte sie weiter die Tische ab. Sie hatte keine Ahnung, wovon er redete. Das Frühstück bestand aus Yak-Jogurt, Doughnuts, Kuchen, Eiern, borstigem Schweinespeck und gebratenem Spam. Was um Himmels willen war »Marmelade«?

Ich rettete ihn aus dieser hoffnungslosen Situation und fragte dann, wie die Reise von London gewesen war.

»Das letzte anständige Hotel war bis jetzt in Moskau. Der Rest war einfach grässlich.«

Das Essen war offenbar auch »grässlich« gewesen.

»Zum Glück hatten wir einen Geschenkkorb von Fortnum & Mason im Auto hinten, und die letzten drei Tage haben wir von eingemachten Wachteln gelebt.« Er biss in seinen Toast mit Erdbeermarmelade, der inzwischen gekommen war. »Na, macht nichts«, fuhr er fort, »im Ritz kann man jederzeit essen. Aber so was wie hier erlebt man nicht alle Tage.«

Und damit hatte er zweifellos Recht: Lhasa ist ein Erlebnis, das viele Leute nie vergessen werden. Eine Gruppe japanischer Neuankömmlinge kam zitternd und kreideweiß in die Lobby. Harry schloss Wetten über eine Rekord-»Ausfallquote« ab, doch was ihnen zu schaffen machte, war nicht die Höhenkrankheit. Ihr Reiseführer erklärte mir, was passiert war. Als sie auf dem Weg vom Flughafen nach Lhasa die Brücke über den Tsangpo überquert hatten, tauchten plötzlich chinesische Truppen aus allen Richtungen auf. Soldaten in voller Kampfausrüstung mit vorgehaltener AK 47. An den Brückenköpfen kletterten Einsatzkommandos auf Strickleitern herauf und stürmten die Straße entlang. Die Japaner waren mitten in ein Angriffsmanöver der chinesischen Volksarmee geraten.

Niemand hatte uns wegen des Scheinangriffs auf die Brücke vorgewarnt, aber wir wurden von einem anderen Manöver in Kenntnis gesetzt, das die Touristen in Mitleidenschaft ziehen würde. Man sagte uns, dass die Überlandstraße für sieben Tage gesperrt sein würde. Das genaue Datum konnte man uns nicht nennen, da es geheim war. Die Touristen, die Tausende von Dollar für ihre Traumreise bezahlt hatten, mussten eben warten, bis die Straße wieder offen war. Wie lange das dauern würde, war allerdings auch ein Geheimnis. Wir drängten Partei A und die Besitzer des Hotels, das tibetische Tourismus-Büro, ihre *guanxi* – ihre Beziehungen – spielen zu lassen. Schließlich wurde ein Kompromiss geschlossen. Die Touristen durften auf der Überlandstraße fahren, aber nur nachts, und nur wenn sie versprachen, nicht aus dem Fenster zu sehen. Von wegen *top secret* – jeder wusste, dass Waffenlieferungen zwischen China und Nepal in Gang waren.

Gelegentlich profitierten wir sogar vom Militär und wir verdankten es der chinesischen Regierung, dass die Belegquote zum ersten Mal in diesem Jahr über 20 Prozent hochschnellte, als sie die Präsidenten-Suiten und einen ganzen Flügel des Hotels buchte. Leider war es der Flügel, in dem die ausländischen Mitarbeiter wohnten, und wir wurden alle für eine Woche ausquartiert. Der glückliche Anlass war der 40. Jahrestag der »friedlichen Befreiung« Tibets und der Unterzeichnung des 17-Punkte-Abkommens. Das war das Papier, das der alte Ngapoh Ape Renchen unterschrieben hatte und das die Kommunisten herumzeigen, um ihre Besitzansprüche auf Tibet zu begründen.

Ganz Lhasa wurde für die Feierlichkeiten gesäubert und herausgeputzt. An einem neuen Verkehrskreisel wurde eine zehn Meter hohe Statue von zwei goldenen Yaks aufgestellt und eine sechsspurige Paradestraße wurde vom Denkmal des »Unbekannten Straßenbauers« am Kyi Chu zum Hotel hinauf gebaut – weiß der Himmel, warum. Überall in der Stadt wurden Straßenlaternen aufgestellt und hässliche Einzäunungen um das offene Land beim Norbulingka gezogen. Auch andere wilde Teile von Lhasa fielen einer unnötigen Urbanisierung zum Opfer, als die Chinesen wieder einmal den Versuch machten, Tibet ins 20. Jahrhundert zu zerren – in sozialistischer Manier. Aus Peking strömten auf Englisch verfasste Propaganda-Schriften ins Hotel. Die Broschüren trugen Untertitel wie »Warum Tibet ein unverzichtbarer Teil von China ist«. Sie waren mit »unbestreitbaren Fakten« gespickt, unter anderem mit der Behauptung, dass der Dalai Lama 1959 nicht vor den bösen Kommunisten aus Lhasa geflohen, sondern von »tibetischen Oberschichtsseparatisten« gewaltsam entführt und ins Exil verbannt worden sei. Na bitte: Die ganze Welt dachte, der Dalai Lama wäre vor den Kommunisten auf der Flucht, dabei wird er in Wahrheit von den Separatisten gefangen gehalten. Das ist eine »unbestreitbare Tatsache«, veröffentlicht von der *New Star Press* in Peking, also muss es wahr sein. Diese Broschüren zu lesen schmerzt ebenso wie die antichinesischen Artikel, die von Tibetern im Exil publiziert werden. Wir fanden schließlich eine gute Verwendung für die Hefte – sie brennen nicht so gut wie Yakdung, aber der Geruch setzt sich nicht in den Kleidern fest.

Die Chinesen unternahmen auch einen ernsthaften Versuch, die Straßen von den unzähligen streunenden Hunden zu säubern, die sich in Lhasa herumtreiben. Zum großen Entsetzen der Tibeter, denn erstens sind alle Lebewesen heilig und zweitens gelten die Hunde um die Klöster herum als Reinkarnationen böser Mönche. Dem Bürgermeister von Lhasa fiel die beste Lösung für das Hundeproblem ein, wie mir Sue vom *Save the Children Fund* erzählte. Er schlug den Chinesen vor, alle Hunde einzufangen und Männlein und Weiblein in getrennte Zwinger zu stecken. Dort könnten sie bis zu ihrem Tod versorgt werden und dann würde es keine streunenden Hunde mehr auf den Straßen geben und alle wären glücklich und zufrieden.

Die Chinesen waren nicht so sentimental und gingen nach eigenem Gutdünken vor. Sie legten Gift auf den Straßen aus und im Morgengrauen patrouillierten Erschießungskommandos. Dorje rettete die Lieblingshündin aus der Hotelmeute, indem er sie zum Flughafen mitnahm. Sie war ein schöner, Lassie-ähnlicher Hund und wurde regelmäßig von den tibetischen und chinesischen Angestellten gefüttert. Wir hörten auch von vielen anderen Tibetern, die Hunde versteckten, und wochenlang aß niemand in chinesischen Restaurants.

Während die toten Hunde zum Hintereingang des Hotels hinausgekarrt wurden, schlenderten hohe chinesische Regierungsvertreter auf dem Gelände herum. Die Soldaten standen stramm, als Li Te Yin, der allmächtige Staatsrat aus Peking, in einer der Präsidenten-Suiten eincheckte. Wir hatten auch Zhang She Min während eines Staatsbesuchs beherbergt, als er aus dem »Mutterland« hierher gekommen war, um sich zu überzeugen, wie die tibetischen Genossen vorankamen.

Das Hotel wimmelte von chinesischen VIPs und schwer bewaffneten Soldaten. Ich wollte eine Gruppe von Deutschen in unser neu eröffnetes Himalaya-Restaurant führen, fand aber die Tür von zwei bewaffneten Wachen versperrt. Ich war wütend. Sie hatten das halbe Hotel in Beschlag genommen, aber sie konnten uns nicht einfach daran hindern, unsere westlichen Gäste zu bewirten. Ich ging zu Jig Me und sagte ihm, Partei A könne nicht zulassen, dass wir so herumgeschubst würden. Schließlich tauchte ein Regierungsvertreter auf und nach einer langen Diskussion in Chinesisch bellte er den beiden Soldaten einen Befehl zu. Die Soldaten rissen Mund und Augen auf, salutierten und stürzten mit ihren automatischen Waffen in der Hand den Flur hinunter. Jig Me kicherte, als er mir zuflüsterte, was passiert war. Die Soldaten hatten den Befehl erhalten, vor der roten Tür Wache zu stehen und niemanden hereinzulassen. Sie hatten die rote Tür zum Himalaya-Restaurant gesehen und davor Stellung bezogen. Aber das war die falsche rote Tür – sie hätten vor der Tür stehen sollen, hinter der Li Te Yin speiste.

Am 23. Mai klingelte den ganzen Tag das Telefon. Es waren westliche Journalisten, die auf Krawalle lauerten. Aber es gab keine. Die Feiern zum Jahrestag der »friedlichen Befreiung« verliefen ohne Zwischenfälle. Ein paar Journalisten hatten sich, als »Lehrer auf Urlaub« getarnt, nach Tibet eingeschleust. Sie löcherten uns mit Fragen. »Heute Morgen hat es Schüsse gegeben. Wie viele Tibeter wurden getötet?«

Diese Leute waren genauso schlimm wie die *New Star Press* von Peking und wollten uns einfach nicht in Ruhe lassen. Ein französischer Journalist von *Le Monde*, der jedem Tibeter, dem er begegnete, seine Visitenkarte gab, sprach mich eines Abends in der Lobby an.

»Isch bin von der Polizei aufge'alten worden. Isch muss morgen abreisen. Das ist alles Ihre Schuld. Sie sind ein kommunistischer Spion!«

Es war absurd: Ich musste mich als kommunistischer Spion beschimpfen lassen, während ich feststellte, dass die Chinesen meine Post zensierten. Ich erhielt einen Brief von zu Hause, der im Wasserdampf geöffnet und wieder zugeklebt worden war. Ich hätte es nie gemerkt, wenn die Zensoren nicht vergessen hätten, die mit Bleistift eingefügten Wörter auszuradieren. Über die Nachricht meines Vaters, dass die Bohnen in Jersey gut gediehen, war eine chinesische Übersetzung geschrieben. Nach der Hälfte des Briefes gaben sie auf, weil sie merkten, dass die Erwähnung diverser Gemüsesorten keine Bedrohung für die nationale Sicherheit der Volksrepublik China darstellte. Oder war es womöglich ein Geheimcode?

Wir atmeten auf, als die Chinesen und Journalisten auscheckten und wir wieder unsere Zimmer beziehen konnten. Barba war in guter Stimmung und lud alle weiblichen Gäste seiner »Zielgruppe« an seinen privaten Tisch zum Essen ein. Er zog eine Baronesse an Land, die sofort seinem unwiderstehlichen Charme verfiel.

Conny war auf einer Marketing-Reise. Der Küchenchef, Harry und Bonetti kamen mit einer Tüte Tsing-Tao-Bier in mein Zimmer. Wir hatten das Lasa-Bier abgehakt, nachdem wir einen Bericht von zwei durchreisenden amerikanischen Diplomaten von der Botschaft in Peking gehört hatten. Sie hatten die übliche »Fortschritts«-Besichtigungstour in Lhasa mitgemacht, darunter auch einen Besuch bei der Lasa-Bierfabrik. Sie wussten nicht, dass die Fabrik gerade von unseren rumänischen Genossen gebaut worden war, und dachten, dass sie aus den Fünfzigerjahren stammte. Nur ein geringer Teil des Maschinenparks funktionierte und die rumänische Flaschenspülmaschine war ständig kaputt. Daher saßen tibetische Frauen um große braune Pfützen herum und wuschen die Flaschen von Hand. Die tibetischen Hygienestandards lassen auch im besten Fall viel zu wünschen übrig, und wenn man 5000 Flaschen in einer Schlammpfütze spülen muss, ist es kein Wunder, dass jede Flasche Lasa-Bier ihren eigenen unverwechselbaren Geschmack hat.

Wir saßen also in meinem Zimmer, die leeren Tsin-Tao-Bierdosen in der Hand. Die hauseigenen Videos hatten wir schon x-mal gesehen. Ursprünglich hatte das Hotel 47 Video-Kassetten besessen, aber die Chinesen hatte alle bis auf vier konfisziert. Unter denen, die wir nie zurückerhielten, waren mehrere »*Fawlty Towers*«-Videos, eine urkomische Fernsehserie aus den Siebzigerjahren über ein legendär ungastliches Hotel. Wir hatten sie zur Schulung verwendet. »*Sound of Music*« wurde ebenfalls konfisziert, vermutlich weil es zu subversiv war. War der Anblick der Nonnen, die über die Bergpässe in die Freiheit tanzen, zu gefährlich?

Die restlichen vier Filme waren so oft herumgegangen, dass kaum noch etwas darauf zu erkennen war. *Tod auf dem Nil* sah aus, als sei in einem Schneesturm gedreht worden, und bei *Die 39 Stufen* fehlten inzwischen die letzten drei Minuten. Wir brauchten etwas Neues.

»Ich habe eine Idee«, rief Bonetti plötzlich. »Harry, du hast doch noch die Feuerkracher, die vom chinesischen Neujahrsfest übrig sind?«

»Klar«, sagte Harry. »Ich habe eine ganze Tüte in meinem Zimmer.«

»Okay, dann können wir Barba überraschen – er wird begeistert sein.«

»Nein, nein, nein«, protestierte der Chef. »Da mache ich nicht mit.«

Aber er ließ sich ziemlich schnell überreden und wir kletterten verschwörerisch aus einem Flurfenster im Erdgeschoss und bauten die Munition vor Barbas Fenster auf. Wir hängten Feuerkracher in die Bäume, stellten Goldregen unter seinem Fenstersims auf und zogen uns hinter die Linien zurück. Bonetti baute sich im Sternenlicht auf und gab uns den Countdown für die Zündung. Er brachte schweigend seinen Arm herunter – drei, zwei, eins. Harry steckte das blaue Zündpapier der Goldregenkegel unter dem Fenster an, Bonetti setzte die Feuerkracher in Brand und der Chef und ich präparierten die Chinaböller, die so dick wie Suppendosen waren. Als Bonetti und Harry fertig waren und der erste Goldregen seinen Funkenschauer himmelwärts schickte, zündeten wir die Böller und warfen sie vor das Fenster.

Gewaltige Donnerschläge hallten zwischen dem Hotel und den Betonwänden der Personalunterkünfte wider. Lichtblitze zuckten über den Nachthimmel. In den Bäumen knatterten die Feuerkracher. Wir robbten schnell in Deckung, kletterten wieder durch das Flurfenster hinein und verschwanden unentdeckt in unseren Zimmern.

Von Barba kam keine Reaktion beim Frühstück am nächsten Morgen und das Meeting verlief ohne Zwischenfälle. Erst ganz zum Schluss sagte Barba ruhig: »Bonetti, Alec, Harry, Sie bleiben hier.«

Wir wechselten betroffene Blicke und schauten dem Chef nach, der mit den anderen Ausländern und einheimischen Stellvertretern hinausging. Er hielt aufmunternd den Daumen in die Höhe, als er in der Tür stand, drehte sich um und rannte die Treppe hinunter.

»Ich will Ihnen eine Geschichte erzählen, wie ich als junger Offizier mit meinem General nach Taiwan ging«, begann Barba mit leiser, ruhiger Stimme.

»Wenn wir in ein Bordell kamen, konnten die Mädchen uns nicht auseinander halten – wir waren ungefähr gleich groß. Wir rissen unsere Witze darüber und am Ende tauschten wir die Uniformen und ich gab mich als General aus.«

Wir atmeten auf. Barba wollte nur eine seiner Super-Macho-Geschichten zum Besten geben.

»Als wir zu unserem Stützpunkt zurückkamen, erzählte ich alles meinen Kameraden, obwohl ich wusste, dass ich es nicht durfte. Der General bekam Wind davon und rief mich in sein Büro. Er sagte: ›Ich habe Sie immer für einen meiner besten Offiziere gehalten. Aber jetzt haben Sie mein Vertrauen enttäuscht. Für mich sind Sie der letzte Abschaum.‹«

Barba beugte sich leicht vor und fing an zu zittern. Er war wie eine überspannte Feder, die gleich zuschnappen würde. Ein Vesuv am Abend vor dem Untergang Pompejis. Er ließ ein paar Augenblicke vergehen und das Zittern nahm zu. Schließlich verlor er die Beherrschung und brüllte in voller Lautstärke los: »Und so geht es mir jetzt mit Ihnen, meine Herren! Ich war mitten in einer heißen Nummer! Sie sind alle gefeuert! Raus hier!«

Kapitel 12
ÜBERBUCHT

Die ersten Sommerregenschauer pladderten gegen die Fensterscheibe von Bonettis Büro. Er hantierte an dem kleinen Elektroofen und bereitete drei Tassen Espresso zu. Wir schauten zu, wie die Wassertropfen Linien durch den Winterstaub auf den Scheiben zogen. Nach Reden war uns nicht zumute – am frühen Morgen gefeuert zu werden ließ unsere Stimmung auf den Tiefpunkt sinken.

»Es hat ihm gefallen. Das weiß ich.« Bonetti hielt seine Hände hoch, die Handflächen nach oben, und zuckte mit den Schultern. »Ihr könnt mir vertrauen.« Wir vertrauten ihm nicht.

»Wegen deiner dämlichen Idee sind wir gefeuert worden, und jetzt sollen wir dir vertrauen!«, rief Harry empört.

Der Chef kam kichernd ins Büro herein. »Harry, wenn du wieder mal ein paar Feuerkracher übrig hast, kannst du Sie Bonetti in den Arsch stecken!«

Der Tag verging ruhig, ohne weitere Nachrichten von Barba. Wir machten unsere Arbeit weiter, die Belegquote war über 50 Prozent gestiegen, und wir konnten nicht einfach herumsitzen und auf ein offizielles Kündigungsschreiben warten.

Am nächsten Morgen rief Barba Bonetti an seinen Tisch herüber und lieferte ihm die kruden Details seiner Nacht mit der Baronesse. Dieser Teil blieb mir erspart, aber ich wurde herzitiert, um mir den Schluss anzuhören: »... und dann die Feuerkracher! Alec, das ist Ihre Strafe: Wir starten ein neues Programm für Frauen, die allein auf das Dach der Welt reisen wollen. Die unter 30-jährigen sind, sagen wir mal, Ihre Zielgruppe, um die werden Sie sich kümmern. Die reiferen, mein Marktsegment, übernehme ich. Sie dürfen die Damen in meine Suite geleiten, wo sie mit mir dinieren werden, und Bonetti soll uns im Frack bedienen. Harry sorgt für das Ständchen unterm Fenster und für das Feuerwerk.«

Das Programm »Frauen reisen allein auf das Dach der Welt« wurde ein großer Erfolg und Bonetti hatte Recht behalten. Unser Spezialprogramm fiel mit einer Lockerung der Vorschriften aus Peking zusammen. Jede Reisegruppe, die nach Tibet kam, musste zwar weiterhin von einem Führer begleitet werden und exorbitante Gebühren bezahlen, aber die Mindestzahl von Teilnehmern wurde auf eine Person reduziert.

Die Belegquote schnellte in die Höhe, als die Vorschriften gelockert wurden und die Sommersaison begann. Wir hatten alle händeringend darauf gewartet. Harry las uns die Zahlen in der Morgenversammlung vor. »Letzte Nacht 60 Prozent. Heute 68 Prozent. Morgen 73 Prozent.«

Die ganze Marketing-Arbeit und die Vorbereitungen zahlten sich jetzt aus. Die einheimischen Reisebüros reichten weiterhin ihre Reservierungen bei Harry ein. Obwohl die Gäste ihre Reise nach Tibet vielleicht schon ein Jahr im Voraus gebucht hatten und das Reisebüro im Westen die Buchung vor Monaten an das einheimische Reisebüro weitergeleitet hatte, tauchten die Lhasaer Reiseleiter mit ihren Reservierungen unweigerlich einen Tag vor der Ankunft der Gruppe bei uns auf. Manchmal traf die Gruppe sogar vor der Reservierung ein. Die Planung wurde dadurch sehr schwierig und Mitte August passierte das Unvermeidliche.

Harry zählte die Reservierungen, die im Lauf des Tages hereingekommen waren. »Wow, heute Abend haben wir 90 Prozent«, erzählte er mir am Nachmittag.

Um sieben Uhr saß er immer noch in seinem Büro. Ich schaute auf dem Weg zum Hard Yak Café bei ihm herein. Er hatte einen hochroten Kopf und sein sonst so heiteres Gesicht wies tiefe Furchen auf. Er starrte auf den Laptop, in den er die Zahlen eingab. »Ich hab's immer wieder nachgeprüft. Irgendwas stimmt nicht mit dem Programm«, sagte er. Er hob einen Stapel Papiere mit chinesischen Schriftzeichen, roten Stempeln und Gruppennummern auf und schwenkte ihn vor meiner Nase herum. »Die muss ich alle noch eingeben, und ich bin jetzt schon bei 100 Prozent!«

Ich zählte mit ihm die Papiere durch. 108 Prozent. 110 Prozent.

»Ich hab alles nachgeprüft«, stotterte er.

Wir zählten die letzten Papiere durch. Er starrte auf die Kalkulationstabelle auf seinem PC und flüsterte fassungslos: »Am Donnerstag haben wir 120 Prozent!«

Ein SOS-Meeting wurde einberufen und das Hotel musste Extraschichten fahren. Alle Urlaube wurden gestrichen. Mr. Han wurde zu einer Einkaufstour auf den hiesigen Märkten geschickt. Der Chef fuhr die Küche auf volle Power hoch und befehligte sie wie ein Generalfeldmarschall. Es gab keine leeren Flure, keine leeren Plätze in den Restaurants – wir mussten jetzt über 3000 Gedecke am Tag bewältigen. Derek arbeitete mit seinen Monteuren die ganze Nacht durch, um jedes verfügbare Maschinenteil in Ordnung zu bringen. Es durfte keine Pannen geben, keine unbrauchbaren Zimmer. Partei A stellte zusätzliches Personal ein, so dass die Zahl auf 800 Angestellte stieg. In den Konferenzräumen wurden Feldbetten aufgestellt. Die Präsidenten-Suiten wurden ausgeräumt und bezugsfertig gemacht. Die Massage-Räume wurden wieder in Schlafzimmer umgewandelt. Dr. Ga Ma wurde nach Hause geschickt und Laken und Bettdecke über seine Couch gebreitet. Obwohl der Geruch der Mäuseköttelmedizin noch immer in der Luft hing, konnten wir das Zimmer zum vollen Preis als »einzigartiges Tibeterlebnis« anbieten.

Und trotzdem reichte es nicht aus. Die einheimischen Reisebüros überhäuften uns weiter mit Reservierungen. Wir hätten sie ablehnen können, aber das hätte ernsthafte Folgen für den Tourismus in Tibet gehabt. Die Tourenvermittler hätten uns aus ihren Prospekten genommen, die frustrierten Gäste ihre Reisebüros verklagt und ihren Freunden von dem tibetischen Alptraum erzählt. In unserer Verzweiflung überredeten wir das tibetische Tourismus-Büro, uns das Reigerungsgästehaus zu überlassen, das 100 Meter weiter unten an der Straße lag. Das ganze Gebäude wurde in Beschlag genommen und Derek verbrachte einen Tag damit, die defekten Wasser- und Stromleitungen, Armaturen und anderes Zubehör zu reparieren. Unsere Housekeeping-Abteilung bemühte sich vergeblich, die zertretenen Eierschalen aus den Teppichen herauszubürsten und die braunen Flecken von den Badezimmerfliesen zu kratzen. In den Konferenzräumen gingen uns die Feldbetten aus und daher brachten wir die Führer und Fahrer der Gruppen im Gästehaus unter. Jeder Tag war ein Kampf – und das Hauptschlachtfeld war die Lobby des Holiday Inn.

Dort beschwerten sich Tourenführer, die nicht getrennt von ihrer Gruppe untergebracht werden wollten. Gäste, die Hunderte von Dollars für ein Einzelzimmer bezahlt hatten, weigerten sich, ein Zimmer mit einem anderen Gast zu teilen. Andere, die ein Jahr im Voraus bei ihrem Reisebüro gebucht hatten, wollten uns nicht glauben, dass wir nichts von ihnen gewusst hatten, ehe sie zur Tür hereinmarschiert waren. Es wurde immer riskanter, durch die Lobby zu gehen. Ein Anzug wirkte wie ein rotes Tuch – inzwischen kam man kaum noch durch, ohne von erbosten Gästen mit Fragen bombardiert zu werden. Barba ging ihnen aus dem Weg, indem er durch die Fenster auf der Rückseite des Hotels stieg. Der Chef wurde aus irgendeinem Grund nie von wütenden Gästen angesprochen, stattdessen zog er die dummen an. Wenn sie ihn in seiner blaukarierten Hose, seiner weißen Kochjacke und Kochmütze sahen, fragten sie unweigerlich: »Arbeiten Sie hier?«

»Nein, ich bin bei einer internationalen Küchenchef-Konferenz«, antwortete er dann und die Gäste belästigten ihn nie wieder.

Ich hatte eindeutig masochistische Züge und ging wie immer durch die Lobby zum Hard Yak Café und in mein Zimmer. Prompt reichte mir ein Gast einen zerfetzten Lappen, der einmal eine völlig intakte Socke gewesen war, ehe er ihn in die Wäscherei gegeben hatte.

»Dann ist die andere Socke also noch in Ordnung?«, fragte ich ihn. »Und da erwarten Sie eine volle Entschädigung?«

Der *Bank of China* gingen die kleinen Scheine aus, so dass wir kein Wechselgeld für unsere Gäste hatten. Die Post hatte keine Briefmarken mehr und verkaufte stattdessen Sammlermarken-Sets. Das waren sehr schöne Briefmarken, aber von so geringem Wert, dass man 18 Marken à 5 x 4 Zentimeter auf eine Ansichtskarte kleben musste und dann keinen Platz mehr für die Adresse, geschweige denn für eine Nachricht hatte.

Mitten in diesem Chaos erhielt ich einen Anruf aus Shigatse. Es gab keine Direktverbindung und der Anruf war über die Pekinger Telefonzentrale vermittelt worden. Eine englische Reiseleiterin war am Apparat und das Knistern in der Leitung war so stark, dass ich kaum ihre aufgeregte Stimme verstehen konnte.

»Spreche ich mit Mr. Alec? Man hat mir gesagt, dass ich Sie anrufen soll. Eine Frau aus unserer Gruppe ist gestorben. Ganz friedlich. Im Schlaf. Herzanfall. Es gibt hier kein Telex. Kein Fax. Kein Telefon in die Außenwelt. Die Gruppe ist nach Kathmandu weitergefahren, aber keiner von den Fahrern will die Tote anrühren. Können Sie eine Nachricht an meine Reiseagentur in England weiterleiten?«

Ich ließ mich mit London verbinden und gab die traurige Nachricht weiter. Da Lhasa die einzige Kommunikationsmöglichkeit war, musste ich zwischen der Tourenführerin, die in Shigatse feststeckte, der britischen Botschaft in Peking und der Reiseagentur und Versicherunggesellschaft in London vermitteln.

Ich überbrachte Barba die Nachricht.

»Einer unserer Gäste, eine Frau, ist gestorben.«

»Oh, nein. Wo?«

»In Shigatse.«

»Na Gott sei Dank! Es gibt nichts Schlimmeres in einem Hotel als eine Leiche, Alec.«

Die Versicherungsgesellschaft rief an, um mitzuteilen, dass die Verwandten eine Einäscherung wünschten und dass sie nach Tibet kommen würden, um daran teilzunehmen. Ich fragte Tashi nach der Nummer des Hotels in Shigatse, damit ich den Anruf bei unserer Hotelzentrale durchgeben konnte. Die Hoteltelefonistin würde dann die Telefonzentrale in Peking anrufen, und diese wiederum den Anruf nach Shigatse weiterleiten.

»Ich weiß die Telefonnummer des Shigatse Hotels nicht, Mr. Alec.«

»Dann rufen Sie die Telefonistin an und sagen ihr, dass Sie die Nummer nachschlagen soll.«

Er nahm den Hörer ab, wählte 2222, unsere Zentrale, und fragte die Telefonistin, die es auch nicht wusste. Einer von unseren Leuten kam auf eine brillante Idee: »Rufen Sie doch einfach das Shigatse Hotel an und fragen Sie dort nach ihrer Nummer!«

Es war eine Quälerei, aber schließlich hatten wir die Nummer herausgefunden und gaben den Anruf durch. Die Verbindung war schlecht und ich musste brüllen: »Die Verwandten kommen nach Tibet, um die Tote zu sehen. Sie wollen eine Einäscherung.«

Einen Augenblick herrschte Schweigen am anderen Ende der Leitung. Dann drang eine schwache Stimme an mein Ohr: »Hören Sie, wir haben keinen Kühlschrank hier. Man riecht die Leiche schon in der Lobby. Für Familienbesuche bleibt keine Zeit.«

Ich ließ mich wieder mit der Versicherungsgesellschaft verbinden. Der Anruf kam, als ich gerade durch die Lobby ging. Ich wimmelte einen Gast ab, der sich beschwerte, dass das Toilettenpapier zu hart sei. Er wollte sein Geld zurück und drohte, dass er an die Hauptverwaltung des Holiday Inn schreiben würde.

»Wenn Sie mich jetzt bitte entschuldigen wollen – ich werde mich später um ihr hartes Toilettenpapier kümmern«, sagte ich höflich zu ihm.

Die Rezeptionistin reichte mir den Hörer über die Theke. Es war wieder eine schlechte Verbindung und ich musste brüllen: »Man riecht die Leiche schon in der Lobby. Wir raten Ihnen dringend zu einer sofortigen Einäscherung!«

Ich blickte mich um. Die Menge in der Lobby war verstummt. Der Mann mit dem harten Toilettenpapier machte auf dem Absatz kehrt und rannte den Flur hinunter. »Nicht hier. Nicht hier«, rief ich den entsetzten Gästen zu. »Aber wenn Sie heute Abend nach Shigatse fahren, dann fragen Sie nicht nach Zimmer 238!«

»Nein«, sagte die Stimme am anderen Ende der Leitung. »Die Familie besteht darauf, dass der Sohn der Verstorbenen nach Tibet kommt und an der Beisetzung teilnimmt.«

Das zuständige einheimische Reisebüro konnte einen Lkw-Fahrer auftreiben, der bereit war, die Tote nach Lhasa zurückzubringen. Mehrere Zigarettenstangen und die Aussicht auf etliche Flaschen Johnnie Walker Black Label waren der Preis dafür gewesen. Die Reiseleiterin hangelte sich auf den Beifahrersitz des Lastwagens und der Fahrer raste durch die Nacht nach Lhasa.

Sie kamen frühmorgens an und fuhren schnurstracks zum Krankenhaus. Die Ärzte wollten die Leiche nicht nehmen – wozu auch? –, und in seiner Verzweiflung kam der Fahrer ins Hotel und fragte, ob er die Leiche in unserem begehbaren Kühlschrank deponieren könne.

Der Küchenchef hätte einen Herzschlag bekommen, wenn er hineingegangen wäre, um das Frühstücksfleisch zu holen, und Mrs. Simkins auf dem Boden gefunden hätte. Wir lehnten das Ansinnen ab. Wir hatten genug Ärger mit den lebenden Gästen.

Es gibt keine Leichenhallen in Tibet, da Tote nicht aufgebahrt werden wie im Westen. Bei der tibetischen Sitte des Luftbegräbnisses, wo die Leiche im Morgengrauen hinausgebracht und den Geiern vorgeworfen wird, ist eine Leichenhalle reine Zeitverschwendung. Nach langem Hin und Her gab das Krankenhaus schließlich zu, dass ein Kühlraum vorhanden wäre, aber sie wollten die Leiche nur ein paar Tage behalten. Es gab keine lange Verzögerung, da die Chinesen den üblichen Papierkrieg außer Acht gelassen und dem Sohn, der bereits unterwegs war, eine sofortige Einreiseerlaubnis erteilt hatten. Er sollte am nächsten Morgen eintreffen und das einheimische Reisebüro hatte die Verbrennung für denselben Tag anberaumt.

Die Reiseleiterin und ich brauchten einen starken Drink. Es war ein schreckliches Erlebnis für sie gewesen – zuerst in Shigatse mit einer Leiche festzusitzen und dann die zehnstündige Nachtfahrt in einem tibetischen Lastwagen, in dem hinten Mrs. Simkins' Leiche herumschaukelte. Aber das Schlimmste stand uns noch bevor. Was stellten sich die Verwandten unter einer Verbrennung vor? Ein paar nette Worte von einem Pfarrer in einer kleinen Dorfkirche? Orgelmusik, ein Sarg auf dem Förderband und lautlos zurückgleitende Samtvorhänge?

Schließlich kam der Sohn, der ziemlich erschlagen von der Aufregung und der ungewohnten Höhe war. Die Reiseleiterin und ich begleiteten ihn im Landcruiser des Hotels und wir fuhren an der Spitze eines langen Autokonvois in die Hügel in der Nähe des Drepung-Klosters hinauf. Nach einer kleinen Pause am Straßenrand überholte uns ein Lastwagen.

Die Reiseleiterin redete plötzlich hektisch auf den Sohn ein. »Sehen Sie hier, ein Baum!«, sagte sie und zeigte aus dem Fenster. »Was für ein herrliches Wetter heute. Hier, sehen Sie. Eine Wolke am Himmel dort drüben.« Mir war klar, dass wir ihn mit höflichen Gesprächen von seinem Kummer ablenken mussten, aber das hier war einfach zu dämlich. Dann sah ich, was sie gesehen hatte – der Lastwagen vor uns war mit einem locker geschichteten Stapel Feuerholz beladen und oben auf dem Holzstoß hüpfte ein makabres weißes Bündel jedesmal herum, wenn der Lastwagen über ein Schlagloch holperte. Mrs. Simkins!

»Hier, sehen Sie«, sagte ich zu dem Sohn. »Dort drüben ist ein Yak, und wenn sie nach hinten schauen, sehen Sie noch ein paar Bäume.«

Wir bogen von der Hauptstraße ab und fuhren auf einer schmalen, staubigen Erdstraße in die Vorberge im Osten von Drepung hinauf. Der Weg wurde zusehends steiler und auf der stärksten Steigung, neben einem senkrechten Absturz in einen Steinbruch, soff der Motor ab und der Lastwagen kam stotternd zum Halten. Der Holzstoß für den Scheiterhaufen und Mrs. Simkins schossen nach hinten und die Leiche balancierte auf der Ladeklappe des Lastwagens über unserer Windschutzscheibe. Zum Glück sprang der Motor wieder an und die Leiche kippte auf die Ladefläche zurück. Wir fuhren noch ein paar Meter weiter, bis wir am Fuß eines kleinen Hügels ankamen, der Verbrennungsstätte.

Während die Vorbereitungen getroffen wurden, warteten wir beim Wagen. Eine Menge Leute schwirrten herum, viele in Uniform, darunter auch ein Chinese, anscheinend der offizielle Fotograf dieses Ereignisses, der uns allen mit seiner Kamera auf den Leib rückte. Als alles fertig war, wurden wir gerufen und der Sohn konnte seiner Mutter die letzte Ehre erweisen. Die Reiseleiterin hatte im Gewächshaus des Hotels einen Blumenstrauß geschnitten. Ein Mönch saß mit gekreuzten Beinen neben dem Holzstoß und las laut Gebete aus dem Totenbuch der Tibeter vor.

Dann tauchte ein sehr fröhlicher Tibeter in einem Overall auf, der mit braunen Flecken übersät war. Der chinesische Reiseleiter machte uns ein Zeichen, dass wir zum Auto zurückgehen sollten.

»Nein, nein. Sie verstehen das nicht«, sagte der Sohn. »Ich bin extra den ganzen Weg hierher gekommen, um diesen Moment zu erleben.«

Der Chinese wurde nervös. »Sie müssen jetzt wirklich gehen. Bitte!« Er schaute mich an. »Bitte gehen Sie jetzt.«

Endlich fiel bei mir der Groschen. In Tibet gibt es natürlich keine Einäscherungen, wie wir sie im Westen kennen! Ich schlug vor, dass wir zum Auto hinuntergehen und erst zurückkehren sollten, wenn das Feuer in Gang war. Widerstrebend willigte der Sohn ein. Als wir mit ihm den Hang hinuntereilten, hörte man ein metallisches Klirren – der Tibeter wetzte seine Messer. Ich schaute zurück und sah das Sonnenlicht in der scharfen Klinge seines Begräbnisdolchs blitzen. »Nur ein paar Vorbereitungen, die noch getroffen werden müssen, bevor sie anfangen können«, sagte ich leise.

»Hier, sehen Sie, die Bäume dort drüben«, rief die Reiseleiterin, die ins Tal hinunterzeigte und ihr hirnloses Geplapper von vorher wieder aufnahm. Endlich hörten wir das Knistern des Feuers und von dem Hügel über uns stieg Rauch auf. Wir kletterten wieder zur Verbrennungsstätte hinauf. Ein chinesischer Polizist pinkelte vom Hang oben auf den Weg herunter und wir mussten warten, bis er fertig war, ehe wir vorbeigehen konnten. Das Beerdigungsteam war zufrieden, dass alles so gut lief, und hatte schon mit der Bierrunde angefangen.

Der Scheiterhaufen erhob sich vor einer spektakulären Kulisse – mit Blick auf die umliegenden Berge, die Stadt Lhasa tief unten und den Potala-Palast, der auf dem Talgrund eingebettet lag. Es wird uns allen eines Tages so ergehen, und als die Flammen gen Himmel loderten, sagte ich mir, dass es kein besseres Ende geben könne als das hier. Friedlich im Schlaf sterben und dann in Rauch aufgehen, mit dem Potala-Palast als Hintergrund und einem tibetischen Mönch, der die Seele auf ihrer Reise mit seinen Gebeten begleitet. Es war für uns alle ein bewegendes Erlebnis.

Dann trat der Tibeter in dem befleckten Overall mit einem Eimer ans Feuer und riss uns aus unseren tiefen Gedanken. Er schleuderte den Inhalt in die Flammen und ein riesiger Feuerball loderte zum Himmel auf. Der Sohn und ich gingen in Deckung, aber der Mönch, der im Schneidersitz neben dem Feuer saß, konnte nicht schnell genug aufspringen und versengte sich die Augenbrauen. Der Tibeter kam mit seinem leeren Petroleumeimer zu uns herüber und grinste über das ganze Gesicht. Sein Goldzahn blitzte im Sonnenlicht und er reckte triumphierend den Daumen nach oben.

Wir tranken zusammen eine schmierige Flasche Lasa-Bier und kehrten benommen ins Hotel zurück. Es war ein anstrengender Tag für uns alle gewesen, und ich war nicht in der Stimmung, die in der Lobby herumbrüllenden Gäste zu beschwichtigen. Sie waren zwei Tage hintereinander am Flughafen gewesen und wieder ins Hotel zurückgekehrt, weil sie keine Bordkarten für das Flugzeug bekommen hatten. Einige von ihnen waren im CAAC-Büro geblieben und hatten ein Sit-in inszeniert – die erste Demonstration von Ausländern in Tibet. Unsere Holiday-Inn-Reisegruppen waren auch der Überbuchung zum Opfer gefallen und wir setzten alle Hebel in Bewegung, um ihnen mit Hilfe von Zigarettenstangen und Einladungen zum Abendessen doch noch Plätze im Flugzeug zu verschaffen. Die CAAC war in einer misslichen Lage. Ihre Maschine nach Kathmandu hatte 123 Plätze und sie hatten 420 Tickets verkauft.

Am Abend rief mich Mrs. Simkins' Sohn an. Er hatte eine Blechdose mit der Asche seiner Mutter erhalten, die er nach England mitnehmen durfte. Das Problem war nur, dass die Asche ratterte. Und natürlich war es keine angenehme Vorstellung für ihn, auf dem Rückflug seine Mutter unter dem Sitz rattern zu hören. Ein paar Zweige und ein Eimer Petroleum reichen wohl doch nicht an die enorme Hitze eines westlichen Krematoriums heran.

»Haben Sie ein Tuch zum Einhüllen?«, fragte er. »Und ein Stück Schnur?« Ich versprach ihm, etwas Geeignetes aufzutreiben. Charlie öffnete mir nach einigem Zureden sein Lager und ich fand eine alte Badematte und ein Stück Telefonschnur. Das musste genügen.

Ich ging zu Zimmer 3101 und überreichte dem Sohn die Sachen. Er bedankte sich und sagte: »Nur noch eine Bitte. Könnten Sie das vielleicht für mich machen?«

Er hatte Recht. Für mich waren es nur ein paar Knochen, aber ich konnte seine Gefühle verstehen.

»Ja, natürlich.«

Der Sohn verschanzte sich im Badezimmer. Ich breitete die Badematte auf dem Gepäckständer im Zimmer aus, klappte die Metallkiste auf und kippte die Knochen heraus. Ich hatte ein kleines Aschehäufchen und ein paar größere Brocken erwartet, aber nein, die Kiste war randvoll gewesen. Überall lagen Knochensplitter und -teile herum, kullerten vom Gepäckständer auf den Teppich hinunter und über den Boden.

»Einen Augenblick bitte!«, rief ich ins Badezimmer hinüber, während ich hastig die Knochensplitter aufsammelte und in die zusammengerollte Matte stopfte. »Nur noch einen Moment! Bin fast fertig!«

Ich atmete auf, als ich endlich alles eingesammelt hatte, und ließ ihn wieder herauskommen. Als ich mich dann zum Gehen wandte, entdeckte ich noch ein Knochenstück – direkt vor seinem Bett, genau an der Stelle, wo er mit seinen bloßen Füßen hintreten würde, wenn er sich schlafen legte. Ich stürzte mich in das gleiche hirnlose

Geplapper wie die Reiseleiterin vorher. »Herrliches Wetter war das heute, nicht wahr? Hier, sehen Sie mal, das Bild dort drüben!«

Als er sich umdrehte, bückte ich mich schnell, hob das Knochenstück auf und steckte es in die Tasche. Nachdem ich ihm Lebewohl gesagt und eine gute Heimreise gewünscht hatte, leerte ich meine Hosentasche auf das Rosenbeet des Holiday Inn Lhasa. Ich hoffe, Mrs. Simkins hat nichts dagegen, wo auch immer sie sein mag, im Himmel, im Nirwana oder in einer neuen Inkarnation.

Seit diesem Tag war ich »Alec, der Leichenbestatter« bei den anderen ausländischen Mitarbeitern. Zum Glück war es der einzige Fall, mit dem ich mich befassen musste. Es gab nur noch einen weiteren Todesfall in diesem Jahr, der sich in dem Niemandsland zwischen der chinesischen und der nepalesischen Grenze in Zhangmu ereignete. Ein Franzose war in der Wand gestorben. Die anderen in seiner Gruppe dachten, dass er sich lediglich nicht wohl fühle, und trugen ihn in einem dreistündigen Marsch zur chinesischen Zollstation. Die Chinesen erklärten, dass er tot sei, und lehnten es ab, ihn aufzunehmen. Die Gruppe musste ihn wieder zur nepalesischen Zollstation hinuntertragen, die die Leiche auch nicht nehmen wollte. »Er war eindeutig noch am Leben, als er hier weggegangen ist. Die Chinesen müssen sich darum kümmern.«

Ich habe nie das Ende der Geschichte erfahren – vielleicht ist er immer noch dort.

An dem einzigen Todesfall, den es im Hotel fast gegeben hätte, waren weder natürliche Ursachen noch die Höhenkrankheit schuld, sondern eine unselige »Karaoke-Nacht«.

Aus Hongkong kam eine Filmcrew nach Lhasa, um einen Karatefilm in Tibet zu drehen. Obwohl die Reservierung von 30 Zimmern für zwei Monate sehr verlockend war, hatten wir kalkuliert, dass wir die Räume für besser zahlende Touristen brauchen würden, was auch tatsächlich der Fall war. Die Filmcrew wohnte also im Tibet Hotel nebenan. Jede Nacht kamen sie ins Holiday Inn, um in den Bars, der Disco und vor allem der Karaoke-Bar zu trinken, die ganz oben auf der Hitliste stand.

Karaoke-Bars sind ungeheuer beliebt in Asien. Es sind Bars, in denen man die Unterhaltung selber bestreitet. Man wählt einen Song aus der Musikbox aus, aber es wird nur die Musik gespielt, den Text muss man selber singen. Man bekommt ein Mikrofon und der Text erscheint auf einem riesigen Video-Bildschirm. Ein kleiner Punkt wird unter den Wörtern entlanggeführt, der einem zeigt, bei welcher Silbe man sein sollte. Für jedes Lied, das man vorträgt, muss man bezahlen. Die Karaoke-Bar im Holiday Inn Lhasa hatte ein ziemlich umständliches System. Man musste die Songs, die man ausgewählt hatte, der Kellnerin geben und warten, bis sie zurückkam und den Titel ausrief, der an der Reihe war.

In der besagten Karaoke-Nacht an einem Samstagabend war die Bar brechend voll. Die Karate-Filmcrew feierte ihren letzten Abend in Tibet und sie ließen es ordentlich krachen. Leider gab der Chef am selben Abend für seine Köche einen aus, die die ganze Zeit für 3000 Gedecke pro Tag kochen mussten, ohne einen einzigen Tag Urlaub nehmen zu können.

Der Karaoke-Saal war voll – viel zu voll. Bullige chinesische und tibetische Küchenchefs quetschten sich in die Sofas, während die Kung-Fu-Stars sich auf den Stühlen und halb übereinander an den runden Tisch flätzten. Die Wartezeit für die Songs wurde immer länger. Eine Kellnerin rief den Namen eines beliebten chinesischen Liedes aus und einer unserer Küchenchefs sprang auf und nahm das Mikrofon. Die Filmcrew hatte dasselbe Lied bestellt und einer der Karate-Stars sprang auf die Bühne und wollte dem Koch das Mikro aus der Hand reißen. Das war der Funke, der das Pulverfass entzündete. Stühle und Sofas flogen über die Theke und die Karate-

Szenen aus dem Film wurden jetzt im wirklichen Leben nachgespielt.

Die Kellnerin rannte in Deckung. Die Sicherheitsleute holten Verstärkung und die tibetischen und chinesischen Küchenchefs lieferten den Kung-Fu-Filmstars eine erbitterte Schlacht auf dem Hotelgelände. Sie kämpften sich bis zur äußeren Umzäunung vor, bei nur zwölf Verwundeten. Sieben blieben zur Behandlung im Krankenhaus und die meisten Köche erschienen am nächsten Tag nicht zur Arbeit. Der Chef musste 3000 Essen auf den Tisch bringen und fand sich in einer leeren Küche wieder.

Aber nicht nur das Personal fehlte. Auch unsere Vorräte gingen dramatisch zur Neige. Mit dem Ziel einer besseren Selbstversorgung hatte der vorige Direktor einen Bauernhof gepachtet, der aber vernachlässigt worden und nach der Sache mit dem Kaninchenragout schließlich ganz aufgegeben worden war: Das Menü war vorbereitet, auf dem Buffet standen die Schüsseln bereit, die Töpfe brodelten in der Küche – aber der Bauer war Buddhist und hatte einen Tag vorher alle Kaninchen freigelassen.

»Keine Kaninchen«, sagte Tu Dian lachend.

Der Chef fand es nicht so witzig. Die Zimmer überbucht und weder Köche noch Vorräte – und es strömten immer noch mehr Touristen herein. Unsere eigenen Gruppentouren gingen trotz der obligatorischen Gebühr für »Unvorhergesehenes« und der neuen »CRAP«-Gebühren immer noch weg wie heiße Yakdungfladen. Den besten Erfolg hatten wir mit den kleinen, individuellen Gruppen erzielt und wir planten eine ganz besondere Tour für das Shoton-Fest im August.

Die meisten Veranstaltungen für das Shoton-Fest finden auf dem Gelände des Norbulingka – des Sommerpalasts des Dalai Lama – neben dem Hotel statt. Die Tibeter drängen sich dort in Scharen zusammen, um die Aufführungen der tibetischen Oper zu sehen. Das Publikum liebt diese Oper, besonders die komischen Nummern, aber ein Ausländer, der nicht fließend Tibetisch spricht, schafft es kaum, länger als zehn Minuten durchzuhalten. Die Musik besteht aus abwechselnd langsamen und schnellen Zimbel- und Trommelschlägen und wird von einem schrillen und sehr schnellen Rufen der Männer und einer Gruppe von tanzenden Mädchen begleitet, die durch die Nase singen. Es gibt sicherlich, so wie beim Yakbuttertee, westliche Ausländer, die der tibetischen Oper etwas abgewinnen können, aber in mir erweckt sie den Wunsch, in die Stille der Berge zu fliehen.

Das Highlight des Shoton-Fests ist die Enthüllung eines riesigen *thangka* im Drepung-Kloster, und das sollte auch im Mittelpunkt unserer Tour stehen. Bei diesem grandiosen Ereignis strömen Tausende von Tibetern auf dem Berghang beim Drepung-Kloster zusammen und sehen zu, wie ein besticktes Banner von der Größe eines Fußballfelds an der *thangka*-Wand des Klosters entrollt wird. Es findet immer in der Dämmerung statt – am 13. Tag des sechsten Monats des tibetischen Kalenders. In diesem Fall sollte es der 21. August sein und unsere Gruppentour von nur vier Teilnehmern würde am 19. August eintreffen.

Am 17. August erfuhren wir, dass das Datum sich geändert hatte und das Ereignis auf den 19. August verschoben worden war. Unsere Gäste, die von Amerika und Europa unterwegs waren, um den *thangka* zu sehen, würden enttäuscht sein. Conny verschickte Telexe mit der schlechten Nachricht.

Am 18. August sagte man uns, dass das Datum sich wieder geändert habe und dass der *thangka* jetzt am 20. August stattfinden würde. Conny verschickte Telexe mit der guten Nachricht.

Am 19. August wurde uns bestätigt, dass die Zeremonie endgültig am 20. August stattfinden würde, aber Ausländer dürften nicht daran teilnehmen. Wir gaben es auf, Telexe zu verschicken, und schworen uns, nie wieder eine Tour an ein Fest zu koppeln. Dabei hätten wir gewarnt sein können: Man hatte mir von einer Gruppe westlicher Anwälte erzählt, die wochenlang unterwegs gewesen waren, um ein großes Pferdefest in Osttibet zu erleben – und als sie dort eintrafen, mussten sie feststellen, dass die Tibeter ihr Fest eine Woche früher abgehalten hatten und dass alle bereits zusammengepackt hatten und nach Hause gefahren waren.

Am späten Nachmittag des 19. August kam Jig Me triumphierend von einem Treffen mit dem *Public Security Bureau*. Er hatte erreicht, dass das ausländische Personal des Holiday Inn an der *thangka*-Zeremonie teilnehmen durfte. Unsere vier Gäste wurden unverzüglich als neue Mitarbeiter ausgegeben und wir waren wieder im Rennen.

Um 6.30 Uhr, lange vor Tagesanbruch, versammelten wir uns in der Hotel-Lobby. In der Nacht hatte es stark geregnet und nieselte stetig weiter, als wir über die Pfützen im Vorhof zu unserem Minibus sprangen. Die Straße nach Drepung war schwarz vor Tibetern, die durch den Regen stapften. Über 30.000 würden an dem großen Ereignis teilnehmen. Unterwegs stießen wir auf mehrere Kontrollposten und rechneten damit, jeden Moment zurückgeschickt zu werden. Im Verkehrsstau unter dem Drepung-Kloster hielten wir an und Jig Me schaute besorgt auf das Chaos draußen. Wenn irgendetwas passierte, würde man ihn für unser Verhalten und unsere Sicherheit verantwortlich machen.

Hunderte von Lastwagen, Bussen und Landcruisern säumten die Straße, die den Berg hinauf zum Drepung-Kloster führte. Es war stockdunkel und regnete in Strömen, als wir auf einen schlammigen Parkplatz einbogen. Wir stiegen den steilen, gewundenen Pfad um das Drepung-Kloster hinauf. Jig Me rief uns noch zu: »Wir müssen zusammenbleiben, alle in einer Reihe.« Dann verschwand er in der Dunkelheit, von der aufwärts drängenden Menge hinaufgestoßen. Unsere Gruppe wurde auseinander gerissen, wir stolperten durch Bäche und wurden von den lachenden, tropfnassen Tibetern nach oben bugsiert. Ich schaffte es, neben Miss Houghton zu bleiben, einer 81-jährigen Kalifornierin, der eifrigsten Teilnehmerin der Gruppe. Obwohl sie keine Zeit gehabt hatte, sich zu akklimatisieren, war Miss Houghton entschlossen, den *thangka* zu sehen. Aber die ungewohnte Höhe, der Aufstieg, die Menschenmassen und der Yakbuttergeruch waren zu viel für sie und ich brachte sie in ein kleines Nebengebäude des Klosters, wo sie sich ausruhen konnte.

Ich ging weiter den Hang hinauf und stieß auf Jig Me und einen Gast aus Österreich. Er war leicht zu erkennen – er hatte eine Plastiktüte auf dem Kopf. »Ich gehe nie ohne meine Plastiktüte«, rief er mir zu. Ich verdrückte mich, so schnell ich konnte – der Typ war total durchgeknallt –, und kletterte nach oben, um einen guten Aussichtspunkt unter den Tibetern zu ergattern. Es wurde jetzt zwar allmählich hell, aber der Regen ließ nicht nach und die Tibeter sagten mir, dass nichts passieren würde, ehe der Regen aufhörte. Ich hielt es für besser, Miss Houghton diese Nachricht zu überbringen, da jetzt zwei Stunden vergangen waren, seit ich sie in dem dunklen Nebengebäude zurückgelassen hatte. Also lief ich an dem verrückten Österreicher vorbei, der Jig Me noch immer über die Vorzüge von Plastiktüten aufklärte, und suchte den Klosterkomplex nach Miss Houghton ab. Im Dunkeln sahen die tibetischen Gebäude mehr oder weniger alle gleich aus und es dauerte einige Zeit, bis ich das richtige fand. Miss Houghton saß stillvergnügt auf den Stufen, so wie ich sie zurückgelassen hatte.

Sie hatte sich überhaupt keine Sorgen gemacht, dass ich so lange weggeblieben war. Im Gegenteil, das kleine Nebengebäude hatte sich als Pilgerherberge entpuppt und der Wirt hatte sie herzlich aufgenommen und mit Yakbuttertee und *tsampa* verköstigt. Sie war von jedem der vielen tausend Pilgern begrüßt worden, die auf dem

Pfad neben der Herberge weiter aufstiegen. Ich konnte sie kaum loseisen, so gut gefiel es ihr hier. Ich erklärte ihr, dass sie nur um die Ecke biegen müsse, um eine ausgezeichnete Sicht auf die *thangka*-Wand zu haben.

Es vergingen weitere eineinhalb Stunden, bis der Regen aufhörte und die Zeremonie beginnen konnte. Der Shengo von Drepung, der in prächtigen roten Gewändern am Fuß des Hanges saß, sprach Gebete. Maskierte Tänzer wirbelten auf einem kleinen Platz vor dem Shengo herum und Stapel von Räucherwerk wurden auf dem Hang abgebrannt. Eine Reihe von Mönchen stieg im Gänsemarsch mit dem eingerollten *thangka* vom Kloster herab. Von oben warfen einige Mönche Seile die Wand herunter, die am oberen Rand des *thangka* befestigt wurden, um ihn nach oben zu ziehen. Ein schützendes dünnes weißes Tuch über dem *thangka* wurde nun von oben entfernt und das farbenfrohe Seidenmuster des Buddhas kam zum Vorschein. Es war ein überwältigender Moment. Über dem *thangka* ertönten die unheimlichen Klänge von zwei tibetischen Hörnern. Zimbeln hallten. Der Geruch von brennendem Wacholder und Weihrauch hing in der Luft. Zahllose *khatas*, die weißen Opferschals, flatterten den Hang hinunter, von frommen Tibetern geworfen. Wo immer ein *khata* auf den Boden fiel, wurde er aufgelesen und ein paar Meter näher zur *thangka*-Wand hingeworfen, bis er schließlich auf dem *thangka* selbst landete. Es war im Prinzip wie beim Fußball, wenn Toilettenpapierrollen auf das Spielfeld geworfen werden, nur natürlich bedeutungsvoller.

Für Miss Houghton war es ein Höhepunkt in ihrem 81-jährigen Leben. Eine Reise nach Tibet ist nicht nur eine Urlaubsreise, sondern eine »Erfahrung« – etwas, das man nie vergessen wird. So wie Goldie Hawn, als sie den Vollmond über den Dächern des Jokhang-Tempels aufsteigen sah und laut ausrief: »Ach, wenn doch nur Kurt hier sein könnte.«

Nicht alle Erfahrungen wirken sich positiv aus. Harrison Ford hatte das Essen in unserem Himalaya-Restaurant »erfahren«, mit dem Erfolg, dass er am nächsten Tag viel schneller rennen musste, als es in so großer Höhe ratsam ist.

Für einige Leute war die »Erfahrung« überwältigender, als sie sich das vorgestellt hatten. Eine Gruppe von reichen Amerikanerinnen fiel ins Hotel ein, als sie hier auf ihrer Weltreise Station machten. Es war eine Gruppe von fast 100 Teilnehmerinnen, die alle den horrenden Preis von 34.000 Dollar für die 37-tägige Reise bezahlt hatten. Die englische Autorallye war im Vergleich dazu ein billiger Pauschalurlaub gewesen. Die reichen Amerikanerinnen flogen in ihrem Privatjet zu den Wundern der Welt – mit Ausnahme von Lhasa, das sie nur mit der nach Kohl stinkenden CAAC-Maschine von Kathmandu aus erreichen konnten. Sie machten Furore bei unserem einheimischen Personal, das fassungslos war, dass solche Leute tatsächlich existierten. Gequält stöckelten sie durch die Lobby, die Gesichter nach dem dritten oder vierten Lifting zum Zerreißen gespannt und die Finger mit schweren Goldringen und riesigen Klunkern beladen.

Aber sie befanden sich in einem solchen Schockzustand, dass sie sich als pflegeleichte Gäste erwiesen. Wir setzten ein neues Getränk für sie auf die Karte – Eistee –, strichen es aber wieder, als wir feststellen mussten, dass die Kellnerinnen den Eistee als einen Becher dampfend heißen Tee servierten, in dem ein Eiswürfel dümpelte. Das Einzige, worüber die Gruppe sich beschwerte, war das fehlende *bathroom tissue* in den Toiletten gegenüber dem Hard Yak Café. Das war sicherlich ein Problem. Charlie konnte die Toiletten noch so oft kontrollieren, das Toilettenpapier fehlte immer. In Spitzenzeiten verloren wir 23 Rollen pro Tag. Lag es an den Giant Yak Burgern, die gleich gegenüber im Himalaya-Restaurant serviert wurden? Oder ließ jemand das Toilettenpapier mitgehen? Wir überlegten, ob wir einen der Sicherheitsleute vor die Tür stellen sollten, um die Gäste zu filzen, die herauskamen, aber wir entschieden uns dagegen. Es hätte auch eine andere Erklärung geben können. Als Charlie in der Morgenversammlung über die fehlenden Toilettenrollen berichtete, ließ Harry gleichzeitig die VIP-Liste herumgehen. Das ist normalerweise ein höchst langweiliges Dokument – ein paar Diplomaten, gelegentlich ein Filmstar, wichtige Reiseveranstalter und dergleichen. Aber an dem Morgen mit der höchsten Toilettenpapier-Verlustrate war auf der VIP-Liste ein Vertreter der südkoreanischen Botschaft in Peking aufgeführt – er hieß Mr. Li Kee Bum. (»Bum« für engl. »Hintern«).

Aber nicht nur das Toilettenpapier fehlte, sondern auch die Teelöffel, obwohl Mr. Li Kee Bum in diesem Fall nicht zur Verantwortung gezogen werden konnte. Sie verschwanden einfach. Genauso wie die Salz- und Pfefferstreuer. Das erhöhte nicht nur die Ausgaben des Hotels, sondern es war auch unmöglich, in Tibet Ersatz zu bekommen. Trotzdem regten wir uns nicht sonderlich auf wegen der fehlenden Teelöffel oder dass diese Nachricht in der *New York Times* oder auf der Titelseite des *International Herald Tribune* erscheinen könnte – die Saison ging zu Ende und wir atmeten endlich auf.

Wir hatten überlebt. Die Sommerprofite machten die Verluste im Winter wett und die Belegquote war wieder auf ein erträgliches Niveau gesunken. Barba hatte nur noch eine Aufgabe zu erfüllen – die Eröffnung seines geliebten Swimmingpools. Er hatte seine Religionsstudien fast beendet und er war zwar nicht gefeuert worden, aber trotzdem zufrieden, weil er dem Holiday Inn eine gute Saison für ihr Geld beschert hatte. Wir ausländischen Angestellten hatten so gut zusammengearbeitet wie nie zuvor – und wurden von *Paris Match* sogar als »*l'équipe de choc*« tituliert. Jetzt schrieben einige ihre Lebensläufe und fieberten der nächsten Anstellung entgegen.

Als die Sommersaison zu Ende ging, verkündete Harry die neuesten Zahlen in der Morgenversammlung: »Gestern Abend 58 Prozent. Heute 57 Prozent. Morgen 52 Prozent.«

Mr. Pong hatte uns hinterrücks mit einer langen Rede überfallen – man kann den Atem nur eine begrenzte Zeit anhalten, wenn man vier Kilometer über dem Meeresspiegel lebt – und wartete auf die Übersetzung von Heather.

»Mr. Pong sagt, die Lebende Meeresfrüchte-Lieferung kommt heute an.«

»Lebende Meeresfrüchte?«, rief Barba. »Das nächste Meer ist tausend Kilometer weit weg über dem Himalaya drüben – was sollen wir da mit Meeresfrüchten?« Heather übersetzte.

»Sie haben sie bestellt«, war Mr. Pongs Antwort.

Wie sich herausstellte, war »Meeresfrüchte« die Übersetzung für den Fisch, den Mr. Han auf seiner Einkaufsreise im Frühjahr bestellt hatte. Jetzt wussten wir auch, warum wir eine Ladung Glasscherben von der CAAC bekommen hatten, mit der Aufschrift: »Aquarium«.

»Lebende Meeresfrüchte?«, fragte Barba. »Wo sollen wir die Ihrer Meinung nach hintun?«

Heather übersetzte die lakonische Antwort: »In den Swimmingpool.«

Barba krallte sich am Tisch fest und fing an zu zittern. Jig Me warf schnell ein, dass der Brunnen im Vorhof die bessere Lösung sei, und vertagte das Meeting.

Um elf Uhr vormittags bog ein Lastwagen in den Hof ein und der Fahrer leerte die Wasserbehälter, die er von Chengdu über den Berg gebracht hatte, in den Brunnen. Ein Wachmann wurde davor postiert, während ein steter Strom von Neugierigen den Brunnen belagerte, um die seltsamen Kreaturen anzuschauen, die hier in Lhasa lebten. Es waren verschiedene Krebsarten, Aale, Katzenwelse und fünf kleine Dosenschildkröten – also Süßwassertiere, und keine

»Meeresfrüchte«, aber sie waren nicht glücklich in dem Brunnen und gingen bald ein. Die einzigen Tiere, die gut überlebten, waren die Dosenschildkröten, aber die wurden schnell geschlachtet und für das chinesische Bankett eingefroren.

Kurz nach der Fischlieferung kam ein zweiter Lastwagen mit zwei unbeschrifteten Fässern. Sie wurden an den Hintereingängen der Küche abgeladen. Der Chef hob den Deckel von einem der Fässer hoch und sprang einen halben Meter in die Luft.

»Schlangen!«, brüllte er. »Was haben diese Schlangen in meiner Küche verloren?«

150 Kilo lebende Schlangen ringelten sich in den beiden Fässern. Sie gehörten zu der »Meeresfrüchte-Auswahl«, die Mr. Han bestellt hatte.

»Sperrt sie irgendwo ein«, rief der Chef seinen Leuten zu. »Und dann sollen die mir mal verraten, was ich damit anfangen soll!«

Es gab genügend Möglichkeiten, die Schlangen wegzusperren. Im Gegensatz zu den meisten Hotelküchen, die von den Architekten als unwichtiges Anhängsel behandelt werden, waren die Küchen des Holiday Inn Lhasa so groß wie Ballsäle. Endlose Reihen von weiß gekachelten Arbeitsbereichen zogen sich an den Speisekammern, den Nebenräumen, begehbaren Kühlschränken und Tiefkühltruhen entlang, an den Trockenwarenlagern, der Metzgerei, der Bäckerei und den Büros der Küchenchefs. Drei von den 80 Küchenhilfen machten nichts anderes, als den Schmutz vom einen Ende der Küche zum anderen zu kehren, und wieder zurück, um ihn dann in den Ausguss zu spülen.

Die Küchenchefs suchten einen der weiß gekachelten Nebenräume aus und schlossen die Fässer darin ein. Die Schlangen würden nie aus den Fässern herauskommen, und selbst wenn das Undenkbare passierte, war der Raum fest verriegelt.

Der Küchenchef Wang Xi Li gähnte ausgiebig, während er aus dem Fenster der Backstube in den Nachthimmel schaute. Die einzigen Wolken, die Wang Xi Li sehen konnte, waren die Nebel der Milchstraße. Aber das Geräusch, das ihn aus dem Schlaf gerissen hatte, kam nicht von draußen. Da war etwas hier im Raum und es konnte keiner der Manager sein, denn die machten ihre Runde bestimmt nicht um 3.30 Uhr morgens. Ein Wachmann war es auch nicht, weil die jetzt tief und fest in der Galerie schliefen, wo die Manager sie nicht finden würden, falls sie nachts durch die Flure schlichen.

Wahrscheinlich eine Ratte, sagte sich Wang Xi Li und döste wieder ein. 20 Minuten später schreckte er wieder auf – er hing über der Croissant-Teig-Theke –, als er aus dem Augenwinkel eine eineinhalb Meter lange Schlange erhaschte, die durch die Abzugsrohre verschwand. Es war die erste der sieben Ausreißerinnen, die aus den Fässern entkommen waren. In der Backstube fand sich noch eine zweite Schlange, drei im Hauptküchentrakt hinter den Woks und zwei eingerollt über der Küchentür auf der Stromleitung, über die sie entkommen waren. Es gab Anzeichen dafür, dass andere durch die Abflussrinne geflüchtet waren, die sich unter einem Gitter in der Mitte jedes Küchenraums befand. Vielleicht leben dort immer noch welche, in den Abwasserkanälen oder in der Klimanlage, wo sie sich an Himalaya-Hamstern fett mästen.

Der Chef entschied, dass es Zeit war, die Reptilien von ihrem elenden Dasein zu erlösen und in die Kühltruhe zu den Dosenschildkröten zu legen. Niemand wollte ihm helfen. Seine tibetischen Köche beriefen sich auf ihre buddhistischen Überzeugungen und die chinesischen Chefs brachten tausend Gründe vor, warum sie nicht helfen konnten – entweder wegen ihrer Religion oder als Folge ihrer Verletzungen in der Karaoke-Nacht.

Schließlich griff er zu den sanften Überredungskünsten, für die große Köche berühmt sind. Und nach einer kurzen Diskussion mit drastischen Flüchen, Anspielungen auf die Genitalien und primitiver Zeichensprache brachte er seinen chinesischen Sous-Chef dazu, ihm bei der Arbeit zur Hand zu gehen. Aber als die tibetische Frau des Sous-Chefs dahinterkam, musste der Chef seinen Job alleine zu Ende bringen.

Am nächsten Tag in der Morgenversammlung verkündete der Chef, dass er keine lebenden Tiere mehr in seiner Küche haben wolle.

»Das ist absolut unzumutbar. Ich leite eine Küche und kein Schlachthaus.«

»Ah«, sagte Mr. Pong, »und was machen Sie dann mit den 200 Tauben, die heute kommen?«

Kapitel 13
UND NOCH EINER, DER INS GRAS BEISST

Keiner von uns ließ sich an diesem Tag im Küchentrakt blicken. Die weiß gekachelten Wände hallten von deutschen Flüchen wider, die in die Flure hinausdrangen und ahnungslose deutsche Touristen erschreckten. Der Chef war nicht glücklich. Graue Federwölkchen schwebten in den Hof hinaus und die Todesschreie der Tauben, oder vielleicht auch der Sous-Chefs, erfüllten die Luft.

Ich wurde von einer Delegation deutscher Touristen in der Lobby angesprochen und legte mir eine Entschuldigung für das Taubengemetzel zurecht.

»Wir wollen uns über den Lärm beschweren«, bellte der Anführer der Meute mich mit starkem deutschem Akzent an.

»Ja, das tut mir Leid. Der Chef hat den ganzen Tag Tauben gerupft, verstehen Sie? Und Sie wissen doch, wie Köche sind, oder? Sagen wir mal, das Taubenrupfen ist nicht gerade sein Hobby.«

Der Deutsche hatte keinen Funken Humor.

»Was soll das heißen, Tauben rupfen? Ich rede von dem Schlagbohrerlärm vor meinem Fenster draußen.«

Ich war perplex. »Dann wollten Sie sich also gar nicht über den Chef beschweren?«

»Nein!«

Jetzt, wo der Gast mich darauf hingewiesen hatte, hörte ich ein schwaches Bohrgeräusch. Wir gingen den Flur im Nordflügel hinunter und der Lärm nahm zu. Der Deutsche führte mich in sein Zimmer. Keine drei Meter vom Fenster entfernt balancierte ein Trupp Chengdu-Arbeiter auf vier gewaltigen Pressluftbohrern. In der Morgenversammlung hatte ich erfahren, dass die Bauarbeiten am Swimmingpool beschleunigt werden sollten, aber ich hatte natürlich nicht gedacht, dass mit dem Bohren angefangen würde, solange die Gäste noch in ihren Zimmern waren. Die Fenster bebten unter den Erschütterungen, und wenn alle vier Bohrer auf einmal loslegten, mussten wir brüllen, um uns zu verständigen.

»ICH SORGE DAFÜR, DASS SIE AUFHÖREN!«, versprach ich dem Deutschen und machte mich auf die Suche nach Derek.

»Kommt nicht in Frage! Das sind Barbas Anordnungen«, antwortete Derek, als ich ihn fand. Er verhandelte gerade über einen Dolmetscher mit mehreren Schweißerfirmen.

»Es sind nur noch drei Wochen bis zur Eröffnung und ich habe noch fünf Wochen Arbeit vor mir«, sagte er und wischte sich die Schweißtropfen von der Stirn. Ich hatte Derek noch nie so besorgt erlebt. Die Schwimmbad-Eröffnung setzte uns alle unter Druck und der Stress zerrte an den Nerven. Barba hatte eine ganze Schar von VIPs überredet, an der Eröffnung teilzunehmen, und es durfte auf keinen Fall Verzögerungen geben. Er plante eine Veranstaltung von noch größeren Ausmaßen als die »Miss-Tibet«-Wahl und hatte einen italienischen Minister, ein italienisches Modehaus für eine Foto-Session, italienische Restaurateure, die führenden Regierungsvertreter von Tibet, mehrere Botschafter in Nepal und den höchsten VIP von allen – Mrs. Barba – eingeladen.

Auf meiner letzten Marketingreise nach Europa gab es nur eines, was Barba interessierte. Die Reisebüros und Medienkontakte waren ihm egal, für ihn zählte nur das Treffen mit seiner Frau.

»Alec, Sie müssen sie dazu bringen, dass sie nach Lhasa kommt. Es ist mir egal, was Sie machen. Alles andere ist egal. Nur diese eine Sache müssen Sie für mich regeln«, waren Barbas Anweisungen.

Wir hatten uns in der Lobby des Plaza Athéné Hotels in Paris zum Nachmittagstee verabredet. Die Szenerie in dieser Halle war mehr als nur 10.000 Kilometer von unserem Hotel entfernt. Sie spielte sich auf einem anderen Stern ab, viele Lichtjahre entfernt. Zierliche kleine Pariser Damen mit lila gefärbtem Haar trippelten den Flur entlang und stellten maßgefertigte Designer-Kleidung und juwelenbesetzten Goldschmuck zur Schau, der den größten Teil seines Lebens in den Tiefen eines Banksafes verbrachte. Jede der kleinen Damen hatte ein kunstvoll frisiertes »Frou-Frou«-Hündchen vom Typ Shi Tzu dabei, die Weibchen mit passendem Diamant-Kopfschmuck, die Männchen mit einem sportlichen Halstuch. Wenn das die Welt von Madame Barba war, was um Himmels willen sollte sie dann dazu bewegen, dieses außerirdische Leben zu verlassen und nach Lhasa zu kommen?

Als Madame Barba kam, stellte ich glücklicherweise fest, dass sie nicht in diese Plaza-Athéné-Welt passte. Sie hatte kurz geschnittenes blondes Haar und ihr figurbetontes Leopardenmuster-Outfit hätte keine der lila Athéné-Damen jemals getragen. Trotzdem schien sie hier alle zu kennen und lächelte den Frou-Frous und den jungen Männern zu, die die älteren Damen begleiteten.

»Und wie geht es Monsieur Barba?«, fragte sie höflich, während wir an unserem Earl Grey nippten.

»Ach, sehr gut«, erwiderte ich. »Wirklich sehr gut. Aber er vermisst Sie sehr.«

»Ist er immer noch so launisch?«

»Ich weiß nicht recht, was Sie meinen, Madame Barba.«

»Und die Frauen?«

Ich wurde vor dieser peinlichen Frage durch das Jaulen eines Halstuch tragenden Frou-Frous gerettet, der einen weiblichen Frou-Frou um ein Tischbein herum gejagt hatte und sich nicht von seiner Besitzerin zurückzerren ließ. Der weibliche Frou-Frou bleckte die Zähne und kläffte so laut zurück, wie es die kleinen Lungen erlaubten. Bald war die ganze Lobby vom Kläffen der läufigen Frou-Frou-

Weibchen erfüllt, und der sexhungrige Halstuchträger, der das ganze Chaos ausgelöst hatte, schoss den Flur hinunter, wobei er seiner bestürzten Besitzerin die Leine aus der Hand riss und den Kaffeetisch umwarf. Die elegante silberne Kaffeekanne des Plaza knallte auf den Boden und überall flogen Zuckerwürfel herum. Die lila Dame stieg über die Trümmer, sammelte ihren Frou-Frou ein und marschierte hoch erhobenen Hauptes zur Tür hinaus, als sei nichts geschehen. Die anderen Damen verfolgten sie mit strengen Blicken und die Frou-Frous wurden alle hochgehoben und geknuddelt. Kellner schwirrten herum und sammelten die Zuckerwürfel ein, während sie sich nach allen Seiten entschuldigten und sich nur mühsam das Lachen verkneifen konnten. Madame Barba ignorierte das Chaos in der Lobby und wartete auf meine Antwort.

»Tibet ist wunderschön im Sommer, Madame Barba. Die Hügel sind grün, die Blumen blühen. Die Tibeter halten ihre Sommerfeste ab und die Klöster sind wirklich sehenswert.« Zum Glück war von ihrem Mann nicht mehr die Rede, stattdessen unterhielten wir uns über die Attraktionen Tibets. Und nachdem sie mich ein paar Minuten lang über die tibetischen Zeremonien und die Schönheit von Lhasa ausgefragt hatte, sah ich meine Chance gekommen. Ich schlug sofort zu.

»Also, für wann sollen wir Ihnen eine Einreiseerlaubnis beschaffen? Der Swimmingpool wird im September eröffnet und es wird eine tolle Party.«

»Gut, veranlassen Sie alles«, war die Antwort.

Barba war entzückt über die Resultate meiner Verkaufsreise gewesen, aber im Nachhinein betrachtet war es keine gute Idee gewesen, Madame Barbas Besuch an die Eröffnung des Schwimmbads zu koppeln. Der September hatte noch in weiter Ferne gelegen, als ich mich im März mit Madame Barba in Paris getroffen hatte, aber jetzt waren es nur noch ein paar Wochen und der Swimmingpool war nichts weiter als ein großes Schlammloch im Boden. Barba fing an zu kochen, und um ihn abzukühlen, schlug Jig Me vor, dass wir das großzügige Angebot des tibetischen Tourismus-Büros annehmen und ein paar Tage mit ihnen in die sonst nicht zugänglichen Gebiete Osttibets fahren sollten. Ein Mr. Tsang vom TTB sollte auskundschaften, wie das Gebiet für den Tourismus erschlossen werden könnte, und Barba, Jig Me und ich waren offiziell eingeladen, ihn auf dieser Expedition zu begleiten.

Es war eine willkommene Abwechslung von dem Chaos im Hotel. Die Belegquote war zwar zurückgegangen, aber die Probleme, die von den Aushebungsarbeiten für den Swimmingpool verursacht wurden, machten das Leben für uns alle unerträglich. Der wütende Deutsche war leicht zu beschwichtigen gewesen, indem er ans andere Ende des Hotels umziehen durfte, aber inzwischen wurde rund um die Uhr gearbeitet, um die Deadline einzuhalten, und die Beschwerden häuften sich unweigerlich. Der Stress mit den erbosten Gästen und Barbas wachsende Gereiztheit strapazierten die Nerven von Partei A und Partei B gleichermaßen.

Ich stieg also in den Hotel-Landcruiser, mit Dorje am Steuer, bereit für unsere Reise ins Unbekannte. Ich musste zwar im selben Wagen sitzen wie Barba, aber zumindest war er von dem unseligen Swimmingpool und dem wachsenden Druck der bevorstehenden VIP-Besuche abgelenkt. Es gab kein Mobiltelefon, so dass wir nicht über die Fortschritte auf dem Laufenden gehalten werden konnten und vier Tage lang nicht mit anhören mussten, wie Barba Derek und alle anderen anbrüllte, die mit dem Swimmingpool zu tun hatten.

Dorje grinste den Fahrer des TTB-Landcruisers an, während sie ihre Motoren auf dem Parkplatz des Holiday Inn aufheulen ließen. Dorjes geheime Ausbildung bei der Todesschwadron der Chengdu-Taxifahrer zahlte sich jetzt aus, als er den Wagen in Startposition brachte, den Kopf im rechten Winkel zu der Richtung gedreht, in die wir fuhren, und die ganze Zeit den TTB-Fahrer angrinste. Sobald Mr. Tsang das Startsignal gab, schoss er auf die neu gebaute sechsspurige Straße vor dem Hotel hinaus, riss den Wagen nach rechts herum und raste die pechschwarze Asphaltspur hinunter, die zu dem Denkmal des »Unbekannten Straßenbauers« am Flussufer unten führte. Der TTB-Fahrer folgte ihm in ein paar Zentimetern Abstand und beide Fahrzeuge schossen unisono in die Kurve am Denkmal und weiter nach Osten auf die Teerstraße am Ufer des Lhasa-Flusses entlang.

Seit ich in Lhasa war, hatte ich davon geträumt, den Osten Tibets kennen zu lernen. Im Winter pilgerten Dorfbewohner aus Kongpo über den Pass nach Lhasa herunter. Mit ihren schwarzen, rechteckigen Umhängen und den flachen runden Hüten waren sie so ganz anders gekleidet als die Bewohner der Hauptstadt. Ich hatte mir nicht vorstellen können, dass es auf der anderen Seite des Passes wirklich so anders aussah als die raue Plateau-Landschaft, die mir vertraut war, und die Geschichten über fruchtbare grüne Täler und dichte Wälder faszinierten mich. Wir schossen an der Abzweigung zum Ganden-Kloster vorbei, und nun betrat ich tatsächlich Neuland. Wir bewegten uns schnell (wie hätte es mit Dorje am Steuer auch anders sein sollen) auf das Land von Kongpo, Kham und der Glak-lo Nagpo zu – jene gefürchteten »schwarzen Wilden«, die Waddell 1904 erwähnte und die angeblich ihre Schwiegermütter bei der Hochzeit verspeisten.

Wir fuhren zum Hochpass hinauf und ließen das Lhasa-Tal und die Asphaltstraße hinter uns. Am Straßenrand stand ein großes Nomadenlager, schwarze Yakhaarzelte, vor denen eine Reihe von Fahrrädern geparkt waren. Ich stellte mir vor, wie die Nomaden Tausende von Kilometern über das raue tibetische Plateau fuhren, ihre Yakhaarzelte säuberlich auf dem Gepäckträger zusammengefaltet, als Dorje mich aus meinen Gedanken riss, indem er plötzlich losbrüllte:

»La! So so so so!« Wir hatten den höchsten Punkt des Kongpo Ba La erreicht, des Passes, der das Lhasa-Tal vom Osten trennt.

Nach dem Pass veränderte sich die Landschaft. Die Geschichten hatten nicht zu viel versprochen. Die kahlen Felswände des Plateaus wurden von steilwandigen, dicht bewaldeten Tälern verdrängt. Die nach Norden weisenden Hänge standen voller Silberbirken, während sich auf den Osthängen die runden Formen der tibetischen Stechpalme drängten. Auch die Häuser veränderten ihre Form. Die gedrungenen Flachdachhäuser verschwanden und stattdessen ragten große Gebäude mit flachen Giebeldächern auf. Holz – in Lhasa Mangelware – wurde hier reichlich verwendet.

Nachdem wir einen Tag lang auf dem Rücksitz von Dorjes Landcruiser herumgeschleudert worden waren, atmeten wir auf, als er im Hof des Lunggro-Klosters zum Halten kam, einen Sekundenbruchteil vor dem TBB-Fahrer. Vorsichtig bewegte ich meine steifen Fingerknöchel, denn ich hatte mich die ganze Zeit an dem Haltegriff hinten im Auto festgeklammert. Die Federung des Landcruisers hatte längst ihren Geist aufgegeben und Dorje war die ganze Zeit voll aufs Gas getreten.

Jig Me brachte uns zu einem etwas erschreckten Mönch und übersetzte: »Er sagt, dass dieses Kloster in der Kulturrevolution völlig zerstört wurde. 1985 wurde es wieder aufgebaut, aber die Regierung stellte nur 50.000 Yuan zur Verfügung. Die restlichen 500.000 Yuan für den Wiederaufbau wurden von Einheimischen gespendet. Jetzt leben hier 20 Mönche.«

Es war unmöglich, Jig Mes Gedanken zu erraten. Er redete völlig emotionslos über ein Thema, das ihn tief berühren musste. Der Mönch lächelte uns unablässig an und zeigte ehrfürchtig auf einen Stuhl, der in weiße Seiden-*khatas* gehüllt war.

»Hier würde der Dalai Lama sitzen, wenn er auf seinem Weg nach China hier durchkäme«, übersetzte Jig Me. Barba und ich schauten den Stuhl schweigend an. Seit fast 40 Jahren hatte niemand mehr darauf gesessen.

Das Schweigen wurde von dem grässlichen Krächzen eines Grünkopfsittichs gebrochen, der aus seiner Siesta erwacht war und nun plötzlich diese Fremden neben seinem Käfig und dem Stuhl stehen sah. Es war Zeit zu gehen. Wir wurden einen Kilometer weiter die Straße hinaufgeführt, zu einem chinesischen Wohnhof, wo wir die Nacht verbrachten. Bei unserer Ankunft stellte man uns eine dünnen chinesischen Jungen mit einer großen bifokalen Brille als »Mr. Tsangs Übersetzer« vor, der plötzlich ganz aufgekratzt wurde.

»Mein Boss, Mr. Tsang. Kennen Sie Mr. Tsang? Er hat hier viele Brücken gebaut«, verkündete er.

»Brücken?«, fragte Barba.

»Ja. Von ihm gebaut. Von meinem Boss. Nein, nein, nicht mit eigenen Händen. Er hatte viele, viele Leute, die die Brücken für ihn gebaut haben. Wussten Sie das nicht?«

»Ob wir was nicht wussten?«, fragte Barba, der jetzt neugierig war, was hier vorging.

»Mr. Tsang ist ein berühmter PLA-Brückenbauer! Ja, mein Boss ist nicht nur eine große Kartoffel beim tibetischen Tourismus-Büro, sondern auch bei der Befreiungsarmee. Er ist vor vielen Jahren hierher gekommen, um den armen tibetischen Genossen zu helfen, die keine Brücken hatten. Jetzt haben sie Brücken. Dank seiner Hilfe. Mein Boss!« Wir verstanden nicht, was das Ganze zu bedeuten hatte, aber wir sollten es bald herausfinden.

»Damals, als er hierher gekommen ist, um in der Nähe eine Brücke zu bauen, da war eine Tafel. Sie verstehen ›Tafel‹? Ein Rind, das sich mit einem Mädchen vereinigt. Sie verstehen ›vereinigt‹? Miteinander vereinigen, ja, vereinigen.«

»Ein Mönch?«, fragte Barba, der noch verwirrter war als vorher.

»Nein, nein, ein Rind«, versicherte der Übersetzer. »Ein Rind auf einer Lehmtafel. Ja, sie war aus Lehm. Aber diese wurde in der Kulturrevolution zerstört. Aber jetzt man weiß nicht. Aber wir werden das Geheimnis an der Seite der Brücke lösen. Die Brücke, die unter seiner Leitung gebaut wurde. Ja, unter seiner Leitung. Aber zuerst schauen wir uns das Pipi von einem Schwein an.«

Das Geheimnis der verschwundenen Lehmtafel blieb ungelöst, da am nächsten Morgen nicht mehr die Rede davon war, und anstatt die Dorfbewohner nach ihrem möglichen Verbleib zu fragen, brachen wir zu Pferd zu einer runden Bergkuppe am Ende des Lunggro-Tales auf.

»Heute werden wir das Pipi von einem Schwein sehen«, wiederholte Mr. Tsangs Übersetzer, während er unbehaglich in seinem Sattel herumhüpfte.

»Was für ein Schwein?«, fragte Barba.

»Ja, wirklich, ein Schwein! Manche Leute sagen, es ist das Pipi von einem Schwein, das alle zwei Stunden aus dem Berg herauskommt!«, lachte Mr. Tsangs Übersetzer. Zum Glück hatte Jig Me mit dem Mönch im Kloster gesprochen und nahm den Faden auf, um uns die Geschichte des Ortes zu erklären, zu dem wir ritten.

»Der Berg wird als ›Dorje Pamu‹, die Schweinegöttin, verehrt, die Beschützerin des buddhistischen Glaubens. Wir können eine Reihe von Höhlen auf dem Berggipfel besichtigen und in Dorje Pamu hineingehen, die sehr heilig ist. Manche Leute sagen, diese Höhlen sind ihre Eingeweide und dass der Wasserschwall, der alle zwei Stunden aus dem Berg kommt, ihr Pipi ist.« Jig Me lächelte. »Wer weiß?«, fuhr er fort. »Es heißt auch, dass der Buddha des langen Lebens in den Höhlen wohnt, und wenn er seine Opfer darbringt, fließt seine Schale über, und das ist das Wasser, das unten aus dem Berg herauskommt.«

Unsere Ponys arbeiteten sich weiter das Tal hinauf und kamen an Yakherden vorüber, während sie vorsichtig die enzianbedeckten Hänge erklommen. Silberbirken säumten das Tal zu unserer Linken und Wacholderbüsche und Strauchberberitzen zu unserer Rechten. Nach zwei Stunden erreichten wir die berühmte Stelle, wo das Wasser – oder, je nachdem, was man glauben will, Dorje Pamus Pipi oder Buddhas Opferwasser – aus dem Berg herausfloss. Eine wasserbetriebene mannshohe Gebetsmühle schwirrte pausenlos im Kreis und schickte ihren frommen Inhalt zur Berggöttin hinauf.

Wir ließen die Ponys grasen und kletterten die heikle Felsenroute zum Mund des Schweins hinauf, wobei wir Alpenkrähen und einen Mauerläufer aufscheuchten, der ins Tal hinunterschoss und im Flug seine scharlachroten Flügel aufblitzen ließ. Höhlenwanderungen waren noch nie mein Lieblingssport gewesen und ich sah meine schlimmsten Befürchtungen bestätigt. Als ich mich durch ein schmales Loch gequetscht hatte, fand ich mich in einem engen Schacht wieder, der zuerst nach rechts bog, dann nach links, dann wieder nach rechts, dann wieder nach links. Inzwischen war es stockdunkel, ich hatte völlig die Orientierung verloren, und alles, was ich wahrnahm, war der feuchte, kalte Fels, der sich von beiden Seiten gegen meinen Körper presste, und im Nacken den Atem der Person, die hinter mir die Höhle betreten hatte. Die feuchte und modrige Luft war von einem penetranten Yakbuttergeruch erfüllt. Als ich bei der nächsten Biegung in der Dunkelheit herumtastete, stellte ich fest, dass die Höhle sich ein bisschen geweitet hatte, und ich stolperte über eine glitschige Holzleiter. Diese führte zu einer Reihe von Eisenketten, an denen man sich über steile Abhänge zu etwas größeren Gewölben entlanghangeln konnte. Als wir Stimmen vor uns hörten, zündete Dorje sein Feuerzeug an. Die Flamme enthüllte einen steilen Felsabbruch, nur wenige Zentimeter rechts von uns, in den wir alle hinuntergestürzt wären – vermutlich tief in die Eingeweide der Schweinegöttin –, wenn Dorje nicht sein Feuerzeug angezündet hätte. Die Flamme verlosch und ich drückte mich so eng wie möglich an die klamme Höhlenwand, wo ich zur Salzsäule erstarrte, von einem heftigen Klaustrophobie-Anfall erfasst. Alles rückte mir so dicht auf den Leib – der Felsen, die Feuchtigkeit, die Leute. Und immer mehr Leute schrien und riefen unverständliche Anweisungen und über allem lag tiefe Dunkelheit. Eine pechschwarze Finsternis. Nachdem ich überhaupt nichts sehen konnte, arbeiteten meine restlichen Sinne auf Hochtouren. Ich hörte jedes Klirren der Eisenketten, wenn sich ein weiteres Mitglied unserer Gruppe den Absatz hinaufzog. Chinesische Stimmen hinter mir. Tibetische Stimmen vor mir. Und die Stimmen von Ausländern tiefer im Innern der Höhle – wie war das möglich? Ich konnte jedes Wasserrinnsal unter meinen Händen spüren, während sich meine Fingernägel verzweifelt in den Felsen krallten. Mir wurde allmählich übel, wobei ich nicht genau wusste, ob es an meiner Angst lag oder an dem Ekel erregenden Geruch, der in der Luft hing.

Dorje zündete wieder sein Feuerzeug an. Die winzige Flamme flackerte in der feuchten Luft und warf Licht und Schatten in der engen Höhle. Wie sich herausstellte, gehörten die Stimmen vor uns einer älteren Tibeterin, die einen Kessel trug, und einem einarmigen Mönch, der eine Original-Roy-Orbison-Sonnenbrille trug. Keine besonders praktische Ausrüstung für eine Höhlenwanderung, obwohl es ihn wahrscheinlich nicht daran hinderte, sich zurechtzufinden, da es ja ohnehin stockdunkel in der Höhle war. Die beiden waren auf einer Pilgerreise, um den Buddha des langen Lebens zu sehen. Wir wünschten ihnen alles Gute und seilten uns an den Eisenketten wieder ab, durch die Eingeweide von Dorje Pamu hinunter und wieder an die frische Luft, ins Tageslicht hinaus, wo ich endlich aufatmen konnte. Ich schwor mir, dass Mr. Alec nie wieder einen Fuß in eine Höhle setzen würde.

Barba hatte den richtigen Riecher besessen und war vernünftigerweise nicht mit in die Höhle gekommen. Er kicherte vor sich hin, während wir auf unseren Ponys wieder bergab zockelten. Ich sagte gar nichts.

Wir verbrachten die Nacht in chinesischen Baracken in Jang Da und setzten am nächsten Tag unsere Fahrt durch Kiefernwälder fort, bis wir einen schmalen Pfad erreichten, der uns an die Ufer eines atemberaubenden Sees führte. Das Wasser leuchtete noch blauer als das Türkis des Yamdrok-Sees. Auf einer kleinen Insel vor uns stand ein Kloster, eingerahmt von dem dunklen Grün eines unberührten Kiefernwaldes, und darüber die hohen, zerklüfteten Berge und schneebedeckten Gipfel in der Ferne. Ein Mönch winkte uns vom Kloster aus zu und ruderte bald darauf in einem kleinen Fährboot zu uns herüber. Dies ist einer der schönsten Orte, die ich je gesehen habe. Das zweistöckige Kloster ist ringsum vom leuchtenden Blau des Seewassers und dem dunklen Grün der Kiefern umgeben. Vielleicht steckte mir noch die Höhlenwanderung durch die Eingeweide von Dorje Pamu in den Knochen, aber auf jeden Fall schien es mir, als hätte ich kurz hintereinander Himmel und Hölle gesehen. Was mich vor allem beeindruckte, war die Ruhe und Gelassenheit dieses Ortes. Kein Laut war zu hören außer dem Plätschern des Fährboots. Keine Verschmutzung, nichts Menschengemachtes außer der Schönheit des Klosters. Allein für diesen Moment lohnte es sich, Buddhist zu werden. Allerdings erfuhren wir bald, dass es nicht immer so ruhig in Tso Song Gompa gewesen war. Das Kloster war mehrmals bis auf die Grundmauern zerstört worden. Zuerst von den Mongolen und in jüngerer Zeit von den Roten Garden während der Kulturrevolution. Mr. Tsang wusste nichts hierüber. Er war zu sehr mit seinen Brücken beschäftigt gewesen. Der Mönch, der uns herumführte, war erst 27 Jahre alt – ziemlich jung für einen *kushok*, das Oberhaupt der Mönche. Er zeigte auf einen Fußabdruck in einem Felsen auf der Insel und erklärte uns, dass dieser von einem Bodhisattva stamme, der zwei Männer aus Kongpo am anderen Seeufer hatte kämpfen sehen und hinüber gesprungen war, um sie zu trennen. Anscheinend hatte er auch einen Fußabdruck hinterlassen, wo er gelandet war. Wenn wir ein paar Tage bleiben und um den See herumgehen wollten, würde er ihn uns zeigen. Ich hätte nichts lieber getan, aber Mr. Tsang bestand darauf, dass wir unsere Tour fortsetzen mussten. Brücken besichtigen wahrscheinlich. Widerstrebend verabschiedeten wir uns vom Kushok von Tso Song Gongpa und fuhren nach Ba Yi weiter.

Diese Stadt fiel aus dem Rahmen. Nichts Tibetisches und kein Tibeter weit und breit. Keine Mönche, keine Klöster, keine tibetischen Häuser. Stattdessen füllten grün gekleidete chinesische Soldaten die Karaoke-Bars und Garküchen. Hässliche, charakterlose Gebäude, so typisch für das moderne Lhasa, drängten sich auf dem flachen Talgrund.

»Das ist Ba Yi«, sagte Mr. Tsangs Übersetzer. »Wissen Sie, was Ba Yi ist?«

»Diese Stadt ist Ba Yi«, antwortete ich.

»Ja, das ist Ba Yi. Aber wissen Sie, was Ba Yi ist?«, fuhr er fort. Ich hatte schon geantwortet, also überließ ich es Barba, der allmählich sehr irritiert war.

»Ist das Ba Yi? Sind wir in Ba Yi angekommen? Ist dieses elende Kackloch Ba Yi?«, stieß er hervor.

»Aber was ist Ba Yi?«, fuhr der Übersetzer aufreizend fort, ohne zu merken, dass Barba jeden Moment explodieren würde. Alle Warnzeichen waren vorhanden: das unkontrollierte Zittern, die Hand, die nervös durchs Haar fuhr, die glotzenden Augen, die starre Grimasse. Mr. Tsangs Übersetzer wird nie erfahren, wie knapp er dem Ausbruch dieses menschlichen Vulkans entging, denn er rettete sich in letzter Sekunde, indem er uns erklärte, was Ba Yi bedeutete: »Ba ist acht, und Yi ist eins.« Ba Yi ist also »acht eins«, was »1. August« bedeutet. Das ist der Tag, an dem die chinesische Armee gegründet wurde. »Die Stadt erhielt also ihren Namen zu Ehren dieses Tages.«

Dieser Satz bewahrte ihn nicht nur vor Barbas Wutausbruch, sondern erklärte auch, warum die ganze Stadt von grünen Uniformen wimmelte. Ba Yi war eigentlich nur eine riesige Armeebaracke, die einen Großteil der chinesischen »Befreiungsarmee« beherbergte. Wir verbrachten die Nacht in einer Armeeherberge und aßen das vertraute Spam. Nach dem Frühstück am nächsten Morgen, bei dem ich mich darin übte, glänzende Erdnüsse mit Essstäbchen in einer Schale herumzujagen, brachen wir auf, um ein »großes Wunder« zu besichtigen, wie Mr. Tsangs Übersetzer sich ausdrückte.

Unterwegs überholten wir zahlreiche Holzlaster, die den frisch geschlagenen tibetischen Wald nach China abtransportierten. Wir hielten vor einem knorrigen alten Baum an, der mit einem zerborstenen Betonzaun eingefasst war – der älteste Baum der Welt, wie Mr. Tsang stolz erklärte, der 1500 Jahre überdauert hatte. Der Betonzaun war vermutlich ein Hinweis, dass dieser Baum vor der Kettensäge bewahrt werden sollte, oder vielleicht auch nur, dass er zu nichts mehr zu gebrauchen war.

Als wir weiter nach Osten fuhren und durch die neuen chinesischen Städte kamen, stießen wir auf eine Gruppe von Tibetern, die die Straße versperrten. Sie demonstrierten, so wie ich es oft vor den Toren des Jokhang-Tempels in Lhasa oder um den Barkhor herum gesehen hatte, aber hier demonstrierten sie mitten auf der Straße. Wir hielten an, um zu fragen, wo sie hinwollten. Jig Me übersetzte.

»Nach Lhasa!«, rief er aus. »Sie wollen so den ganzen Weg bis nach Lhasa gehen!«

Sie waren seit 18 Monaten unterwegs und schätzten, dass sie weitere sechs brauchen würden, um Lhasa zu erreichen. Ich überlegte mir, ob wir ihnen einen Platz im Auto anbieten sollten – wir würden in zwei Tagen zurückkommen –, aber es war wohl ein unpassender Vorschlag. Wir gaben ihnen eine Spende für ihre Reisekasse und fuhren zu dem »großen Wunder« weiter, das Mr. Tsangs Übersetzer uns versprochen hatte. Das Wunder entpuppte sich als Mr. Tsangs Lieblingsbrücke. Eine große, rot angestrichene Betonplatte war neben der Brücke am Flussufer angebracht. Die Farbe blätterte bereits ab, aber die chinesischen Schriftzeichen, die in den Beton eingegossen waren, verkündeten immer noch: »Lang lebe der Große Vorsitzende Mao.« Es war ein sehr nostalgischer Tag für Mr. Tsang.

»Ja«, bestätigte der Übersetzer. »Das war eine seiner schönsten Brücken. Ein Meisterwerk, das unseren tibetischen Genossen geholfen hat.«

Barba und ich waren nicht übermäßig beeindruckt und atmeten auf, als wir den Rückweg antraten. Wir kamen durch ein Dorf, in dem die Menba lebten. Die Menba, so erfuhren wir, waren eine tibetische Minderheit, die keine Pferde besitzen, weil die Hügel zu steil sind, und daher überall zu Fuß hingehen müssen. Mr. Tsang sagte uns, dass sie mit der Machete Löcher in den Boden graben, um Gemüse anzubauen, und dass sie hinterher alles abbrennen. Ich fragte nach den Glak-lo Nagpo, aber niemand hatte je von ihnen gehört. Das Menba-Dorf war eine hässliche, lang gezogene Straßensiedlung und der einzige Blickfang eine riesige Betontoilette. Wieder ein großer Sprung nach vorne in der Modernisierung Tibets, den die glücklichen Menba sicher sehr zu schätzen wissen.

Am Abend in Ba Yi fragte Mr. Tsang, welchen Eindruck wir von diesem Gebiet hätten und wie wir die Chancen einer touristischen Erschließung einschätzten. Wir gaben ihm zu verstehen, dass Ba Yi keine besonders spannende Stadt für westliche Touristen war, die vor allem nach Tibet kamen, um die Tibeter und die tibetische Kultur kennen zu lernen, und nicht die hässlichen chinesischen Betonbauten. Der See sei jedoch eines der schönsten Gebiete von Tibet, dessen Erschließung sich auf jeden Fall lohnen würde. Es müsse allerdings sehr behutsam und einfühlsam geschehen, unter Berücksichtung aller Grundsätze des sanften Tourismus, mit dem Bau von Unterkünften, die umweltfreundlich wären und sich in die tibetische Kultur und ihre Werte einfügten. Der See sei ideal für »grüne« Tourismus-Angebote wie Trekking oder für Besucher, die sich hier ein paar Tage zurückziehen wollten. Wir betonten, dass es kleine Zahlen sein müssten, ein vorsichtiger Einstieg und vor allem umweltverträglich. Das Gebiet um den See herum könne zum Naturschutzgebiet erklärt werden. Die Besucherzahlen müssten begrenzt bleiben, um die Ruhe und den Frieden des Tso-Song-Klosters auf der Insel zu erhalten. Es sollte keinesfalls von Touristen überschwemmt werden.

»Ach, was für ein Jammer«, erklärte uns Mr. Tsang durch seinen Übersetzer, »aber das wird nicht möglich sein. Wir werden ein Elektrizitätswerk am Ende des Sees bauen und seinen Wasserspiegel um 15 Meter anheben. Die Insel und das Kloster werden verschwinden.« Damit war unser Gespräch abrupt zu Ende und wir kehrten deprimiert nach Lhasa zurück.

Im Hotel stellten wir fest, dass die Arbeiten am Swimmingpool ohne Barbas ständige Überwachung gut vorangegangen waren. Die Betoneinfassung war getrocknet und die ersten Fliesen wurden an den Wänden angebracht. Barba war erfreut und ging in den Coffee Shop, um Bonetti zu rufen, der ihm ein anständiges italienisches Essen kochen sollte. Ich schaute bei Conny im Büro vorbei und nahm mir die voraussichtlichen Belegquoten für die nächsten Tage vor. Als wir die Papiere durchsahen, erhielt ich plötzlich einen Schlag. Ich blickte zu Conny auf. Sie hatte es auch gespürt. Irgendetwas ging hier vor, etwas Elektrisches. Dann stürmte Tashi herein.

»Erdbeben, Mr. Alec, Miss Conny!«, rief er aufgeregt. »Haben Sie es gemerkt?«

So also fühlte sich ein Erdbeben an. Conny und ich wechselten einen entsetzten Blick. »Barbas Swimmingpool!«, brüllten wir gleichzeitig. Wir stürzten hinaus und fanden Barba draußen, wo er bereits mit Bonetti die Baustelle inspizierte. Sie untersuchten alles sehr genau, konnten aber keine Schäden feststellen. Als wir durch die Lobby gingen, rief ein Portier Mr. Barba zu, dass er einen Anruf für ihn habe. Barba nahm das Gespräch in der Lobby entgegen und gab Conny, Bonetti und mir ein Zeichen, dass wir herkommen und zuhören sollten.

»Wer ist da, sagten Sie?«, rief er in den orangefarbenen Hörer hinein. »Reuters?«

Er hielt die Hand über den Hörer und schaute uns an. »Da werden wir uns einen Spaß machen«, gluckste er. »Ja, ja, das stimmt, wir hatten ein Erdbeben. Ja, gerade eben. Es sind riesige Risse im Swimmingpool, das ganze Wasser ist rausgeflossen. Alles Geschirr im Hotel ist zertrümmert.« Die vier Tage außerhalb des Hotels hatten ihm gut getan und er war jetzt voll in Form. »Ja, wirklich. Nein, ich weiß nicht, wie viele Gebäude zerstört wurden, aber unsere tibetischen Angestellten sind fast alle nach Hause gegangen.« Dann war die Leitung unterbrochen. Barba konnte sich auf dem ganzen Weg zum Coffee Shop vor Lachen kaum halten bei dem Gedanken, wie viel kostenlose Publicity er für seinen Swimmingpool erhalten würde.

Barba nahm die Arbeit mit der Tanztruppe, die er für die Eröffnungsfeier engagiert hatte, wieder auf. Es war sozusagen sein Schwanengesang und er plante ein Spektakel, wie es das tibetische Hochplateau noch nicht erlebt hatte. 120 Tänzer, Musiker und Models – darunter auch die ehemaligen Bewerberinnen für die »Miss-

Tibet«-Wahl – sollten in einer großen Yakkarawane durch das Hotelgelände und um den Swimmingpool herumparadieren. Ein Schauspieler, der Marco Polo darstellte, sollte an der Spitze gehen und in das verlockende Wasser hechten, um die »Miss-Tibet«-Models zu retten, die von der anderen Seite des Beckens winkten.

Ich hatte noch einige Punkte wegen der Begrüßungsfeier zu klären, die Barba für seine Frau ausrichten wollte, darunter auch die Frage, wie viel Feuerwerk er sich vorstellte. Weder in seinem Büro noch bei Bonetti oder an seinem Tisch im Hard Yak Café konnte ich ihn finden. Endlich stöberte ich ihn am Beckenrand auf, wo er mit seiner Truppe probte. Es war offensichtlich nicht der richtige Moment, ihn zu stören. Das »Team« von 120 einheimischen Künstlern war nicht einfach zu dirigieren. Sie palaverten untereinander, riefen sich Kommentare zu, und manche lachten oder schrien herum. Heather hatte einen schweren Stand beim Übersetzen und ihre schrille Stimme war in dem Geschnatter der Tibeter kaum zu hören. Barba wurde allmählich wütend. Er schrie die arme Heather an. Die Mädchen der Tanztruppe kicherten. Das gab Barba den Rest. Er ging hoch wie eine Rakete, und es war klar, dass er erst nach einer großen Explosion wieder auf den Boden kommen würde. Ein Tibeter mit einem Yakhorn ging zu Barba und bat ihn, nicht so viel zu brüllen.

»Verp... dich, verdammt noch mal!«, schrie Barba und wies mit dem Arm Richtung Ausgang. Der Tibeter, der ihn nicht verstand, schüttelte den Kopf und schaute seinen Freund an. Der Freund kam dazu und fragte Barba, was los sei. »Und du kannst dich auch verp...!«, schrie Barba. Einer nach dem anderen wurden die Tänzer und Musiker angebrüllt, dass sie sich verp... sollten. Zum Schluss waren nur noch drei chinesische Polizisten übrig, die ebenfalls aufgefordert wurden, sich zu verp..., und eine Hand voll Models, die zwischen den Schweißbrennern auf der Baustelle hindurchrasten, um sich zu ihren gefeuerten Freunden in den Vorhof des Hotels zu flüchten. Es war eine bizarre Aktion. Noch vier Tage bis zur Eröffnung, und Barba hatte die ganze Truppe gefeuert. Ich sagte mir, dass meine Frage wegen des Feuerwerks warten konnte.

Jig Me war wütend. Wie konnte Barba es wagen, die Leute so herumzuschikanieren? Auf Barbas Anweisung hatte er 200 Würdenträger aus Lhasa zu der Eröffnungsfeier eingeladen. Er hatte ihnen eine ganz besondere Darbietung versprochen. Und was würden sie jetzt zu sehen bekommen? Jig Me war zu Recht empört und es kam zu Spannungen zwischen Partei A und Partei B. Die Morgenversammlungen wurden zum Schlachtfeld und wir litten alle unter den wütenden Mundgeruchswellen, die über uns hinwegschwappten. Mr. Pong erging sich in langatmigen Ausführungen über polizeilich beanstandetes sittenwidriges Verhalten. Es gab kein Entrinnen.

Zu allem Übel traf auch noch ein Telex von der Hauptverwaltung des Holiday Inn ein. Harry zog es aus dem Telex-Gerät.

»Oooh, das wird Mr. Barba aber gar nicht freuen«, sagte er und reichte es mit einem Lächeln an mich weiter. Ich warf einen Blick darauf und wusste, was er meinte. Mit dem Papierstreifen ging ich durch den Vorhof zum Management-Gebäude. Es war wie immer sehr anstrengend, die acht Treppen zum vierten Stock hinaufzusteigen, und vor Barbas Büro wartete ich einen Moment, um wieder zu Atem zu kommen. Heather hielt mich auf.

»Sie können jetzt nicht reingehen. Mr. Jig Me ist da. Er ist sehr wütend.« Bevor ich ihr antworten konnte, flog die Tür auf und Jig Me stürmte heraus. Kopfschüttelnd rannte er die Treppe hinunter. Die Tür stand offen.

»Mr. Barba?«, rief ich.

»Kommen Sie rein, Alec. Was ist los?«

»Keine guten Nachrichten von der Hauptverwaltung, fürchte ich, Mr. Barba.« Ich reichte ihm das Telex, das er laut vorlas:

WIR HABEN DURCH EINEN BERICHT IM TIME MAGAZINE ERFAHREN, DASS SIE EINEN SWIMMING POOL ERÖFFNEN. WIR WURDEN ÜBER KEINE GRÖSSERE KAPITALINVESTITION IM HOTEL INFORMIERT. STOPPEN SIE ALLE ARBEITEN, BIS EINE DURCHFÜHRBARKEITSANALYSE ERSTELLT IST.

Ausnahmsweise blieb Barba ruhig. Er zerknüllte das Papier zu einer kleinen runden Kugel und rieb es zwischen seinen Händen. Dann schleuderte er es in den Papierkorb und wir saßen ein paar Sekunden schweigend da.

»Also, wo war ich«, fing er an. »Jig Me sagt, ich muss eine ›Selbstkritik‹ schreiben. Die Polizisten, die ich gestern rausgeworfen habe, machen Theater. Was erwarten die eigentlich? Ein kreatives Genie wie ich und kein bisschen Brüllen?« Er zuckte mit den Schultern. »Ich habe jetzt keine Zeit für Selbstkritik, ich muss eine Show auf die Beine stellen! Alec, holen Sie mir Bonetti, holen Sie mir Charlie, ich muss heute noch 120 Models und Musiker auftreiben! Sofort!«

Der einzige Ausweg, der ihm noch blieb, war das Hotel-Personal. Die Kellnerinnen würden als Models agieren, die Zimmer- und Küchenmädchen würden singen und alle Angestellten, die an diesem Tag keinen Dienst hatten, sollten sich in die Yakhirten-Karawane einreihen, die Marco Polo transportierte.

Bonetti und Charlie schickten je eine Abordnung in die Personalwohnblocks, um so viele Leute wie möglich für die Kostümproben zusammenzutrommeln, und Barba, der genau wusste, dass das seine letzte Chance war, benahm sich vorbildlich.

Noch zwei Tage. Die Fliesen waren alle angebracht und der Mörtel trocknete. Jetzt wurden die letzten Rohre zusammengeschweißt und das Schwimmbadgelände zwischen dem nördlichen und mittleren Block freigeräumt. Die Italiener waren eingetroffen: ein Choreograf, zwei Models, die Küchenchefs und als Oberkellner ein Mr. Pepino, ein hervorragender *maître d'hôtel*. Die VIP-Gäste würden alle pünktlich eintreffen und Barbas Selbstkritik war als Entschuldigung angenommen worden. Wir wiegten uns in falscher Sicherheit.

Während die Bauarbeiten am Schwimmbad auf Hochtouren liefen, hatte Conny an einer anderen von Barbas Ideen gearbeitet – der erste »Lhasa-Hairdresser-des-Jahres«-Wettbewerb. An alle neu eröffneten Friseursalons waren Einladungen ergangen und auf den Gewinner wartete ein prestigeträchtiges Meister-Coiffeur-Zertifikat und ein Sortiment Wella-Shampoos. Die Resonanz war überwältigend gewesen und die Disco, in der das Ereignis stattfand, war gerammelt voll. Wir hatten jedoch den Ehrgeiz der chinesischen Friseurinnen unterschätzt. Ich saß auf dem Podium der Jury und begutachtete mit Interesse die Haarschöpfungen. Der große Trend war langes, glattes Haar im Rücken und ein kurzer Fransenpony, der nach oben geföhnt wurde und in einem unnatürlichen Winkel von der Stirn abstand, die Spitzen des Ponys nach oben gekräuselt. Es war nicht einfach, irgendwelche Unterschiede zu erkennen, aber die Jury, zu der ich auch gehörte, gab ihr Bestes. Die Gewinner wurden in umgekehrter Reihenfolge verkündet, was einige Verwirrung stiftete, da die erste Teilnehmerin, die ausgerufen wurde, begeistert aufschrie, dass sie gewonnen hatte. Nachdem der Irrtum behutsam aufgeklärt war, wurden die restlichen Gewinner aufgerufen. Statt Klatschen, Johlen und oscarreifen Dankesreden ertönten Schreie und Rufe auf Chinesisch aus dem Rublikum. Eines der Mädchen schlug nach ihrer Nachbarin und zwei kleine Friseurinnen stürzten sich schreiend ins Gefecht und rissen sich gegenseitig an den Haaren. Die Mädchen wurden jetzt rabiat und einen Augenblick sah es so aus, als ob wir eine Schlägerei vom Ausmaß der Karaoke-Nacht erleben würden. Ein Journalist vom *Tibet Daily* sprang herauf und fotografierte. Barba stürzte sich auf ihn und schleuderte seine Kamera zu Boden. Er schob die kreischenden Mädchen in einen

Nebenraum der Disco, stieß Conny hinter ihnen her, schloss die Tür ab und rief: »Sie sorgen hier drin für Ordnung!« durch das Schlüsselloch.

Irgendwie gelang es ihr, die Mädchen zu beruhigen, und der restliche Abend verlief in angespannter Atmosphäre, aber ohne weitere Zwischenfälle. Es hatte Barba eine zweite Selbstkritik gekostet, weil er die Kamera des Journalisten zerschlagen hatte, und wir hätten alle gern auf die Aufregung verzichtet, so kurz vor der Eröffnung des Swimmingpools.

Im Telex-Gerät erwartete Barba eine weitere düstere Nachricht. Der italienische Minister, der unterwegs nach Lhasa war, um die Modenschau und die Restaurateure zu begutachten, hatte am Mailänder Flughafen den *Corriere della sera* in die Hand genommen und seinen Namen in Großbuchstaben auf der Titelseite entdeckt. Er wurde beschuldigt, das Geld der Steuerzahler mit seiner Reise nach Tibet zu verprassen, die er sich voll bezahlen ließ, und das in der fragwürdigen Absicht, religiöse Stätten mit einer italienischen Modenschau zu entweihen. Er fuhr eiligst nach Hause zurück und stritt ab, dass er jemals etwas von dieser Reise gewusst habe. Ich dachte, Barba würde einen Wutanfall bekommen, wenn er das hörte, aber er schien nicht sonderlich betroffen. Im Gegenteil, er lachte laut heraus, als er das Telex las. Ich hatte vergessen, dass er Skandale liebte.

In der Morgenversammlung verkündete er zu unserer Erleichterung, dass er sich den restlichen Tag frei nehmen würde, da seine Frau in ein paar Stunden im Hotel eintreffen würde.

»Bonetti, Alec, Harry, ich möchte Sie alle drei heute Abend im Smoking beim ›Frauen reisen allein auf das Dach der Welt‹-Programm sehen.« Er grinste uns an. »Roomservice, Champagner, ein tibetisches Ständchen und massenhaft Feuerwerk. Das ist ein Befehl!«

Aber Barbas Vormittag verlief nicht ganz wie geplant. Kurz nachdem Madame Barba eingetroffen war, knackte das Telefon in Barbas Schlafzimmer und erwachte zum Leben. Barba nahm widerwillig den Hörer ab.

»Mr. Barba, es tut mir Leid, dass ich Sie stören muss. Charlie hier.«

»Was heißt hier, tut Ihnen Leid? Wissen Sie nicht, dass ich beschäftigt bin? Können Sie mich nicht wenigstens mal fünf Minuten in Ruhe lassen?«

»Tut mir Leid, Mr. Barba, aber Sie müssen unbedingt kommen. Es ist wieder ein Gast gestorben.«

Wir versammelten uns alle in Zimmer 1512. Barba, Jig Me, Charlie, Harry, Bonetti und ich. Charlie erzählte uns, dass eines der Zimmermädchen wie immer sauber gemacht habe: die Betten gemacht, den Papierkorb geleert, abgestaubt, die chinesische Thermoskanne gefüllt und dann weiter ins Badezimmer. Sie hatte das Waschbecken geputzt, die Toilette sauber gemacht und dann den Duschvorhang zurückgezogen ... und einen nackten Mann in einer Blutlache vorgefunden, die Augen weit aufgerissen und zur Decke starrend. Seine zerschnittenen Handgelenke waren an der Wanne heruntergefallen und seine Finger mit geronnenen Blutspuren verkrustet. Da er bereits tot war, wollte Charlie sich als Erstes um Dolkar, das arme Zimmermädchen, kümmern, das die Leiche gefunden hatte. Dolkar war ein sehr zierliches junges Mädchen mit rosigen Wangen, der immer ein Lächeln auf den Lippen lag. Charlie befürchtete, dass sie einen Schock erlitten hätte und etwas Trost und Anteilnahme brauchte. Er wollte ihr vorschlagen, ein paar Tage freizunehmen und zu ihrer Familie zu gehen, aber als er sie fand, war sie bereits ein Stück weiter unten im Flur und machte das nächste Zimmer sauber.

»Wo ist das Problem?«, fragte Dolkar, als ob sie nichts weiter als eine tote Maus oder einen Himalaya-Hamster gefunden hätte.

»Er heißt Sidney«, rief Harry aus, als er die Besitztümer des Toten im Zimmer durchsah. »Amerikanischer Pass. Goldene Amex Card.«

»Hat er bezahlt?«, fragte Barba. »Weiß jemand, ob wir die Nummer von seiner Karte weiterbenützen können, auch wenn er schon tot ist?«

»Bis jetzt weiß niemand, dass er tot ist, also wenn wir die Transaktion für das Hotelzimmer tätigen, bevor wir seinen Tod bekannt geben, müsste das in Ordnung gehen«, sagte Harry.

Bevor wir dazu kamen, die moralische Seite der Frage zu beleuchten, stieß Bonetti einen Schrei aus.

»Er hat sich bewegt! Mr. Barba, ich schwöre Ihnen, er hat sich bewegt!«

»Woher wissen wir überhaupt, dass er wirklich tot ist?«, fragte Harry und ging mit seiner Amex Card ins Bad zurück. »Ich habe den Arzt gerufen, sobald ich von Charlie informiert wurde. Er war gerade in den Südflügel gegangen, um einem der Gäste Sauerstoff zu verabreichen, aber er müsste jetzt gleich hier sein.«

Im selben Moment krachte die Tür auf und Dr. Grubby stolperte herein, heftig keuchend und seine Arzttasche in der Luft herumschwenkend.

»Man sollte nicht rennen«, keuchte er, immer noch nach Luft ringend. »Schlecht für das Herz in dieser Höhe. Als ich gehört habe, dass wir einen Notfall haben, bin ich losgerannt, um meine Tasche zu holen.« Er lächelte. »Oh, da ist ja der Patient.« Er war fasziniert von der Aussicht auf richtige Arbeit, statt der ewigen Touristen-Wehwehchen wie Kopfschmerzen, Übelkeit und Lebensmittelvergiftungen, aber er hatte Angst, dass er in diesem Fall zu spät kam. »Ich will nur mal seinen Puls fühlen. Nichts. Ja? Nein. Das ist mein Puls. Ja. Ja! Moment! Ich fühle etwas. Es ist ganz schwach, aber es ist da! Er hat Glück, dass die Schnitte nicht tief sind und das Blut schnell getrocknet ist – er wird es schaffen.«

Harry steckte die Amex Card in Sidneys Geldbörse zurück.

Ein Krankenwagen kam vom *People's Number One Hospital* angefahren und Sidney wurde fortgebracht. Der arme Sidney – das muss ein Albtraum gewesen sein: Erst sich das Leben nehmen und dann im *People's Number One* aufwachen! Womöglich schlimmer als der Tod ...

Als die Würdenträger zur Eröffnung des Swimmingpools eintrafen, wurde Sidney nicht mehr erwähnt. Selbstmordgeschichten über Hotelgäste tragen nicht gerade dazu dabei, die Leute in Partystimmung zu versetzen. Nach all meinen Zweifeln, die ich in Bezug auf den Swimmingpool gehegt hatte, musste ich nun zugeben, dass er bei der Eröffnungsfeier sehr schön aussah: ein nierenförmiger Pool mit kristallklarem Wasser, eingerahmt von einem makellosen, frisch angelegten Rasen. Wir hatten ihn mit allen möglichen Requisiten dekoriert – unter anderem mit einem Surfbrett, Pool-Lichtern und einem Rettungsring, der vom Holiday Inn Bali gestiftet worden war. Eine Reihe von Papierlampions hing über dem Hof und 20 runde Tische, mit Charlies feinstem Tafelleinen gedeckt, warteten auf die VIP-Gäste.

Nach und nach trafen Jig Mes Würdenträger aus den Tibeter Regierungskreisen ein und nahmen ihre Plätze an den Gästetischen rund um den Pool ein. Der italienische Chef hatte ein Gourmet-Bankett mit importierten Zutaten gezaubert, die italienischen Models hatten ihr Programm abgespult und Mr. Pepino hatte seine Höhenkrankheit überwunden und schwänzelte jetzt um die Tische herum, wie nur ein Top-*maître d'hôtel* es kann.

Madame Barba setzte sich zu ein paar Freunden von Barba, die auch extra zu diesem Anlass nach Tibet gekommen waren. Der chinesische Botschafter und die amerikanische Botschafterin in Nepal nahmen ihre Plätze am Ehrentisch ein. Die Botschafterin, eine reizende Frau, wurde pausenlos von einem nervtötenden kleinen Männchen belästigt, das sie unterwürfig umschleimte, VIP-Behandlung verlangte, eine stinkende Zigarre qualmte und sie die ganze Zeit mit »Madame Ambassador« anredete. Ich war drauf und dran, sie zu fragen, ob ich ihr den Kerl aus dem Weg schaffen sollte, als Harry mir zuflüsterte, dass das ihr Mann sei.

Conny eröffnete den Abend, indem sie die Gäste begrüßte und das Startsignal für die Yakkarawane gab. Alle Köpfe flogen herum, als hinter den sitzenden Gästen das tiefe Dröhnen der Yakhörner erschallte und die Ankunft von Marco Polo und seiner Karawane von Yaks, Pferden, Schafen, Ziegen und Tänzerinnen ankündigte. Die Hirten und Tänzerinnen waren alle Hotelangestellte, aber wer war Marco Polo? Kein anderer als unser ehrenwerter Bonetti, der sich als der große italienische Reisende verkleidet hatte.

Die Karawane schlängelte sich zwischen den Esstischen hindurch, setzte Marco Polo am einen Ende des Pools ab und verschwand außer Sicht. Am gegenüber liegenden Ende des Pools standen 25 tibetische Mädchen in höchster Not und schrien alle nach Marco Polo, der sie retten sollte. Zuerst zierte er sich, aber als die Mädchen ihre langen Gewänder fallen ließen und eine heiße Auswahl von hautengen Badeanzügen und Bikinis zur Schau stellten, wie Tibet sie noch nie gesehen hatte – *Catalina* direkt aus den USA –, änderte er rasch seine Meinung. Er warf seinen Hut in die Menge, riss sein Jackett herunter, hob das *Lhasa-Surf-Club*-Surfbrett hoch und sprang in den Pool. Er paddelte verzweifelt auf die Mädchen zu, bis ihm etwa auf halber Höhe das Surfbrett aus den Händen glitt und sein Kopf unter Wasser verschwand. Die Menge stöhnte erschrocken auf, als Marco Polo unten blieb. Wie sollten die Zuschauer auch wissen, dass dies einer von Barbas sorgfältig geprobten Theatertricks war, und pünktlich aufs Stichwort kam Mr. Pepino mit dem Rettungsring angerannt und schrie: »Mamma mia, Bonetti! Bonetti!«

Als Marco Polo wieder zu sich kam, warf Pepino ihm den Rettungsring zu, der ihn mit voller Wucht an der Stirn traf, so dass er erneut unterging. Das Publikum, das jetzt begriffen hatte, dass das alles zur Vorstellung gehörte, brüllte vor Lachen. Wir dagegen wussten, dass im Drehbuch nichts davon stand, Bonetti mit dem Rettungsring k.o. zu schlagen, und schoben uns an den Pool heran, um notfalls hineinzuspringen. Zum Glück tauchte Bonetti wieder auf und schwamm weiter auf die Mädchen zu, wenn auch etwas mühsam.

Als er aus dem Wasser stieg, liefen die tibetischen Mädchen um den Beckenrand davon und zogen Bänder hinter sich her, die von VIPs durchgeschnitten werden sollten. Das Publikum brach jetzt in tosenden Beifall aus. Mr. Tse Wang Si Da von der *Tibet Tourist Corporation* war den Tränen nahe und verkündete, dass dies ein großer Tag für das tibetische Volk sei.

»Das ist besser als die Eröffnung der Olympiade«, rief ein begeisterter chinesischer VIP aus.

Sobald alle an ihre Plätze zurückgekehrt und das Bänder-Zerschneiden und die unvermeidlichen Reden vorbei waren, begannen wir mit dem italienischen Menü, das von dem italienischen Super-Chef zubereitet worden war. Zu unserer Überraschung war es durchaus essbar und eine angenehme Abwechslung von dem ewigen Spam und Kohl. Gegen Ende des Mahls kam ein Trupp von Dereks Technikerteam zum Beckenrand. Dereks Leute hatten sich monatelang halb tot geschuftet und waren jetzt von der Euphorie angesteckt, die auf der Eröffnungsparty herrschte. Sie verkündeten, dass sie den neuen Pool als Erste einweihen wollten, dann zogen sie sich unverzüglich bis auf die Badehose aus und sprangen hinein. Leider bekam einer von ihnen einen heftigen Krampf, sobald er im eisigen Wasser war. Er geriet in Panik, schlug wild um sich und schluckte eine Menge Wasser. Bonetti war gerade zu den Tischen zurückgekehrt, nachdem er sich mit einer heißen Dusche aufgewärmt und einen Smoking angezogen hatte. Er entdeckte als Erster, dass der Junge in Schwierigkeiten war, rannte ohne Zögern zum Beckenrand und hechtete mit dem Kopf voraus hinein. Es gelang ihm, ihn zu beruhigen und zum Beckenrand zu schleppen, wo ich ihn herausziehen konnte.

Das hätte übel enden können, aber der Anblick von Bonetti, der triefnass in seinem Smoking dastand, löste brüllendes Gelächter in der Menge aus. Als sie begriffen, was passiert war, wurde Bonetti mit stehendem Applaus belohnt. »Dieser Marco Polo ist ein richtiger Held«, sagten zwei kleine Jungen, die das Ganze fasziniert verfolgt hatten.

Die Krönung des Abends war die von der italienischen Presse zum Skandal erklärt Modenschau. Aber es wurden keine heiligen Stätten entweiht, sondern das Ereignis fand wie geplant am Poolrand statt. Die neuesten Wollkreationen eines unbekannten italienischen Modeschöpfers wurden von den beiden blasierten italienischen Models und vier Teilnehmerinnen des »Miss-Tibet«-Wettbewerbs herumparadiert. Der Abend ging abrupt zu Ende, als der Himmel seine Schleusen öffnete und ein Sturm über den Pool-Bereich fegte, der alles, was nicht niet- und nagelfest war, ins Wasser riss. Die Würdenträger rannten in Deckung und die gefürchteten Mao-Tai-Runden blieben uns diesmal erspart.

Am nächsten Tag sagte Barba, dass einer seiner italienischen Freunde mit Conny und mir sprechen wolle, um uns einen »interessanten Vorschlag« zu unterbreiten. Der Vorschlag entpuppte sich als Job-Angebot: Wir sollten ein Marketing-Büro auf die Beine stellen, und zwar speziell für »Länder, die am A... der Welt liegen«, wie der Italiener es ausdrückte. Das Büro sollte seinen Sitz in der Toskana haben und die ersten Verträge würden mit Kirgistan, Vietnam und Kuba laufen.

Zu dem Zeitpunkt, als dieses Job-Angebot kam, hatte ich meinen Vertrag bereits dreimal verlängert und fünf Nationalfeiertagsreden über mich ergehen lassen. Ich empfand es als Privileg, dass ich diese Zeit der großen Veränderungen in Lhasa miterlebt hatte. Das Dumme war nur, dass mir keine dieser Veränderungen gefiel – die wachsende Urbanisierung, die neue Betonarchitektur, die Bedrohung der Sümpfe von Lhasa und des Yamdrok-Sees. Das Kriegsrecht war gekommen und gegangen. Der tibetische Direktor des Tibet Hotels war mit dem ganzen Geld des Unternehmens in den Westen geflüchtet. Jacob war als Zuhälter in den neuen Lhasaer Nachtclubs aufgeflogen und unser Lieblingsführer Renchen, der den begehrten *Guide-of-the-Year*-Preis gewonnen hatte, saß im Gefängnis, weil er ein bisschen zu viel über die Situation in Tibet herausgelassen hatte. Er wurde angeklagt, »Staatsgeheimnisse gestohlen« zu haben, ein Verbrechen, auf das die Todesstrafe stand. Ja, es war eindeutig Zeit, die Zelte hier abzubrechen.

Conny und ich nahmen das Job-Angebot an und machten uns daran, unseren Umzug zu planen. Es gab keine Transportunternehmen in Lhasa und keine praktikable Möglichkeit, unsere angehäuften Besitztümer nach Hause zu schicken. Tashi fand schließlich eine Lösung.

»Die Post, Mr. Alec.«

»Tashi, das Postamt hier ist nicht mal mit unserer Direct-Mail-Aktion fertig geworden, wie sollen wir da unsere Teppiche, Kleider, Kameras und das ganze Zeug nach Europa schicken?«

Aber Tashi hatte Recht. Die Post war zwar unfähig, die einfachsten Briefsendungen zu bewältigen, aber sie nahmen gern »Paketpost über Land« jeglicher Größe oder Menge an. Wir mussten nur unsere Besitztümer in Säcke packen, zur Post bringen und von den Zollbeamten inspizieren lassen, dann die Säcke zunähen, und in sechs Wochen würden sie bei unseren Familien zu Hause abgeliefert werden. Der Preis war lächerlich. Wir waren ziemlich skeptisch, ob es funktionieren würde, aber da wir keine andere Möglichkeit hatten, baten wir Dorje, uns mit unseren 21 Säcken, die hinten in den Landcruiser gequetscht wurden, zum letzten Mal zur Post zu fahren. Der Zollbeamte war ein nichtlächelnder Chinese in Uniform – immer ein schlechtes Zeichen. Er verlangte, dass wir alle 21 Säcke ausleeren sollten. Unsere sorgfältig zusammengefalteten Kleider wurden aus den Säcken gekippt und über den schmutzigen Boden verstreut, wo sie eine große Menge von Tibetern anlockten, die alles durchwühlten und sich an den merkwürdigen Sachen ergötzten, die man im Westen zum Leben brauchte. Der Zollbeamte stieß sie weg und studierte sorgfältig jeden Gegenstand, ob er nicht womöglich aus der Zeit vor 1959 stammte.

»Antik«, sagte er und zeigte auf eine alte Vase, die Conny im Barkhor aufgelesen hatte. Diese Vase durfte nicht ausgeführt werden, aber ansonsten durften wir unsere schmutzigen Kleider und Besitztümer wieder in die Säcke packen und den restlichen Nachmittag damit verbringen, die Säcke zuzunähen.

Barba und Bonnetti würden Lhasa zur gleichen Zeit verlassen wie wir und es folgte eine Welle von Abschiedsfesten. Mao Ru Bai, der Vizegouverneur von Tibet, hielt die Rede beim offiziellen Bankett.

»Es gibt viele Dinge, die ein ausländischer Manager in Tibet finden kann. Mr. Barba hat hier seine Religionsstudien abgeschlossen, Bonnetti hat unseren Einfallsreichtum entdeckt, aber Mr. Alec ist der größte Glückspilz von allen, weil«, Jig Me gluckste und schaute zu mir herüber, »weil Mr. Alec Miss Conny gefunden hat.«

Und ich war so dumm gewesen, mir einzubilden, dass wir unsere Liaison geheim gehalten hatten! Ich hätte mir die Worte des Holiday-Inn-Vizepräsidenten in Hongkong zu Herzen nehmen sollen – sie wissen alles und man kann nicht einmal einen Wind lassen, ohne dass sie es mitkriegen.

Nach der Party fragte Tashi mich, ob ich ihm einen Gefallen tun könne. Er wollte nach Amerika reisen, um seinen Onkel zu besuchen, hatte aber Probleme, ein Visum zu bekommen. Er fragte, ob ich auf dem Weg aus China heraus ein gutes Wort im Konsulat von Chengdu für ihn einlegen könnte. Ich versicherte ihm natürlich, dass ich mein Möglichstes tun würde.

Tibet hinterlässt einen bleibenden Eindruck bei jedem Besucher und es fiel mir schwer, Lebewohl zu sagen. Wenn ich mir vorstelle, wie es erst für die Tibeter sein muss, die ins Exil flüchten und wissen, wenn sie die Grenze überqueren und sich ein letztes Mal umdrehen und zurückschauen, dass sie nie wieder zurückkehren werden, solange ihre Heimat besetzt ist.

Andererseits war Mr. Li in Chengdu äußerst dankbar, dass er nicht nach Lhasa berufen worden war. Wie immer durften wir seine unschätzbare Hilfe in Anspruch nehmen, nicht zuletzt bei unserem übergewichtigen Gepäck. Er schmuggelte ein paar Koffer um den Metalldetektor herum und legte sie direkt auf das Förderband. »Guangxi«, flüsterte er und tippte sich an die Nase. »Man darf nie seine Beziehungen vergessen.« Wir dankten ihm und stiegen an Bord unserer letzten CAAC-Maschine.

»War eine Person namens Alec Le Sueur auf der Passagierliste?«, fragte meine Mutter telefonisch bei der britischen Botschaft in Peking nach. »Wie? Man hat Ihnen keine Einzelheiten mitgeteilt? Aber es war doch in den Nachrichten. Ein CAAC-Flugzeug ist heute Morgen in Südchina abgestürzt und keiner an Bord hat überlebt.«

Epilog

Conny und ich saßen mit Barba im Büro des kubanischen Militärhauptquartiers in Havanna, in dem überall Fotos von kleinen Männern in Tarnuniformen mit großen Gewehren, langen Bärten und endlosen Reihen toter Vögel hingen. Erst jetzt wurde mir klar, dass Barbas Vorstellungen von der Erschließung eines kubanischen Naturreservats für den Tourismus völlig unvereinbar mit meinen waren.

»Ist das nicht eine tolle Chance?«, sagte er. »Für die Italiener können wir Jagdausflüge anbieten, Alec, die werden Schlange stehen!«

Ich hatte mich immer noch nicht von dem Schock erholt, dass Barba jetzt in derselben Firma arbeitete wie wir und dass wir auch noch zusammenarbeiten sollten, obwohl ich mir geschworen hatte, dass ich das nie wieder tun würde. Für Conny und mich gab es keinen Zweifel – wir mussten kündigen. Der Abschied verlief nicht gerade freundlich, aber ein Jahr später rief Barba mich aus heiterem Himmel an und wollte mich für ein anderes gemeinsames Marketing-Projekt gewinnen, das diesmal mit einem sechsmonatigen Aufenthalt in Marokko verbunden sein würde.

»Es wird wie in den guten alten Zeiten sein«, versprach er. »Wir werden unseren Spaß haben!«

Ich war froh, dass ich diesmal auf freundlichem Fuß mit Barba verhandelt hatte, denn zwei Tage später starb er an einem Blutgerinnsel im Gehirn. Ich hoffe nur, es war bei einer seiner »Nummern«. Barba war, wie er selber zu sagen pflegte, kein Mensch, der zum Altwerden taugte.

Die Lage in Tibet hat sich nicht verbessert, seit wir 1992 das Land verlassen haben. Tashi hat sein Visum für die USA bekommen, aber sein Rückflugticket nicht genutzt und wurde zuletzt auf einem Foto von einer »Freies-Tibet«-Demonstration gesehen, wo er die Flagge des unabhängigen Tibet hochhielt. Diese Flagge ist seit langem von den Chinesen verboten, aber in den letzten paar Jahren haben die Behörden ihre Haltung gegenüber dem Dalai Lama noch verschärft und ein Gesetz erlassen, das den Besitz von Dalai-Lama-Fotos verbietet. Nichts könnte kränkender für die Tibeter sein. Einen Lichtblick gibt es jedoch: Auf den massiven Druck von Amnesty International, anderen Menschenrechtsorganisationen und vielen Privatpersonen wurde Renchen, der *Guide of the Year* des Holiday Inn Lhasa, endlich aus dem Gefängnis entlassen.

Auf den Tag genau vier Jahre nachdem Conny und ich in Belgien geheiratet hatten – ja, Mao Ru Bai hatte Recht, als er mich den größten Glückspilz von Lhasa nannte –, veranstaltete Jig Me ein großes Fest im Hotel. Es war der Tag, auf den er so lange gewartet hatte – der Zehn-Jahres-Vertrag mit dem Holiday Inn war abgelaufen und Partei A hatte beschlossen, ihn nicht zu erneuern. Endlich konnte Jig Me das Hotel auf seine Weise führen. Das vertraute Holiday-Inn-Schild wurde abgenommen und stattdessen der Name »Lhasa Hotel« wieder angebracht. Das Holiday Inn Lhasa war Geschichte geworden.

Vor kurzem traf ich Jig Me auf der Internationalen Touristik-Messe in Berlin. Jig Me hatte von meinem Buch gehört und sagte, hoffentlich hätte ich das Hotel nicht schlecht gemacht. Das war eine brenzlige Frage. Es stimmt, dass der Klappentext das Holiday Inn Lhasa als »völlig chaotisches, rattenverseuchtes Hotel« beschreibt und daher diesen Eindruck erwecken könnte. Ich hoffe aber, dass Sie nach der Lektüre des Buches die Dinge in einem anderen Licht sehen. Da die Kosten für die ausländischen Angestellten und die

Management-Gebühren wegfielen, konnte Jig Me Geld in das Hotel pumpen, und wie er mir sagte, strebt er einen Fünf-Sterne-Standard an. Das wird eine Neuheit sein. Barbas Swimmingpool ist immer noch da – mit Wasser gefüllt, aber wie zu erwarten ohne Badegäste.

Es war nicht meine Absicht, die politischen oder religiösen Zustände während meines Aufenthalts in Tibet zu schildern. Es gibt viele Leute, die über weit größeres Wissen verfügen, und es wurden auch schon zahllose Bücher darüber geschrieben. Ich wollte dem Leser lediglich einen Einblick in das Leben im »unwahrscheinlichsten Holiday Inn der Welt« vermitteln und etwas Verständnis und Humor in ein Thema bringen, über das sonst in so deprimierender Weise berichtet wird. Ich hoffe, es ist mir gelungen, und ich hoffe, Sie haben Lust bekommen, selbst nach Tibet zu reisen. In diesem Fall empfehle ich Ihnen, einen Blick ins »Lhasa Hotel« zu werfen – Sie werden es an dem Schild außen erkennen, auf dem »Ehemaliges Holiday Inn« steht. Wenn Sie nicht ohnehin dort wohnen, sollten Sie auf einen Giant Yak Burger ins Hard Yak Café gehen, und bitte richten Sie dem Personal Grüße von Mr. Alec und Miss Conny aus. Sagen Sie ihnen, dass wir oft an sie denken. Sollten Sie zufällig in Zimmer 3101 wohnen, dann sehen Sie nach, ob ich wirklich alle Knochensplitter hinter dem Gepäckständer hervorgepult habe, und wenn Sie nach Shigatse reisen (und sich Notizen in Kapitel 12 gemacht haben), wissen Sie, welches Hotelzimmer Sie meiden sollten.

ALEC LE SUEUR